畅销十周年

纪念版

人生设计在童年

哈佛爸爸有话说

[美]高燕定 著

Planning Your Child's Education Early

Thoughts by a Harvard Dad

GUANGXI NORMAL UNIVERSITY PRESS
广西师范大学出版社
·桂林·

出版统筹：施东毅
选题策划：宋铁莎　李茂军
责任编辑：李茂军
美术编辑：卜翠红
责任技编：李春林

图书在版编目（CIP）数据

人生设计在童年：哈佛爸爸有话说：畅销十周年纪念版 /（美）高燕定著. —2版. —桂林：广西师范大学出版社，2016.10（2019.3重印）
ISBN 978-7-5495-8910-4

Ⅰ. ①人… Ⅱ. ①高… Ⅲ. ①儿童教育—家庭教育 Ⅳ. ①G78

中国版本图书馆CIP数据核字（2016）第242309号

广西师范大学出版社出版发行
（广西桂林市五里店路9号　邮政编码：541004
网址：http://www.bbtpress.com）
出版人：张艺兵
全国新华书店经销
天津画中画印刷有限公司印刷
（天津市武清区梅厂镇福旺道6号增1号　邮政编码：301701）
开本：787 mm × 960 mm　1/16
印张：26　　　字数：300千字
2016年10月第2版　　　2019年3月第5次印刷
印数：131 301～151 300册　　定价：38.00元

▶ 别看我这么小，过10年，我再来这儿的时候就不小了！（摄于1989年）

◀ 1999年成为哈佛大学新生

◀ 七八岁就到大学图书馆查资料“研究”

▼ 读书时的感情真投入

▼ 5岁在美国第一天上学，自己乘校车去

▲ 作者和美国前总统布什

▶ 挤上前去和参议员说几句——时年9岁读四年级（照片刊登于《鹰报》头版）

◀ 11岁的中国寻根之旅，在飞机上写日记

▼ 以“年轻作家寻根在中国”为题，成为《休斯敦纪事报》*Yo!HOUSTON* 封面人物

▼ 日记体游记《西方到东方》签名售书

◀ 在美国“拓荒”，自己动手盖房子，我锯大树，她砍小树

▲ 我们自己动手盖的房子落成了，现在竟然成了一个“观光景点”

▲ 交响乐团的筹款音乐会

▲ 高中毕业典礼上领到荣誉毕业证书

▲ 在《哈佛深红色》报社的办公室里

▲ 与“哈佛先生”告别，说声“谢谢”，俺转到下一个驿站——在纽约曼哈顿的哥伦比亚法学院

◄ 又领一份荣誉毕业证书（2003年6月于哈佛）

▼ 多少个哈佛爸爸、哈佛妈妈在台下观礼，为你们鼓掌

▼ 获授哥伦比亚大学法学博士学位（2006年6月）

人生设计须尽早

——《人生设计在童年》十周年纪念版序

真格基金创始人、新东方联合创始人　徐小平

广西师范大学出版社要我为高燕定先生的《人生设计在童年》十周年纪念版写序。

接到任务，我心里不免一惊。惊的是，我给高老师写第一篇序的情景恍如昨日，难道我此时已经比那时老了十岁？

但我心里不免一喜。喜的是，这本我大力推荐的跨国学童教育专著，已经经受了万千学子和家长的检验，抵御了岁月的锈蚀，依然金光闪闪地屹立在精英留学教育书架上，惠及着一代又一代望子成龙的家长和梦想飞翔的孩子，为中国教育的国际化，默默辐射着这个时代最需要的正能量。

仔细寻思，我为不少书做过推荐，但为同一本书两次作序，似乎还是一件前所未有的事情。当然我知道，这只说明了高燕定先生大作的生命力，而跟我的序言无关。但我还是为我，为高燕定先生感到无比骄傲。

《人生设计在童年》的内容，源于高燕定先生早年赴美后，为教育女儿高倩，探索美国教育内涵与本质的珍贵经历。图书出版后，立即为高燕定先生赢得了巨大的名声，使他成为美国教育的观点领袖之一。我也因为此书而和他在休斯敦结识。我高度认同他提出的"人生设计在童年"的观点和方法，并把他的观点融汇到我当时还在新东方的咨询工作中。我在新东方是很多学生心目中的留学权威。但人们不知道的是，我遇到

不懂的事情，第一求助的人就是高燕定先生，他一直是我的留学“高级顾问”。

2006年底，高老师的女儿结束了哈佛本科-哥大法学院的七年精英教育。没有了后顾之忧的高老师，在我的鼓励和支持下，放弃即将到手的美国高校丰厚的“退休保障计划”，提前从美国大学辞职，告别了旅居二十一年的美国回国创业，成为我所知道的年龄最大的“最高龄创业者”。

高老师创办燕定美中教育咨询公司，致力于打造一家将早期人生设计、职业规划的理念贯穿于留学咨询和培训的教育机构，让中国学生的留学之路更加理性、更加有成功保障。他或许没有想到，他回国创业的决定，改变的不仅是他的人生轨迹，更改变了许多中国学生的教育轨迹和职业命运。

老高回国创业的这十年，就是他把“人生设计在童年”这一理念付诸实施的十年。在当今的留学咨询行业，“人生设计在童年”“职业规划须乘早”的理念已深入人心。作为中国留学咨询行业的领军人物之一，高老师对今日中国留学归于理性、渐趋成熟、日益完善的生态，有着重大的贡献。

老高于知天命之年回国创业，用他的方法为中国学生“授业解惑”的使命感和责任感打动了我，我们成为了最好的朋友之一。我经常和他一起上电视接受采访，在互联网上做访谈，和他一起探索留学之道、教育之道和孩子成长之道，当然，还有经营燕定美中教育咨询公司之道。毫不夸张地说，能够在五十高龄，因共同理念而结成朋友的人很多，但还能在事业和友谊上，双双收获丰硕人生成果的，我和老高应该算是一对比较稀有的标本了吧！

十年过去了。也许这十年是老高人生最丰富多彩的十年了。他的著作《人生设计在童年》为他赢得了无数读者和巨大声誉，他的公司从无到有成为我给所有亲戚朋友推荐的首选留学顾问公司，当然，可能他最引为骄傲的，是他倾前半生之力养育出来的女儿高倩。十年前高倩从哥伦比亚大学获得法学博士后，如愿以偿地成为顶级律师事务所的一名出庭诉讼律师，亲历过令人瞩目的数十亿美元大案，在精英云集的美国律政界闯出了自己的一片天地，成为纽约顶级律师事务所的合伙人。高倩在职场包括家庭生活上的成功，既是高燕定个人家庭的幸福，也是他交给千家万户的一份答卷：因为，《人生设计在童年》的核心内容就是高倩成长的经历。高倩成功，证明了高燕定教育理念和实践的成功，也是给千万接受老高教育思想的家长和孩子们的一份保证书。天下父母，谁不想拥有一个高倩那样的女儿？天下学子，谁不想像高倩那样先进哈佛，再读哥大，进入世界顶级机构工作，从事自己最爱的事业呢！

当然，每个家庭对孩子的期许是不一样的，每个孩子对未来的想象更是非常不同的。但所有人都能从《人生设计在童年》这本书中，发现许多真知灼见，获得很多灵光感悟，从而丰富你的童年经历，优化孩子的人生轨迹。

《人生设计在童年》十周年纪念版有着丰富的意义。这本书与她的作者一起，催化和引领了中国学生本科赴美留学潮的蓬勃发展，见证了燕定美中教育十年的发展和壮大，帮助了一个又一个家庭实现美国名校的梦想。这十年间，老高带领燕定美中教育的团队，践行了他在《人生设计在童年》一书中的诸多理论和经验，用事实证明了，高倩的成功故事，也一样可以大规模地发生在中国学生身上。恰逢燕定美中教育创办十周年之际，《人生设计在童年》也迎来了十周年纪念版，愿这本曾经帮助过许多家庭点燃希望、实现梦想的智慧宝典，能够伴随更多的中国学子，继续走向下一个十年，继续潜入更多的童年美梦！

我唯一的希望，就是但愿下一个十年来得再晚一些，第三篇序言的时间不要太早出现，让我能够离我那早已渐行渐远的“童年”更近一些……

幸福来自“目标”

——再读《人生设计在童年》

旅美作家、海外华文文学评论家、世界华人周刊执行总编辑　陈瑞琳

孩子，不仅是国之本，也是家之本！

爱，不仅是代际的传递，更是希望的传递。

幸福，是生命之终极渴望，但幸福来自于目标实现的满足，来自于自身发展的完善。

何谓“目标”？其实就是人生的设计，就是从童年时开始建立的勇气和自信！

整整十年了，《人生设计在童年》这部书放在我书架的最顶端，它犹如一束光，照耀着我们全家一路走来的亲子之路。送儿子去哈佛读书的前夜，蓦然回首，我忽然发现，它其实不是一部书，而是一门生命的哲学。

最早认识这部书的作者高燕定先生是在1996年。那年他的女儿高倩在美国加州的中国书刊社出版了自己的第一部纪实作品《西方到东方》，孩子的照片登上了《休士顿纪事报》的头版。在高倩的新书发布会上，我见到了这位聪慧绝顶的小姑娘，当时就有一种强烈的预感，眼前的这个黑头发的小姑娘必定要走向她生命的灿烂之路。

高倩的《西方到东方》，记录的是这位美国德州农工大学附中九年级的学生，在1992年的冬天随同父母返国探亲的故事。一个完全在西方世界中长大的11岁小姑娘，背着父母买给她的便携式写作小电脑，开始了她40天不寻常的少女中国行。在这部十几万字的日记体游记作品中，读

者可以感受到一个小小少女纤细入微的情感。全书最精彩的灵魂，既是以一个少年的心表现中西文化的内在差别，也是一个生在中国、长在美国的小姑娘对自己文化母国的执着探寻。

记得在那次见面之后，我知道高倩正在构思她自己的第二部书，打算以美国的生活为背景，描写处在两种文化背景下的华裔少年在家庭、社会中所面临的心理冲突。1996 年夏，她再度踏上了归乡之路。再后来，我听到高倩以卓越的成绩成功地考进了她梦想之初的哈佛大学，毕业后又以优异的战绩跨进了她梦想之二的哥伦比亚法学院。再再后来，她在美东成家创业，一路凯歌……

作为来到美国的第一代移民，每个父母都有一个最深切的梦想，就是让自己的下一代能够踩着父辈的肩膀走进西方学府的塔尖，这显然需要两代人共同的努力。女儿教育的成功，带给高燕定的并不是生命努力的满足，而是他对人生旅程的深刻反省。他蓦然回首，发现自己走过的教子之路绝不仅仅是一个孩子个体的成长轨迹，而是蕴含着具有普遍意义的所谓精彩人生设计的教育轨迹，同时也蕴含着中西合璧的教育理想。为此，他开始了对海外教育思想的挖掘和探索。当他一步步用文字来重新塑造“理想”的时候，他再一次惊然发现：原来关于“人”的设计和培养是如此的激动人心！

记得那是美国南部的丽塔飓风过后，我看见了刚从中国返回的燕定先生。早年来自中国科学院，又在美国大学多年从事科学实验，使他养成了一种探索性思考的习惯。我在他的眼神里看到了那种发现者的信心和梦想家的顽强：虽然风尘仆仆、日夜兼程，却掩不住内心洋溢的兴奋和喜悦。他手里正拿着两本广西师大出版社新出版的书：《人生设计线路图》和《人生设计在童年》，那是他用自己的生命实践谱写出的作品。为了传扬一种教育理想，他这次专程回国接受中央电视台“央视在线”节目的访谈，并南下深圳举办了 11 场演讲。不仅新浪网全文刊出了他的书，著名的《光明日报》《中华读书报》都相继发表了有关他的作品的书评。看着他浸在血丝里燃烧的目光，我感觉那是一个蕴积多年的生命正在喷发，正在打开他创造的闸门。

喜读《人生设计在童年》，全书的精华首在作者鲜明的教育主张：人生设计在童年！然后是目标的确定和奋斗，探讨的是自主教育与自我教育以及“超前”教育，还有家长的角色功能，社会对于孩子成长的意义，等等。书中最感人的是一路穿插着高倩成长脚印的章节，娓娓道来一个普通的东方女孩在父亲的引导下，从小树立人生的理想和职业目标，在预期的人生轨迹上一步步达到理想目标的故事。文字真实而生动，理性而深刻，极具现实说服的逻辑力量。而书中无数详尽的资料，正显示出一个呕心沥血的父亲对于美国教育及社会结构的熟谙和把握。

高燕定所思考的教育理想聚焦于人生早期的职业预备，这完全不同于将孩子早早送进贵族学校的那种冠冕堂皇，而是尽早发现孩子的个性，为其将来的职业发展立下可行的目标。纵观中国的教育，大学生虽然层出云涌，但毕业时大多茫然无措，校园教育与职业目标严重脱节，由此造成很多学子“高分低能”的可悲现象。如果我们的职业教育能够更早地从童年开始，从童年设计，无疑将会更切合社会的需要，也能让孩子尽快地实现他们的人生理想。在这个意义上，高燕定所提出的教育思想显然具有突破性的理论贡献。

当然，“超前”的童年设计和职业规划必须在一个规范化的稳定社会中方可圆满实现，即在可预见的将来让孩子不靠机遇、不靠伯乐地走向必然的成功。另外，“超前”的童年设计和职业规划显然更适合精英人才的培养。尽管我们将面对来自社会结构动荡以及个人素质的种种限制，但一个有早期目标的人生必然会将孩子培养得更接近成功却是一个无可争辩的事实。

回首中华文明史，任何一个强盛的时代都是借助于教育思想的昌盛。在过去的30年中，没有人能够精确地统计究竟有多少中国的学子负笈海外，更无法计算还有多少年幼的孩子随着他们青壮的父母也踏上了异国求学的土地。人们多是惊魂未定，然后是面对西方迥然不同的教育思想而茫然无措。但是很快地，孩子们就爱上了异国他乡的校园，并且健康快乐地成长起来。几乎所有的人都无可否认中国的孩子在西方校园所展示的学业优秀,这也成为负笈过海的第一代移民辛苦创业的最大安慰。但是,在一个个辛劳的中国父母把孩子们送进美国名校的时候,却很少有人能慨然回首,去认真地思考自己的孩子所走过的教育成功之路,从而为我们的社会留下宝贵的经验,也为当今的中国指出一幅青少年教育改革的参考蓝图。正是在这样的呼唤中,高燕定先生携带着他自己集数十年呕心思考的教育成果——《人生设计在童年》走到了我们面前!

毫无疑问,当代中国的快速富裕正与教育思想的急迫需求形成强烈的呼应,在国门开放的今天,人们已经洞察到中西方教育体制的鲜明差别。多年的中国教育,强调的多是知识的灌输,把孩子们培养成考试的高手,于是一个个原本灿烂的小脸被强制性地纳入到一个统一刻板的高考模式中。而在西方,始终强调的是发挥孩子的创造性,希望把孩子塑造成最适合他个性的人,同时也是最适合社会发展的人。高燕定先生的探索和思考,不仅为今天的学生和父母架起了一座实现人生价值的生命彩虹,而且为中国源远流长的教育思想注入了崭新的现实活力。他的诸多精辟见解,不仅展开了一个深入探究美国教育文化的独特视角,也为我们的时代为中国的教育,立下了一座坚实的路碑。

曾经有一个让我特别感慨的故事。有一年我去访问美国东部著名的卫斯理女校,在图书馆查看到冰心、宋美龄、希拉里·克林顿等人的入学资料。我就对馆长说:“你们学校应该建立一个名人纪念馆,把这些有成就的校友资料拿出来展览。”馆长说:“可能你认为文学家、政治家是有成就的女性,但我认为这所学校培养的每一个学生都是成功的,她们中甚至有优秀的面包师、时装师,如果要展览,大家的成就是一样的!”这话让我非常震惊,在她的心里,人的价值和尊严是一样的,并不因为谁更有名就高于他人。由此引发我对比反思当代中国的教育体制,在西方,教育的目标是把人培养成不一样的人,但我们的教育恰恰相反,却是把不一样的人培养成一样的人!

在我自己 18 年来陪伴孩子成长的过程中,深深地感叹美国学校里的老师主要看孩子是不是有独特性，他的长处在哪里，他们的教育思想就是把每个孩子的独特之处找出来而后进行培养和发展。这是西方教育特别成功的地方。孩子们在申请大学时，面试的老师不会问你哪门功课没考一百分，他关注的是你有没有做出别人没做出来的事情。在哈佛大学的入学演讲中，主题是“什么是幸福，怎样才能幸福，幸福的几个方式，快乐的几个源泉”；在耶鲁大学，校长强调的是“如何学会感恩”！

此时此刻，我怀着感恩的心再读《人生设计在童年》这部大书！相信人的幸福，最终来自于人生目标的实现。正是在人生目标的设计和实现中，人的潜能才能得到充分的发现和完善。

2016 年 9 月 16 日于休斯敦郊外

为了不出二十周年纪念版

——《人生设计在童年》十周年纪念版前言

高燕定

接到广西师范大学出版社要发行《人生设计在童年》十周年纪念版的消息时我非常高兴。但是说心里话，当时我并没有去想，十周年纪念版应该纪念什么。

当我 2003 年将本书的初稿送给徐小平先生，并且和他探讨人生设计时，他不仅十分欣赏我的“人生设计在童年”的思想，主动提出为本书作序，并且一再鼓动我回国创业，传播早期人生规划的理念。经过几年的思考，我于 2007 年 3 月告别了旅居二十一年的美国，“姗姗来迟”地回到中国，在北京中关村创办了“燕定美中教育”机构，在国内率先提出了“留学规划与人生规划相结合”的理念，致力于为中国学子提供留学规划、培训和美国名校申请服务。很多学生在我的指导下走进了美国著名大学，学成后，有的在世界各地著名企业工作，有的成为公司高管或上市公司董事，有的创业成功。

《人生设计在童年》记述的是我女儿 5 岁刚到美国时的 1986 年到 1999 年高中毕业考上哈佛大学为止，总共十三年间发生在我们家庭和她身边的美国教育故事，以及我们共同成长中总结出来的教育哲理：人生设计在童年！

我在中关村的燕定美中教育做留学咨询时，经常有家长拿着这本被划过很多道道的书对我说：“我读过你的《人生设计在童年》，你女儿哈佛毕业了吗?"这本书于2005年出版至今已经十一年,直至一两星期前,仍然有家长问我"你女儿毕业了吗? 工作了吗?",他们丝毫没有注意到,这本书出版时我女儿已经从哈佛毕业。我不得不一个一个地对他们说,我女儿十几年前就已经从哈佛毕业,并且从哥伦比亚大学法学院毕业,在纽约当律师,至今也有十年了。对于这样的问题虽然有点哭笑不得,但是,我也因此而感到非常宽慰。读者感觉故事就发生在眼前在身边,不正说明这本书没有随着时光的流逝而失去她的影响力和生命力吗? 在他们眼里,书中的故事犹如发生在昨天。这说明,书中传播的思想不仅没有过时,而且依然有着现实的意义。这也正是这本书能够成为长销书、畅销书,能够发行十周年纪念版的原因吧?

本书出版后不仅引起了广大家长和学生的关注和赞许,也引起了国家教育主管部门的注意。我还在美国时,中国驻美使馆教育处联系我索取相关资料;中央电视台以及主流网络、平面等媒体给我做了很多访谈,使我成为早期规划教育的观点领袖。从那以后,中国大地开始出现了教育、留学"早规划"的声音,并且逐渐加强,直到目前,已经成为较为广泛认同的教育观念。

但是,也有少数人质疑,这样的"设计"是否阻碍了孩子的快乐成长? 让孩子生活在父母的愿望中,这是孩子们希望得到的吗? 我的回答是,无论多么"尊重"孩子意愿的家长或者教育家,何时真正尊重过孩子的意愿? 他们送孩子上幼儿园、读小学时是否真正获得孩子的同意呢? 孩子真的极为乐意上学吗? 记得我在小学时就有过长期逃学的经历,因为我不喜欢上学。然而需知,即使非常"尊重人权"的西方国家,为了社会的文明和进步,早已把孩子接受基础教育作为强制性的法律实施。

为了孩子的未来,也为了社会的未来,无论孩子乐意不乐意,快乐不快乐,为父母者当然必须为孩子的教育负起责任。古人云"子不教,父之过"嘛。那些"快乐教育"的理论我以前早就听过,但是,我从来都把它们当作无知者的笑话。我女儿曾经对她的朋友们开玩笑地说,她的童年被我摧残了。但是,她上哈佛时,有位教授上课时对学生们说:"我很羡慕你们能来哈佛上学，我儿子成天爱玩电脑游戏，我不知道怎么办。”我女儿毫不犹豫地幽默道：“我可以把我爸爸的邮箱地址给你呀！”这不是对为父者的我最大的认同吗?！有一次，我在纽约女儿的家中，晚餐前，我女儿预告说，晚饭后有重要事情，大家都不要做其他事。饭后，所有人被集中在客厅，观看一部申请幼儿学前班的纪录片。故事讲的是几个纽约的精英家庭为两岁多的孩子申请名校的真实故事。我女儿的孩子当时刚刚两岁，他们已经很自然地加入了这个行列。我很高兴她不仅认同了我的思想，并且行动起来了！我也不禁感慨，那些不规划，不早规划的父母是多么糊涂，多么不负责任啊！

我在《人生设计在童年》结尾时曾经自问自答：“在年纪还小的时候，人生就被定位在律师职业上，失去了更多的选择，会不会有很多遗憾?”然而，有位法学院毕业，美国最著名的、专门为律师做职业咨询的专家在他那本《律师执业转换》畅销书中细述了获得法律学位的人可以从事的300多种职业。“如果有一天，不喜欢律师工作了，她一定可以从那300多种职业中，找到一个合适她，并且能让她喜欢的工作”，这应该是有了足够的退路吧?

十多年来，我的很多朋友、学生以及学生家长都很关心，作为华裔移民在白人天下的美国能否成为真正的律师，并且快乐地享受律师的工作和生活。女儿2006年获哥伦比亚大学法学博士，十年过去了，她不仅成为纽约顶尖律师事务所的一名出庭诉讼律师、合伙人，代理过微软等公司的案件，出庭并分别赢过40亿美元和27亿美元的大案；也作为诉讼律师帮助客户应对美国联邦司法部、美国期货交易委员会、联邦证券交易委员会、参议院常设调查委员会、联邦商务委员会等机构的调查以及法律事务；曾经在多个联邦巡回上诉法院出庭。我想，早期规划打下的坚实基础，让她在竞争激烈的美国律政界站住脚多少起了作用吧。

《人生设计在童年》已经走过了十年，我希望十年以后，能够出二十周年纪念版！但是，我更希望，十年后这本书不再出版，而是躺在图书馆里成为历史。我希望十年以后，“人生设计在童年”已经成为国家教育规划的一部分，成为家家户户的基本教育观深植于人心。

* * * * * * * * * * * *

最后，我想郑重感谢我的朋友，真格基金创始人、新东方联合创始人徐小平先生在百忙中为本书十周年版写序。我也非常感谢著名旅美作家、海外华文文学评论家、世界华人周刊执行总编辑陈瑞琳女士在多个学术活动的繁忙准备中为本书写序。她不仅是本书最早的读者和“人生设计在童年”的实践者，她儿子在美国华人竞争激烈的大环境下被哈佛录取，也是早期人生设计的成功典范。

序言

人生设计在童年

真格基金创始人、新东方联合创始人　徐小平

我是在2003年5月底在美国休斯敦见到高燕定先生的。我去休斯敦看望一个多年不见的老友。朋友说有一个高燕定先生，在教育方面很有见地，希望我们能够见面认识。

见到高燕定先生，真使我有相见恨晚之感。高先生在20世纪80年代离开中国，来美国定居已近20年。多年来，在得克萨斯A&M大学工作的他，一直潜心观察、研究、思考美国教育，特别是中小学教育，并把这个心得融会贯通在他对自己宝贝女儿高倩的家教里。女儿生在中国，5岁来到美国，在高燕定先生的精心培养和女儿的执着努力下，她一步步迈向了美国最著名的两大学府——从哈佛大学毕业，马上被哥伦比亚大学法学院录取。

一个未来的社会精英律师，可以说已经诞生！一个美籍华人家庭教育成功的故事，可以说已经成为华人社区的美谈与骄傲！而高燕定先生则以自己独特的理论与实践，完成了一次令人称道和仰慕的成功的教育实验。这个实验长达20年。这个成果对于中国正在深入进行的教育改革的探索，具有强烈的实用性参考意义。

使我至今依然回味无穷的是，文雅敦厚的高燕定先生在和我寒暄几句之后，就直插主题，和我展开了关于教育问题的讨论："徐先生，我知道你在新东方从事留学咨询时提出了'人生设计'这个概念，但是我认为，

人生设计应该始于童年，而不是成年之后。因为，成年之后再来设计人生，一切就都晚了。”

我佯作微笑着听他阐述，但当时并不知道，“人生设计在童年”，不仅是他的观点，还是他串起20年来女儿成长发展的成功经验之红线，并且正是他撰写中的一本著作的标题。这本书，写的就是高燕定先生自己在美国，对高倩从童年开始培养的那些充满温情、闪烁智慧、迭出新意、遍布惊奇的教育故事。

这就是读者诸君现在读到的这本书。这本书，对于那些望子成龙、望女成凤的家长，是一部难得的美梦范本——谁不想把自己的子女送到哈佛读本科、送到哥伦比亚读法律博士呢?

而且，这本书还是中国社会和家长比照中美教育差异、发现中国教育缺陷、汲取外国教育精华之月光宝盒——读者从这里，将看到令人心仪、神往的美国中小学教育实况，看到中华少女高倩，在美国生活和学习的种种令中国同龄人羡慕嫉妒、令中国教育者惭愧汗颜、令中国家长惊讶反思的细节和故事。

⊙ 10岁生日的这天，高倩对着摄像机说：我长大了要上哈佛，我要做律师。10年之后，这个生日晚会上许的愿全部兑现了，并且有录像带为证!

⊙在美国一所中学里，选修课高达350门之多，其中，仅仅宗教课程就有40多种！文学艺术课里，甚至包含当代中国文学史。美国高中生可选课程之丰富，令人吃惊。

⊙“美国高中生(学习辛苦得)没有觉睡!”这是书中揭示的使我这个自封为教育家的人读了也感到新奇的一个现象。这个发现对于我意义重大。其实只要想一想：在美国这个高度竞争的社会里，成功首先意味着教育的竞争，而竞争就意味着激烈的拼抢。

⊙高倩丰富多彩的教育背景：参与各种考试比赛，充当少年法庭律师，担任中学交响乐团主席，筹款18万美元的中国之旅，每周课余工作20

小时,两年写作314篇共四五十万字的作文、书信、杂文,选美,演讲,出书,会四种语言……

高先生讲述的美国教育故事是迷人的。但是,这本书并不是一本猎奇、记趣的书。这是一个来自中国的教育工作者,通过自己在美国教育女儿的过程,对美国中小学教育进行第一手的深入体验和分析后,写成的书。这样的书,虽然过去有过一些,但很少有像高燕定先生描写、记述得如此扎实深厚、真实细腻。

高倩的成长与成功是令人惊羡的。不过,这本书不是一本讲天才的书。如果是讲天才的书,我是肯定不看的——因为我知道我自己和我的孩子,智商也就中等偏低一些。你是天才?你和疯子一边儿待着去!我们普通人何必没事通过天才来证明自己的失败呢?而高燕定先生的著作,恰恰从一个普通父亲讲述自己普通女儿成长故事的角度,告诉我们:人生是可以设计的;哈佛是可以算计的;而天才呢,是可以父女俩一起合计的。

毫无疑问,美国教育设施很发达,美国教育理念很先进,美国教育的成果——美国青年——很优秀。但是,这不是一部长别人威风降自己志气的书。高燕定先生在字里行间透露出来的那种对祖国教育和人才培养事业的拳拳之心、切切之情洋溢在字里行间。事实上,假如写作也有一种镜头感的话,高燕定先生的镜头,始终是定位在从一个中国学者和教育工作者的视角来看美国教育,并总是把这种教育和中国的现状联系起来进行比较思考。高先生的著作,是当代中国人学习借鉴美国教育的一个优秀文本。

从接受教育的角度,高倩已经获得了真正意义上的成功;从教育子女的角度,高燕定已经登上了父亲荣耀的顶峰;从传播先进教育思想的角度,这本浓缩了高燕定、高倩父女成功教育心血的《人生设计在童年》,必将实现其光荣的使命——启迪中国学生与家长,促进中国教育的进步与发展。

人生设计在童年，高倩蓝图在5岁（5岁来美，父亲就为她指明了当律师的方向）。我承认，高燕定先生有资格批评我的人生咨询理论不完整；我同意，人生设计应该从童年开始，而不是成年之后再强扭人生苦瓜，重新整合奋斗目标。

事实上，无数来新东方向我求助的学生，他们今日的失败，大部分都是在童年和少年时期，已经被他们的父母和学校教育挖掘了今后的陷阱。他们向我投石问路，只是因为庞大传统教育的不完善。我多么希望，这些在人生的中途——我的咨询对象在年龄上，可以用18至40岁来涵盖，而不是5岁到10岁——失去方向的朋友，像高倩拥有这样的父亲，拥有一个高燕定这样的家长，拥有从小就描绘好的符合教育规律的人生设计蓝图！因为，这样就不会有那么多人，只是因为教育的陈旧、他人的落后，而导致自己在社会上和生活中的失败。

我知道我这样的奢望是愚蠢而不可实现的。因为教育的水准，其实与一个国家经济和社会发展的水准紧密相连，不是个人意志能够转移的。但我至少可以欣慰地看到，高燕定先生通过他的著作，把十年如一日培养女儿高倩的经验智慧，奉献在这里，从而惠及无数读者，使他们从中得到这样那样的启发和教益。

啊，我的梦想，至少得到了一部分的满足啦！

自序

设计人生　开创未来

来美国近20年，我一直在大学工作，正式的头衔是研究仪器专家。不过，多年以来，我对教育倾注了更大的热情，并且将自己的生活充实为升学顾问。在美国，这已经是一个很成熟的职业。

升学顾问的英文 College Counselor 可以直译为“(升)大学的顾问”。无论是美国人还是中国人，常常都有一种误解，以为升大学或者报考大学只是高中即将毕业的学生才要考虑的事情。实际上，很多有眼光的美国家庭，在孩子很小的时候就开始寻求升学顾问的服务。也就是说，升大学的起跑，从童年、少年时代就悄悄地开始了。升学顾问以超前的眼光和专业的高度，从小对孩子进行专业化的人生设计和职业规划。

升学顾问可以为学生解决各类问题，提供各种策略，甚至指导大学申请材料的包装，等等。他们根据各所大学不同的特点和要求，最大限度地展现学生的良好素质，使之为著名大学所青睐，在美国大学现行的报考和招生实践中，常常能收到意外的效果。

不过，在英文中，意外一词也有事故的意思。我相信，大家都希望自己是以真正的实力去竞争，去获得世界上最好的教育和就业机会，去赢得事业的成功，而不会指望在人生道路上，依靠一个又一个的“意外”和频频发生的“事故”而惊喜。毕竟，意外和事故发生的概率很低，更不会一辈子伴随着你。

优秀人才的培养是需要从很小的时候就开始的，这个简单的道理目前已经被大众接受，但是很多人既不知道如何做，也没有采取科学、理性的行动。

父母在给予孩子生命之后，又可能成为孩子未来事业成功的再创造者。这个看法目前颇有争议。很多“西化”了的家长，甚至一些“教育专家”都误以为，西方教育的“主流”思想是，提倡让孩子完全自由地发展。近年来，甚为流行的“素质教育”，由于没有明确的内涵，让没有主心骨的家长们，把弹琴、唱歌、武术、书法等，统统当作“素质教育”的主要内容。他们唯独没有想到的是，孩子们最终要走向社会，他们对自我、对社会的认识，待人接物、与人周旋的本领，对知识与职业的关系的深刻理解和实践以及为社会服务和谋生的技能，他们的人生理想和有效、现实的职业规划以及付诸实现的能力等，才是“素质教育”的重要内容，是他们在社会上生存和事业成功的最基本、最必要的素质。这些意识的建立，必须从童年、少年时代开始，能力、技能和素质的培养，只有经历长期的锻炼，才会渐趋成熟、老练和完美。

在孩子的童年、少年时代，家长、教育者和全社会都应该把孩子树立人生理想和职业发展指导提到议事日程上来。大人们，尤其是家长，应该科学、理性地引导孩子思考未来、树立理想、练好本领、迎接挑战。

有人认为，家长把自己的愿望寄托在孩子的身上，是不人性化的；孩子在成长过程中，最重要的是保持良好的心态。但是他们也许没有想到，让孩子们对自己的人生不思考、不作为，在竞争日益激烈的现实中难免屡屡落败，是更不人性化的。孩子处于那样低落的状态，还怎么能够保持良好的心态？

很多人认为，孩子长大了才知道自己要做什么，应该让孩子自由发展。他们的理论根据常常是：我自己就是这样成长起来的，不是也很好吗？不是也读了硕士、博士，也出人头地，买房、买车了吗？

长久以来，教育的无职业意识、无职业规划对几代人的影响是深远而且顽固的。有人可能由于种种偶然的机遇，在人生和事业的道路上取得了一定的成功。那些“意外”的成功者也许没有认识到，他们的成功是在特定的时间，由于特定的环境、机遇等因素所造成的。且不说这样的成功是不是真正满足了个人的愿望,发挥了自己最大的潜能,事实上,他们中的很多人,也是经历了较长时间、较大磨难,往复曲折才达到目标的。这样的成功是没有一定之规的。

机遇可遇不可求。事实上,大多数人获得事业成功都有其规律性,那种不规划、不设计、不训练而成才成功的人,只是很例外的“天才”或幸运者,并不形成经验,不能提供统计信息,难以作为学习、模仿和参考的依据,只能作为故事和传奇来消遣,更不能拿来麻痹自己的孩子,以致影响个人前途,削弱民族素质和整个民族在世界大舞台上的竞争力。在当今日益规范化的社会里,孩子们需要走的是科学的、有规律可循的人生道路。

我们这一两代中的很多人,不但过的是稀里糊涂的日子,还用各种各样的自我满足来对自己并不精彩的人生作一种逃避型的自我安慰。他们不知道,或者不愿意承认,人生可以由自己来掌握,可以演绎得更精彩。在经历了一个又一个的不幸,承受没有掌握前途命运的历史苦果之后,自己难道不应该认真地把经验总结出来?在那个历史时期里,我们中虽然也有极少数幸运者和极其顽强者在“稀里糊涂”中靠着自己的努力获得巨大的成功,但是,大多数人都没有那份“幸运”。可悲的是,我们中的很多人,一生都相信命运、机遇,却不相信人生可以由自己来设计,未来应该由自己来开创,更不相信人生设计应该从童年开始这个道理。

我在这里奉献给大家的是,怎样通过科学理性的设计,依靠家长和孩子的共同努力,在教师、学校和社会的帮助下,让普通的孩子可预见性地获得必然成功的思想方法和途径。

毋庸置疑,教育已经成为在规范化的社会里可能获得事业成功的必由之路。但是,没有人生目标和科学规划的教育未必可以使人事业成功,甚至不能让获得“良好”教育的人在竞争日益激烈的社会获得基本的就业机会。

目前,很多中国学生没有理想,不知道今后做什么。因为中国的基础教育中缺少职业发展教育,没有在孩子的童年、少年时代,对他们理性、科学、"超前"地进行长远的职业指导。这一点,与美国《国家职业发展指导方针》中所规范的,从6岁开始就对孩子进行职业发展指导相比,有巨大的差距。美国国家职业信息协调委员会早在1989年就发布了这个指导方针,规范了职业指导从小学就要开始!从6岁开始,就要培养孩子的职业意识,接受职业发展的指导,进行与就业有关的12种、六七十项的能力训练,学会"自我认识",了解"教育与职业的关系",实施"职业计划",让他们对职业发展的这三大环节有相当的认识。

在中国,教育的目的只是为了考大学、上大学、拿学位,这不仅使得中小学生没有基本的职业意识,更没有职业规划,甚至包括很多大学生、研究生也没有足够的职业意识和技能,不知道自己将来要做什么。

学生没有职业意识,没有足够的技能和专业化的态度,大学毕业时也没有很强的、立即独立工作的能力,可能是就业难的重要原因之一。这并不是学生们的错,错在整个社会没有一个规范的、科学的职业指导教育,以致学生们没有意识到,在成长过程中应该刻意地去练就令人信服的、为职业市场追捧与渴求的,能够立即为企业创造利润、为社会创造财富的能力和技能。

一个人的知识、技能和素质的培养与成熟必须经历漫长的过程,只有长期的有目标的磨炼和准备,才能使他们成为某一行、某一业的"最好"。只要成为"最好",就一定会被社会追逐、渴求,他们在事业上的成功就将成为必然。

可惜,大学四年的时间太短,四年的职业预备期显然不足以达到这个目标。四年时间可以把几百万学生训练成大致相同的、没有明显特色的"螺丝钉"。要想脱颖而出,只有依靠自己长期的观察、思考、研究与额外的发展和努力。

中国人民是勤劳的,然而,新世纪的全球化竞争并不仅仅是体力、智力的竞争,更是观念的竞争。中国学生未必天生比外国人聪明,外国学生也不一定比中国学生更有智慧。为什么能够刻苦读书,并且长久以来一直为功课所累的中国学生,不但没有成为世界上最优秀的、最具开创性的一族，相反的，甚至成为令人担忧的一代呢？问题和责任都不在他们。实际上，主要是由于他们的长辈，他们的父母、老师、教育者和全社会，正在津津乐道地用陈旧的观念和思维，把他们束缚在教科书里，让他们十数年如一日地为考试而"操练"，使他们视野局限，思维拘束，能力有限。这是因为在整个成长过程中，没有把可能影响一生的人生规划和自我塑造作为教育的重要组成部分。

未来的竞争是观念的竞争，要在竞争中取胜，必须更新观念。

在对专业人才和技能的要求不断细化和提高的高度商业化的社会中，只有具备"超前"的职业指导思想，才有可能使个人的愿望获得最大的满足，使就业率维持在很高的水平，使社会得到最大的发展。这才是对公民负责，对社会负责。

在这本书里，我用自己和女儿一起成长的故事，结合其他丰富的、有说服力的案例，以及我长期、认真的观察和研究，向读者传递一个理念：在一个日趋完善和规范化的社会里，人生是可以设计的，而且应该从童年开始。有了科学、理性的人生规划，人们完全可以不凭机遇、不靠伯乐，按部就班地、可预见性地获得自我认识意义上的、必然的成功。

早期的人生设计，应该是家长引导、孩子主导、教师和社会共同协作的课题。只有孩子自我认识的不断深化，经过长期的思考、研究和自我提高，在对社会、经济、技术的变化和发展有了一定的认识，并经过反复的筛选和淘汰之后，才能提炼出他们自己的理想和人生目标。只有发自内心的理想之火在他们心中燃烧起来，成为他们如痴如醉的自我追求，才会成为巨大的内动力，推动他们去自我奋斗，获得成功。

教育是一个系统工程。基础知识教育，大学申请、专业选择，个人素质以及各种技能和能力的培养、个人兴趣爱好，人生目标，职业规划、就业环境等因素，都在这个系统中起着举足轻重的作用。这是一个需要科学地设计和规划的系统工程。这个工程掌握在家长、教育者、社会和孩子们自己的手中。是否科学合理地规划，决定了孩子们的人生路线是平平坦坦，顺利地实现理想，还是曲曲折折，甚至永远无法达到目标。

有了科学的人生设计，依靠从小就开始的长期努力，就能达到“最好”，就能获得自我认识意义上的成功，在这个基础上，机遇的眷顾将会使人生更加辉煌。人生规划确实改变了人生，创造了许多奇迹，使很多平常的孩子，最终走向令他们的父母永以为傲的成功。

人生不是股市，失去的，就不可复得了。令人痛心疾首的是，由于家长的不智，很多孩子付出了人生中最宝贵的十多年不可逆转的惨痛的时间代价！失去了可以创造辉煌人生的时机，造成永远的遗憾！无论在美国还是在中国，就我亲眼所见，这样的悲剧年年都在上演。

中国正在经历着有史以来最剧烈的变化，世界也正处于历史上变化最快的时期，中国的教育必将朝着国际化的方向发展。然而，庞大的传统教育体系具有很大的惯性，在这个体系产生深入的改革之前，为了孩子的未来，家长们应该大胆解放思想，吸收先进理念，付诸行动，切不可消极观望、等待！市场经济正在给中国带来富强，正确、有效的教育是国家民族崛起的基础。挣脱传统教育观念的束缚，呼唤全新的人生设计理念，必将是引导中国学子们踏上坦途的有效方法，必将为中国教育改革提供一个崭新的视角与观念。

高燕定

2005年9月24日凌晨

写于呼啸着丽塔飓风的美国得克萨斯州

目录

CONTENTS

一 人生设计在童年

1. 人生设计在童年 …… 3
2. 美国孩子都自由发展吗 …… 10
3. 提倡“早恋” …… 15
4. 职业意识从娃娃抓起 …… 19
5. 素质教育和职业规划
——始于6岁的美国国家职业发展指导方针 …… 24
6. 职业发展三部曲
——自我认识、教育与职业、职业规划 …… 28
7. 职业预备期要多长
——提出一个新概念 …… 33
8. 早期人生设计
——父母、孩子、教育者和社会的共同课题 …… 37

二 目标与奋斗

——从理想到必然

1. 多姿多彩的基础教育 …… 43
2. 综合素质的“标准公式” …… 50
3. 给她一个梦,点燃一把火 …… 56
4. 哈佛有什么错 …… 62
5. 爱好、能力、价值观和发展 …… 66
6. 订好计划,设计人生 …… 71
7. 探索人生目标的“捷径”
——想成为→如何成为→准备好,成为 …… 77

三 自主学习与自我教育

1. 小女初到美国 …… 87
2. 一切从头开始
——5 岁,第一天,在美国自己上学 …… 90
3. 创造语言“交流”环境
——爱丽丝漫游仙境 …… 92
4. 让孩子给大人讲故事 …… 95
5. 为孩子找好书 …… 99
6. 家长能教什么 …… 102
7. 9 岁背 SAT/GRE 单词 …… 106
8. 音乐教育的意义 …… 111
9. “放羊”和“开小灶”
——中西合璧 …… 116
10. 不要让学校干扰教育 …… 120
11. 从小写简历,产生巨大内动力 …… 125

四 “超前”是成功的基础

1. 起跑早就开始了 …… 133
2. 让孩子忙起来 …… 136
3. “超前”带来自信 …… 141
4. 10 岁自学两门大学外语
——几岁开始学外语好 …… 144
5. 人人都是外语“天才” …… 149
6. 该出手时才出手
——跳级不跳级 …… 152
7. 助长不拔苗 …… 155

五 家长该当什么角色

1. 怎么当“两面派” …… 163
2. 全家克制爱好 …… 166
3. 该牺牲就牺牲 …… 170
4. “合理”的高标准要求 …… 177
5. 为孩子创造机会 …… 181
6. 珍惜、欣赏孩子的成果
——从日记到出书 …… 184
7. 教孩子感恩
——给老师们“发奖” …… 188
8. 让孩子体验艰苦
——一起“拓荒”，盖房子 …… 192
9. 当好啦啦队 …… 197

六 走向社会，不做“井底乌龟”
——从理想到必然

1. 走出家门长见识
——从天才少年中心开始 …… 203
2. 不做“井底乌龟” …… 206
3. 暑假怎么度过 …… 210
4. 和大人在一起 …… 215
5. 做义工和打工 …… 219

七 研究性学习

1. 写作带动思考
——纪录寻根之旅 …… 225
2. 说教没必要 …… 232
3. 读书人要“读书” …… 237

4. 文学作品要“早读” …… 241
5. 论文——教育的核心 …… 246
6. 两年几十万字都写啥 …… 250
7. 研究能力的培养 …… 253

八 疲于奔命的高中
1. 对美国高中生的偏见 …… 259
2. 高中后两年有多少事 …… 265
3. 耗时间的演讲比赛 …… 271
4. 选美:另类挑战 …… 277
5. 模拟美洲国家组织比赛 …… 281
6. 东方巡演之梦 …… 289

九 追逐梦想,演绎人生
1. 感受法律 …… 299
2. 体验法律 …… 305
3. 走进法律 …… 317
4. 法学院的宝塔尖 …… 323

十 尾　声
1. 圆梦哈佛 …… 331
2. 大学不是目的地 …… 333
3. 准备再出发 …… 336
4. 父与女 …… 338
5. 哈佛爸爸没话说 …… 340
6. 有意外也有惊喜 …… 342
7. 选择和未来 …… 345

附录一:高中作文 …… 347
附录二:法庭上的终结辩论
——高中模拟法庭比赛 …… 356
附录三:一双十一岁姑娘的眼睛 / 陈瑞琳
——读高倩同学的新书《少女中国行》 …… 359
附录四:十一年级一个月日程安排 …… 362
附录五: 美国《国家职业发展指导方针》 …… 366

主要参考资料 …… 371
后记 …… 373

一 人生设计在童年

Rensheng Sheji Zai Tongnian

1. 人生设计在童年
2. 美国孩子都自由发展吗
3. 提倡“早恋”
4. 职业意识从娃娃抓起
5. 素质教育和职业规划
6. 职业发展三部曲
7. 职业预备期要多长
8. 早期人生设计

1. 人生设计在童年

孩子长大了要干什么？能干什么？许多家长和孩子并没有认真思考。没有理想，人生迷茫，使许多孩子从小没有奋斗的目标，长大成人后，才开始考虑人生，仓促培养就业技能，为时已晚。

社会在高速发展，很多家长和老师却忽视了对孩子的理想教育和职业发展的指导，无形中将整个民族的幼稚年龄往后推了好几年，甚至还视其为自然、正常，以为没有理想的自我发展是尊重孩子的个性。这种没有人生目标的教育正大行其道，这真是教育的悲哀。

从小就开始人生规划，设立人生目标，家长和孩子可以及时找出差距，调整学习内容，培养相应的能力，有意识地为孩子的未来做准备；可以在教育资源有限、生存竞争日趋激烈的社会上保有立足之地，拥有美好的人生。

孩子长大了要干什么？能干什么？

无论身居何地的家长，其实多少都想过这个问题。只是，很多家长并没有真正深入、细致地和孩子们一起研究过这个问题。很多人也从来没有考虑过，应该如何与孩子一起，共同规划未来，“设计”人生；应该如何用科学、理性的思想方法引导他们，并且和他们一起，把基础教育的成果引向明确的人生理想、职业目标。

在中国，由于高考的压力，学生和家长一起跟着高考指挥棒转，家家户户只求拼过高考，届时凭着分数在几天时间内临时选择专业，把孩子送进大学，糊里糊涂地塞进一个专业，糊里糊涂地锁定他们的人生，哪里谈得上什么人生设计。

美国是个特别崇尚自由独立人格的国家，很多人忌讳干涉孩子的个人爱好，更不用说包办他们的前途。不少“西化”了的家长，“融入”主流社会，接受“主流”思想，放着孩子的前途不管，没有从小引导孩子思考职业和就业的问题，任由孩子自由发展，感到这就是在实践先进的美国教育理念，以为这就是美国教育的精髓——尊重孩子的兴趣和爱好，让孩子自由发展。

实际上，这种没有人生理想，没有职业意识，没有职业目标的教育，完全不是美国教育所提倡的。

没有理想，人生迷茫，许多孩子从小没有生活和奋斗的人生目标。这种教育害了很多孩子，使孩子在宝贵的童年、少年时代，白白错失了可能塑造孩子辉煌一生的机会。

自从女儿5岁来到美国，我就在思考这个问题，她长大以后要干什么？也就是说，她的职业归属是什么？

我来美国以前，在中科院某研究所工作，到美国以后，在一所有4万多学生的著名研究型大学工作，接触的都是靠数理化本领谋生的科技人才。初到美国，感觉中国人爱说的那句老话——“学好数理化，走遍天下都不怕”确实有一定的道理。改革开放初期，只有身怀数理化专长的人，才有令人羡慕的出国机会。人文、商科或相关学科的人才出国的机会实在微乎其微。在那个年代，中国社会普遍存在对人文学科的偏见，人们常常认为人文学者多数是些学不了数理化的庸才，以致身不由己、退而求其次地做了这个选择，这是极其片面的看法。岂不料，三十年河东，三十年河西，如今，商学院和MBA是中国学生最热门的选择之一。

来到美国以后我很快就发现，如今在发达国家，以人文科学为基础的政经人物恰恰正是真正指点江山、引领世界风骚、推动社会进步的豪杰！

那年，女儿5岁，我设想，她将来要进入哈佛大学，要进入顶尖的法学院，未来的职业生涯是从事律师工作。当时，这种想法似乎是很不实际的。20年前，从祖国大陆来美国的孩子，能站住脚，上个大学，找份过日子的工作就很不错了。上哈佛，当律师？跟做梦差不多。中国孩子在美国当律师，出人头地，那时确实闻所未闻。很多中国朋友都问我，真的想让你女儿当律师？为什么要让她当律师？这个想法现实吗？

人们都知道，在美国，很多政商名人都是律师出身，有人甚至说，美国是一个由律师控制的国家。律师的社会地位高，收入丰厚，名校法学院毕业生就业前景美好。近年来，美国经济虽不景气，但顶尖法学院毕业生的就业率仍高达95%以上，远远高于商学院，6位数的年起薪也没有因为经济不景气而缩水。女儿如果加入这一行业，对她自己而言，既能立足于社会，又能生活富足，也有益于提高中国人的社会地位，是很荣耀的。这些想法，都是身为华人家长、为人父母者的良好而真实的愿望，是完全不必掩饰的。

有了这些想法，我很快就暗下决心，为她设定这个职业目标。我把想法对女儿说了，她二话没说就认定了。这倒不是因为女儿当时有多么成熟的思想，而是因为那时她还是个五六岁的孩子，这个年龄段的孩子，没有逆反心理，容易接受大人灌输的思想。马克·吐温说过，孩子7岁的时候，父亲在孩子的眼里是英雄。孩子当然愿意听信于英雄的，英雄给她灌输什么，她都听得进去，乐于接受。

每个有活力的孩子都会梦想成为伟大人物。女儿在我日积月累的“当律师”的宣传鼓动下，从五六岁开始就逐渐形成了这个牢固的志向。同时，由于从小就坚定了专业方向，对我所安排的对语言和相关能力的培养，她都很愿意接受；我对她在各方面的要求，她也非常乐意配合。因为她在小小的年纪，已经牢牢地把学法律、当律师作为自己的愿望和爱好,所以能够高兴地完成很多同龄孩子不愿做的事情。

我认为,在孩子的童年阶段,引导孩子设立一个或几个人生目标是很重要的。虽然许多人在他们自己的成长旅程中,可能会因为种种因素而改变轨道,但是,在人生的最初十几年里,有一个目标比没有任何目标要好得多。从小就有一个粗略的人生规划,比迷迷茫茫地混到高中毕业,甚至更晚时,才开始认真地考虑自己的人生,仓促地培养自己的就业技能要有利得多。

从小树立了人生目标,家长和孩子可以及时找出现实与这个目标间的差距,调整学习方向,培养相应的能力和素质。比如,我女儿从小认定自己将来要从事律师或相关的职业,在学习方面,就很注意语言能力的培养,她现在能够说英法西汉四种语言;在高中阶段,她加入了商业与法律交叉的专业设计——一个好的律师必须是懂经济和商业的,暑假还到大学修经济课;从小开始,阅读浩繁的书籍,涉猎面几乎无所不包——一个好律师的知识面必须是广博的。

在兼职的选择上力求与职业方向吻合。比如,在高中时,她找了一份卖珠宝的工作,既是为了广泛接触消费者,也是为了培养自己说服人的口才;另一份每周 17 小时的工作,是替一家著名的 IT 调查公司当电话调研员,通常做完一个完整有效的调查,需要被调查者一个半到两个半小时耐心的配合。律师和从商人员都要具备雄辩的口才和说服人的能力。选择这些工作,都是她在有意识地为自己的人生方向作准备。

在参加社会活动方面也是如此。她应聘成为市少年法庭的律师、检察官,定期出庭,参与审判少年罪犯;在高中,参加模拟法庭审判比赛,还有其他形形色色的演讲比赛;加入一些社团,竞选成为社团的领导,锻炼自己作为一个律师所应该具备的基本素质和能力。

进入哈佛大学后,她不仅埋头读书,从一年级开始,还花大量的时间,投入多种与自己未来职业有关的社会活动:到哈佛招生办工作,做义务法律咨询,在波士顿中国城教英语,与贫困家庭的小学生结为良师益友,任哈佛校园小商店的副经理,等等。她还是哈佛乃至哈佛所在地剑桥市唯一每天出报的《哈佛深红色》报社的商务主管（Business Director）。

《哈佛深红色》是哈佛最有影响的报纸，这个报社是一个学生组织，但又不像其他绝大多数学生组织一样是“皮包”机构。它是一个企业实体，在哈佛主校园一街之隔的地方，拥有一座价值数百万美元的不属于哈佛大学、属于自己资产的三层大楼，这是一代代报社校友留下的“祖业”。该报社是美国仅有的两三所能自己印刷报纸的大学传媒，以广告收入的多少决定每天报纸的版面页数，从十几页到几十页。此外，每星期还出一期杂志，出版书，帮助《纽约时报》等 4 大报在哈佛的发行。报社工作人员上百人，从采写、编辑、美工、广告、制版、印刷到发行全过程都由学生主管。因为是日报，当商务主管要投入大量时间，处理报社繁复的事务。她入学第一年进入报社，大学四年一直都在报社工作，第一年从发行部经理当起，最后坐上商务主管的位置。这些活动和经验，除了锻炼自己的能力，为专业生涯做必要的铺垫外，也是法学院在录取学生时，对在校学习成绩、法学院入学考试成绩之外所特别看重的综合素质。

由于从小开始就建立了职业目标，在十几年的成长过程中，她不断积累实现人生目标所应具备的知识、能力和素质，对自己反复进行调整、

→《哈佛深红色》报社

充实。因为长期努力学习，刻意培养相应的技能和素质，她能够如愿以偿地在哈佛大学毕业的同年，进入哥伦比亚大学法学院攻读法学博士，并成为这个顶尖法学院最优秀的学生之一；法学院第一年的暑假，进入美国顶尖律师事务所工作；先后担任两个法学期刊的编辑，包括全美最高法学专业期刊哥伦比亚《法学评论》的编辑、编委，对包括美国在内的世界各国法学教授、专家投寄来的论文拥有是否采用及编审的大权；读法学院二年级时独立撰写的一篇 40 多页的论文被哥伦比亚《法学评论》接受发表；不到 25 岁就可以获得法学博士学位，这是法学院学生入学的平均年龄！如果没有从小进行周密的人生设计，没有她自己幼时就锁定专业方向和职业目标，并经过长期的刻意追求和艰苦努力，她是不可能一路顺畅，一步到位地达到这一个个崇高目标的。

我见过许多高中生，即使到了临近毕业，仍然对自己今后学什么、做什么，既无所知也无所思。在那种没有人生目标的教育土壤下成长，孩子荒废了宝贵青春，使每个特定的个人，在他们人生最重要的童年、少年阶段没有获得足够丰富的营养，没有具备顺利走向社会并为社会所接受、所渴望的素质和能力。

美国社会崇尚自由独立的人格，提倡孩子自由发展。有些糊涂的家长，赶错了时髦，“入乡随俗”，企望在孩子长大以后，再决定发展方向，确立职业目标。

中国灌模子式的教育所造就的应试人才，没有多少自由设计的空间。无助的家长和孩子们，也许深感无奈，只能身不由己地跟着感觉走。

依我看，两者都不足取。

事实上，许多人正是因为从小没有理想，没有人生奋斗目标，所以从人生最宝贵的童年和青少年时代开始，就一直在迷茫的路上走。也许，有的人虽然有比较空洞的理想和目标，却没有具备达到这些目标的知识和能力，也没有采取科学理性的设计、持之以恒的行动去实现目标。如今，他们只能无助地接受这种无职业目标的教育的后果和现实，无奈地承受着漫长人生的压抑和痛苦。

世界在进步,中国也在高速发展。今天的中国,正在以不可逆转的趋势朝着与世界接轨的方向发展。可是,我们的家长和老师却往往忽视了对孩子的理想教育和职业发展的指导,无形中将整个民族的幼稚年龄往后推了好几年,甚至还视其为自然、正常,以为没有理想的自我发展是尊重孩子的个性。这种没有人生目标的教育正大行其道。这真是教育的悲哀。

如果孩子的父母、师长和专家们从小就和孩子们一起,根据各人的特点,根据现代化的信息,探寻科学的职业发展路线,合理地规划未来、设计人生,让他们愉快地沿着精心设计的人生道路去奋斗,何以会出现那样的不幸,甚至可能是终生的失意和痛苦?

参照世界先进的教育目标,结合社会环境和资源,和孩子一起规划未来、设计人生,是负责、明智的家长应该做出的抉择。

无论在美国还是在中国,优秀的教育资源都是十分有限的,生存竞争将日趋激烈。只有尽快觉醒、早期规划、长期拼搏才能保有立足之地,拥有美好的人生。

2. 美国孩子都自由发展吗

美国人都不管孩子？美国人都让孩子“自由发展”？

这是一种“麻醉剂”，是一个认识上的误区。

掌握财富和地位的美国上层阶级是绝对不让孩子自由发展的！头脑清醒的不满足于现状的中产阶级上层也绝对不让孩子自由发展！在充满竞争的世界中，他们不但没有满足感，相反的，却充满危机感。他们保持着清醒的头脑，想方设法培养孩子从小拥有成功者所必须具备的素质。

女儿高中将毕业时，收到了大学本科全美排名第一的普林斯顿大学的录取通知。没过多久，普林斯顿校友在休斯敦的莱斯大学隆重举办宴会，出动了不少老校友，还专门从远在新泽西州的校本部调来几位在校大学生当说客，目的在于动员被录取的学生选择上普林斯顿，真是一片良苦用心。

那天，德莱尼法官西装革履，专门开车来我家，担起接送我们一家人的任务。看得出来，他的目的是一路上能做做我们的“思想工作”。当时，连普林斯顿、哈佛在内，女儿手里还捏着好几份录取通知书，有两个学校很稀罕地给了全额荣誉奖学金（不是根据家庭收入计算而提供的需求助学金）。德莱尼先生当过多年律师，又当了 10 年法官，审过很多案子,自然有高度的判断力。在他眼里,女儿显然随时可能“叛逃”。他是普林斯顿大学的忠实校友,十几年来一直代表普林斯顿面试考生,为了写好与女儿面谈的报告,甚至在面谈之后一个礼拜,又把女儿召去再谈一次。那天赴宴,一路来回,我和他聊了三四个小时,顺便“查”了他家的户口。他两个女儿上完普林斯顿后,和他一样,一个接着一个,也都上了法学院:一个快毕业,一个刚踏进校门。全家 3 个人上法学院,真神。

晚宴开始之前,盛装的男女宾主们兴致勃勃地聚在一起,无拘无束地交流着。更神的是,我在交谈中发现,其中好几位是律师。有位白人学生的父亲是律师,这个学生表示,本科毕业后接着就上法学院。他又兴奋地透露,哥哥今年夏天毕业,在普林斯顿学的是音乐专业。他妈妈在旁补充说,哥哥在普大上学这 4 年,只拿过一个 B,在校平均成绩 GPA 超过 3.9。做律师的父亲在一旁忙接过来说,是 3.97。母亲又说道:接到好几个法学院的录取通知,已经决定了,秋季开学就去上纽约大学法学院,准备当一个服务于娱乐业的律师。真是义无反顾啊! 听她一点不含糊的口气,实在让人怀疑有关美国学生、美国父母不重视成绩,让孩子自由发展的说法。再一想,哈佛大学法学院院长埃琳娜·卡根的父亲是律师;耶鲁大学法学院院长的父亲,也是耶鲁法学院的教授;哥伦比亚法学院院长的父亲同样是该法学院的教授;最高法院大法官金斯帕格的丈夫是律师,儿子是律师,女儿也是律师,全家——都是律师。

这么多律师的孩子,少有例外地不当律师,不能不让人怀疑美国家长提倡孩子自由爱好、自由发展的传说的真实程度。怎么就不见一个律师的孩子学电脑、化学、电子、机械或是土木工程? 就我近几年所做的研究和掌握的资料,可以说,例外的现象实在不多。这里面,有多少是由于家长的影响,是家长们苦心为孩子做人生规划的结果呢?

圣诞前 3 个星期,我接到芳的电子邮件,说是圣诞节期间要来拜访我。她在来信中说,吉姆非常渴望见到我,她特别提到“他想向你了解把孩子送进哈佛的所有技巧”,并且让我做好准备,“接受一大串问题的轰炸”。芳是上世纪80年代来美的中国留学生,吉姆是她的美国丈夫,他们都在得克萨斯A&M大学获物理学博士,12年前到著名的休斯公司工作,后来跳槽到硅谷工作至今。我和他们认识已近20年,最后一次见面是6年前。

其实,我也非常渴望见到吉姆,很想听听这位美国人亲口告诉我,为什么他们也那么在乎孩子的发展。我在给芳回复电子邮件时,故意揶揄道:“美国人不是都不管孩子吗?美国人不是都让孩子自由发展吗?”虽然我很清楚地知道,美国人并不是都让孩子自由发展的。他们表示非常急切地想读到我的书,其时,我的两本书都还没有出版。见面那天,我预先打印并装订好一份《人生设计线路图》的书稿,准备送给他们做见面礼。

哪知,见到他们一家4口,我顿时呆住了。没想到,他们的两个孩子,一个才7岁,另一个还不到2岁!难道美国人也像我一样,信奉童年人生设计?我该先给他们准备一本《人生设计在童年》才是。

一见面,我先忙着轰炸了吉姆好几个问题。我说,很多中国人都以为美国人是不管孩子的,美国人都让孩子自由发展,我知道这种看法是偏见,不过,我还是想听听,你这个美国人到底是怎么想的。我也告诉他,我要把他的观点写到我的这本书里。

吉姆说,大多数美国家长确实是让孩子自由发展的,美国大多数中产阶级家庭的父母不在乎孩子现在干什么,今后干什么。比如我的父母就是这样的:我小时候,不论做什么,他们都说好,都给我喝彩。他们确实是让孩子凭自己的兴趣自由发展。不过,我就不会这样!美国的上层阶级也绝对不是这样!我现在住在加州硅谷边上的洛斯阿尔托斯最富裕的区域,那里的房子,最便宜的也要100万美元以上,那里有全美最好的学区。以我们的收入,在那个地区买房子,进入那个学区是挺费劲的,不过,我们为了孩子的教育就是要挤到里面去。那里的孩子都上著名的私立大学,追求最好的工作和职业。

他说,无形的竞争从很小就开始了。有一个邻居的孩子,才上到一年级,已经能阅读四年级程度的书。他的母亲不肯告诉我们,她用什么方法、什么窍门使她的孩子远远超过其他孩子。她说,那完全是天生、自然的。我当然不相信,她是在保守秘密,不希望别的孩子超过他。这就是我这么大老远跑来请教你的原因之一。

我的大孩子现在7岁,学校里的老师要求他,要能写由5个句子组成的文章。我对他说:如果你现在只能写1个句子的文章,今后肯定要去坐牢!写2个句子组成的文章,今后高中毕不了业;写3个句子,高中可以毕业;写4个句子,可以考上大学;写5个句子,可以考上好的大学;写6个句子,可以考上哈佛;写7个句子的文章,可以拿奖学金上哈佛。你现在必须学会写7个句子组成的文章!

我当时因为急于听他其他“必须”的观点,没有打断他,但是告诉他,哈佛不会只因学习好而发奖学金。

芳告诉我,吉姆是硅谷乃至全美国最好的那1%~3%的工程师。不过,吉姆认为,如果他是全美最好的医生或律师,他就不是现在这个样子。虽然我认为他们现在也挺好,不过我也能理解,吉姆显然是属于最聪明的那种人。他们的意思是,如果小时候他的父母没有让他自由发展,而是引导他走“更好”的路,他现在的状况会更理想。我想,从这一点来说,他们感到遗憾是很正常的。我能理解,生存在硅谷那样充满竞争的地方,人们是不会有满足感的;相反的,人们充满了危机感。因此,不难理解,他不会和大部分美国家长一样,放任他们的孩子自由发展。

我的女儿在法学院学习期间,暑假在纽约曼哈顿一个顶级律师事务所实习,这个所在世界各地有好几个办事处,仅在纽约的办公室就有400位律师,占用摩天大厦的30多层楼。有一天,她给我发来一个两三句话的短邮件:爸爸,你知道吗,以后我有了孩子,1岁就得开始申请学校,2岁入学就要interview(面试)。显然,这是她从身边个个都是出身名校的律师那里,耳濡目染地接受了美国那一阶层人士教育孩子的理念。

据《华尔街日报》报道，美国占人口总数5%的人掌握着全国约59%的财富。美国作为一个商业社会，以金钱论英雄是很自然的。依靠个人奋斗，以智慧致富的人被社会大众尊崇，被看作成功者，是英雄。这一小部分的“成功者”保持着很清醒的头脑，想方设法让他们的孩子从小拥有作为成功者所必须具备的素质。我看过一份有关家长对孩子的职业生涯影响的调查报告，其中的统计数据显示，被调查的美国大学生中，只有20%多的人认为，他们的职业发展是受了父母的影响。很多人因此认为，美国人都是任由孩子自由发展的。实际上，这是一种麻醉剂，是一个认识上的误区。虽然有许许多多甚至大多数美国父母是任由孩子自由发展的，但是，确实还有不少理智的中上阶层美国家庭不像人们想象的那样。我发现，在女儿出身于政、商、医、法家庭背景的哈佛朋友中，只有极少数大学毕业后不是选择政、商、医、法之一的专业。他们大多都是在进入大学以前就有了明确的目标，而后基本没有什么改变。

根据将近20年的美国体验，我更相信吉姆的话：掌握财富和地位的美国上层阶级是绝对不让孩子自由发展的！头脑清醒的不满足于现状的中产阶级如吉姆者也绝不会那样！他们不但没有满足感，相反的，却总是看到竞争的惨烈，充满危机感。

3. 提倡“早恋”

明知让孩子成人以后才开始学习与生存密切相关的知识、技能，才开始训练本该长期才能培养起来的与职业有关的素质，难免会使孩子在越来越残酷的竞争中落败，使孩子屡屡遭受精神创伤，却不做任何改变，这才是很不人性化的！同时，让孩子不明不白，身不由己地一辈子做他们不喜欢的工作，显然是更不人性化的！

在孩子尚小的时候，不妨引导他们设定一个或几个专业方向和职业目标，在促进孩子具有广泛的爱好和知识面的同时，逐步培养其对某些特定专业的关注和兴趣，让他们从小与未来的职业目标“青梅竹马”地培养一段感情。

中国家长对孩子教育所操的心，即使不是世界之最，也是世界领先。遗憾的是，与家长巨大的教育付出形成显著反差的是，很多家长在孩子十几年的整个基础教育过程中，几乎从来没有认真地以科学的思维和他们讨论过人生理想、专业选择与职业目标——这个教育的终极目标。

很多中国家庭齐心协力，奋斗十几年，最后的目标是让孩子考上一所好大学。至于之后做什么，怎么发展，很少有人认真考虑过。上大学学什么？上大学为了什么？学完以后又要干什么？这些都是使绝大多数孩子和家长非常迷茫的问题。不少学生从小到大都不知道，甚至从来没有想过这些问题！

在从小没有理想，没有个人爱好，没有人生职业目标的教育环境下成长，使很多学生处于“学习无意识”和“学习无目的”的状态。这种学生，仅仅跟着学校和老师的进度走，学习不主动，容易满足，没有兴趣，更没有自己的目标，总有不知道自己该干什么的感觉。他们对人生怎会不迷茫？他们怎会不厌学？怎会不迷恋虚幻的网络？最终又怎能被社会接受？

教育的最终目标只是为了考上一所好大学？教育的整个过程中孩子都不知道终极目标是什么。这种普遍存在的没有理想、没有抱负、没有志向的教育是多么可悲的社会现象！这不仅是教育危机，也将是社会危机，是巨大的社会隐患！

这种现象甚至还没有引起教育专家的注意！在大力提倡素质教育的今天，人们忘记了教育的目的是要把人才推向市场，使人才被社会接受，为社会所渴求。

从某种意义上说，不少人在挑选大学专业的时候就决定了终生职业。然而，很多人对专业的选择是盲目的。

在中国，这个现状普遍到了令人惊骇的地步。到了临近毕业，仍然对自己今后学什么、做什么，既一无所知也一无所思的高中生比比皆是。我接触到不少学习成绩非常优秀的学生，他们甚至对自己今后要学什么、做什么都没有明确的概念。这个群体中的大部分人没有理想，没有职业意识，没有职业愿望，没有职业规划。他们在社会的大河中闷着头随波逐流。

在中国报考大学要受不少限制，考生所在城市、地区的专业名额和考生考分等因素都会对专业选择产生很大影响。一些高中生忙完了高考，才开始了解信息，根据高考分数，根据来这个城市、地区招生的大学和专业，平衡一下，为父母选一个好听体面的学校，再为自己“乱点鸳鸯”，“选”一个并不了解甚至并不喜欢的专业。没有“约会”，没有“恋爱”,没有“卿卿我我”,就这么与从未“爱”过的“对象”匆匆结合。人生大事,一夕之间随便敲定。

即使很多堪称学术、事业佼佼者的来美留学生、学者也表示,他们对自己所学所事并无兴趣,当初不知怎么就选了这个专业,以后再没有什么机会可以改变了。至于原因,几乎相同:当时根本就不懂,根据高考分数,感觉合适就随便报一个,大都谈不上什么兴趣爱好,都是“邂逅相逢”、“草订终身”。

当然也有不少人“先结婚后恋爱”,慢慢培养起专业感情,虽然多少有些遗憾,但也平平安安地“白头到老”。但是,有很多人无法摆脱从未“爱”过的“终身伴侣”的桎梏,郁闷不堪一辈子。

在中国,这既出于无奈的高考招生现状,也是人们和社会公众对专业的认识和名校情结所使然。很多人上大学前从未有过专业和职业的概念,也有不少人难以舍弃名校而勉强了自己的专业爱好。

美国社会比较崇尚个人自由发展,美国大学在学生的专业选择上给予学生很大的空间和自由度,有的甚至允许学生无数次改换专业。不过,这绝不是一件值得提倡的好事,只是给没有明确目标的人提供的补救机会而已。有的学生就是因为从小没有志向,申请大学时“乱点鸳鸯谱”,上了大学以后,心猿意马,“拈花惹草”地换了一个又一个专业,本科一读五六年。人生目标不明确,专业兴趣不确定的学生,转来转去不仅浪费时间金钱,也会丧失很多实习和获取奖学金的机会。在今后一轮又一轮的考研、就业的激烈竞争中,还可能因为曾经“用情不专”而被认为是对事业不专注的“花花公子”,从而一次又一次“莫名其妙”地惨遭淘汰。

由于高考的难以把握和不确定性,也由于中国近几十年的巨变和缺乏准确的国际化职业信息,很多中国家长既没有这样的“超前”思维,也不具备必要的知识和信息,因此,无法帮助孩子从小确立奋斗目标。这种状况应该逐步予以改变。

美国许多家长比较提倡让孩子自由发展,这是高度“人性化”社会的表现。

两种社会状况都造成了相当一部分人从小没有理想,没有明确的奋斗目标,最后他们不幸成为职业场上的“弃儿”。

很多人片面地认为,孩子长大“懂事”以后再选择未来,选择职业,这种“人性化”的方式可以达到最好的效果。实际上,明知让孩子成人以后才开始学习与生存密切相关的知识、技能,才开始训练本该长期培养起来的与职业有关的素质,难免会使孩子在越来越残酷的竞争中落败,屡屡遭受精神创伤,却不做任何改变,这其实是很不人性化的!同时,让孩子不明不白、身不由己地一辈子做他们不喜欢的工作,显然是更不人性化的!

要让孩子顺利地达到自己的人生目标,不妨协助孩子从小设定一个或几个专业方向和职业目标,在培养孩子具有广泛的爱好和知识面的同时,逐步形成对某些特定专业的关注,让他们从小与职业目标“青梅竹马”地培养一段感情。

需要注意的是,如果孩子发现自己并不钟情于“早恋”的“对象”,那就应该愉快地鼓励他们“移情别恋”,尽早“另寻新欢”。

4. 职业意识从娃娃抓起

孩子懂什么？他们怎么知道长大该做什么，不该做什么？该学什么，不该学什么？怎么成为一个理想的人才？

小赵从上小学开始，常常被父亲有意识地带去参加董事会的会议，18 岁顺利进入摩根斯坦利投资银行工作。

汤姆 9 岁立志成为 F16 战斗机飞行员！历经 16 年的精密规划和准备，25 岁时，终于如愿以偿。

高倩五六岁被灌“迷魂药”，从此“痴迷”当律师，大学毕业直接考入法学院，24 岁可获法学博士学位。

幼时的设计、长久的职业预备期，使他们具备扎实的职业技能，从而顺利地迈进社会，成为优秀的职业人才。

我提出童年人生设计的理念以后，有人质疑，孩子那么小，他们懂得什么？他们怎么知道长大该做什么，不该做什么？该学什么，不该学什么？他们知道学法律、当律师是怎么回事？你让你的孩子当律师，她快乐吗、幸福吗？这就是她想做的吗？

有人说，我父母都没有文化，我不是也挺好？大学毕业，读了硕士、博士，有工作，有房也有车，什么时候设计过？更有人说，美国人都让孩子自由发展，不是个个都过着好日子吗？

总之,很多人认为,寻找工作,设计职业,是大人的事,只有大人才懂,孩子根本就不懂。

高二就来美国上高中的小赵,2003 年秋天进入加州大学伯克利分校,他给我讲述了自己有趣的故事。这是一个父亲从小就对孩子进行职业启蒙,使之受益巨大的例子。

在国内,小赵的父亲是家大型企业的老总,从小给小赵灌输很多商业方面的知识,还常常对他说,要上哈佛,要读 MBA。他爸爸工作太忙,经常国内国外到处跑。所以,到了放寒暑假的时候,他爸爸就想办法带他一起出去,以便有机会和他多待一些时间,也着意给他一些商业方面的熏陶。从他七八岁开始,他爸爸就有意拉他去参加会议,包括董事会的会议。在董事会上,爸爸给小小个子的他搬来一张大椅子,让他一坐就是好几个小时,听一帮大人“吵架”。他说,从小在那样的环境里长大,使他知道,要办成一件事情实在不容易,也知道了作为一个商业管理人员的工作和生活是什么样的。他在爸爸的影响下,从小就有了要读最好的大学,要上哈佛 MBA,要经商的思想。

小赵从小培养了很强的从商思想。他一入学,很快进入状态,参加了商学院里的一个荣誉学生组织。当时有 70 多人申请,只有 15 人通过面试被录取,他是年纪最小的一个。这个组织一般只收三四年级的学生,而他第一个学期就加入了。

入学第一年的圣诞节,他不像其他同学那样赶着回国、返家,而是留在学校里,对今后的职业和就业做研究。伯克利有一个帮助学生找工作的服务机构,招聘人员的公司会把招聘信息发到这个服务机构所属的网站上,学生可以在网上找线索。不过,这个网站只对毕业班和小赵加入的那个全国性的商科荣誉学生组织的成员开放。

小赵在这个网上找到了著名的摩根斯坦利投资银行招收实习生的信息。他根据自己的兴趣,申请金融部的顾客服务部中一个为顾客管理股票账户的工作。顺利通过第一次面谈后,他进入第二轮在公司总部的面试。进入第二轮面试的有 6 个人,除了他以外,都是三四年级的学生。第二轮面试进行到最后,是和一个主管单独面谈。一进办公室,主管没有一句客套话,开口就说“谈一谈股票吧”。由于受了父亲的影响,他已经具有丰富的商业知识,从小对股票就很感兴趣。他父亲的公司里有一个证券业务部,他常常到那里去转,学到很多东西。出国以前,他还有一个独立的股票账户,也有了 3 年的股票实际运作经验。所以,和主管谈起股票来,他滔滔不绝,轻松地“独唱”了 20 多分钟。最后,主管打断他,说:“好了,凯文,你很酷,你拿到这份工作了,我知道你还只是个新生,不过,你比他们懂得多。”

小赵年纪轻轻就懂得很多,这是他父亲对他进行职业启蒙,引导他从小建立职业意识,培养职业兴趣,立下职业目标,并且根据这个目标,有意识地培养他的结果。

凯莉是我认识多年的实验员,上世纪 90 年代中期的一天,她非常激动地告诉我,她要辞职,随丈夫汤姆去佛罗里达,汤姆要到那里的空军基地受训。汤姆经过十几年的不懈努力,终于实现了童年的梦想,被选送去接受 F16 战机飞行员训练。F16 是美国空军的主力战斗机,在美国人心中颇具神话色彩,F16 飞行员的挑选非常严格。汤姆告诉我,他 9 岁时看 F16 战机表演,对此产生了浓厚的兴趣,之后他开始想方设法到处收集 F16 的图片、画册和各种各样有关的书,到了走火入魔的地步。后来,他下决心一定要当一名 F16 飞行员。11 岁读小学的时候,他就开始着手为实现被他称为“人生梦想”的这一目标认真准备。他说,他当时也不知道,这个周密的计划要经历十几年的漫长过程才实现。他和父母多方了解成为 F16 飞行员所需具备的个人素质、具体操作细节。实际上,那是一个非常繁复、琐细的过程。

在美国,要想驾驶飞机是一件很容易的事,很多飞机驾驶学校都接收十几岁的小学员,但是,要真正成为 F16 战机的飞行员,可能比上哈佛难得多。常春藤大学每年招收好几千名学生,而美国空军一年只招 100 多个新人加入 F16 战机的飞行训练。好在凡事都有个规矩,美国选飞行员的条件也是公开而规范的,了解了这些规范,依靠长期的努力,创造条件去争取,是可能达到目标的。9 岁时燃起的人生梦想彻底改变了汤姆。以前,他的学习成绩一般,对数学不感兴趣,当他知道作为美国最好的战斗机飞行员,除了必须具备优良的身体素质、快速的反应、敏捷的思维能力外,对数学、物理的要求也很高,各科成绩都要优秀,平均总成绩必须 3.8 以上。从此,他以了解到的信息为依据,不断调整、充实和完善自己。他努力学习,有意识地培养对数学、物理的兴趣,不断提高知识水平,积极参加各种社会活动,刻意锻炼自己的各项能力。他参加童子军,最后成为最高阶的鹰级童子军;自费参加飞行驾校学习,18 岁高中毕业以前就考取了私人飞行驾照。以优异的成绩高中毕业后,他进入得州 A&M 大学学工程,同时参加空军后备役。大学毕业后,他去服兵役,接着又回到大学,继续读电子工程硕士,一边等待 F16 飞行员的申请程序。经过 16 年坚持不懈的努力,到 25 岁获得硕士学位这一年,他终于实现了在童年就开始精心规划的梦想。

有人会以为,这也许只是个案。最近在写这一段文字的时候,我用"F16"这个关键词到网上论坛查了一下,发现像汤姆那样 11 岁 ~ 13 岁就开始认真讨论和研究如何成为飞行员的孩子还真不少。只不过,在汤姆那个年代资讯不够发达,没有互联网,很多时候都是他自己到图书馆翻资料,他的父母挂电话向各有关方面咨询,还设法四处找飞行员了解情况。

由于小时偶然的机会,汤姆对 F16 战斗机产生了浓厚的兴趣,激发了他长期的认真研究和努力,终于成为一名高水平的飞行员。这个故事,说明了长期的职业预备,对于造就高精尖人才的必要性。

我在高倩五六岁的时候,给她灌"迷魂药",她懵懵懂懂中立志当律师,从此逐渐"痴迷"于法律。经过漫长的 10 年时间,到她高中毕业前,不仅法学专业和律师职业的志向已经深深地根植于她的心中,她也在很长的时间里,磨炼了作为"准律师"的基本素质和能力。

很多成年人对律师的了解既表面,又片面,甚至常常产生误解。高倩不像一些人那样,对律师的工作,对一个精英律师必须具备的基本条件、能力和素质等，只停留在道听途说和影视作品粗浅的表现水平上。她在高中时参加市法院的工作，当少年法庭的律师和检察官，参与少年犯罪的审判工作；高中两年参加模拟法庭比赛期间，到图书馆查找、收集职业律师看的文献资料和专业期刊；痴迷于案件的研究，津津乐道于种种法律问题。这些使她对律师工作有了亲身的体验和深层次的了解。

幼时建立和培养的对法律的兴趣和爱好，使她从小喜欢看人物传记、纪实文学作品，并对政治事件敏感，对政治人物关注。1992 年美国大选时，11 岁的她参考《时代周刊》上文章的内容，像模像样地写了 1 篇打印出来满满 1 页的总统大选的大会发言，在家里背得烂熟后，在大选当天，于全校同学面前发表“助选演讲”。1990 年 11 月 6 日，得州参议员菲尔·格南姆到小学去“拉票”，时年 9 岁的高倩挤到格南姆参议员面前与他握手、提问。凡此种种，都说明了从小建立的职业目标可能触发孩子发自内心的兴趣，去关注一些与目标有关的事物。从小关心时事政治，向往和追逐政治明星，都是作为一个精英“候补律师”的基本素质。她哈佛大学毕业，同年考入哥伦比亚法学院，不到 25 岁，就可以成为法学博士。

以上几人，都是非常顺利地在年轻的时候达到自我认识意义上的成功。他们的成功都是源自童年就开始的人生设计，从小建立职业意识，培养职业兴趣，立下职业目标，并且根据目标，有意识地培养、锻炼。他们都有长久的职业预备期，以致他们较早具备相应的知识和职业技能，顺利地进入社会，成为优秀的职业人才。

5. 素质教育和职业规划
——始于6岁的美国国家职业发展指导方针

“素质教育”提早到了“零岁”，职业意识到18岁竟还没有形成！这是一个多么荒唐的现实！职业发展指导在很多人的思想中，在发展中国家，还完全处于可悲的“蛮荒”状态！即使在发达国家，也被很多人忽视。

美国《国家职业发展指导方针》规定，职业指导从小学就要开始！从6岁开始，就要培养职业意识！接受职业发展指导，学会并开始职业规划，让学生进行与就业有关的12种能力、六七十项“指标”的训练。这几十项似曾相识的能力和“指标”，不仅包括而且远远超出了中国教育界广泛讨论的“素质教育”的范畴，堪称加强版的综合素质教育。

“素质教育”提早到了“零岁”，职业意识到18岁竟还没有形成！这是一个多么荒唐的现实！更可悲的是，多少年来这种现状一直被认为很正常，甚至被冠以“人性化”的招牌！这种现象如果出现在兵荒马乱、社会动荡的情况下尚情有可原，但若是存在于一个开始不断规范化的社会，一个正在高速发展并投入国际化社会怀抱的国家中，就是一个奇怪的、值得深思的问题。

由于中国家长、教育者和教育机构没有对孩子从小进行职业发展的指导，以至青少年普遍没有职业意识。职业发展指导，特别是对少年儿童的职业发展的指导，被很多人认为是荒谬的，他们认为这是家长将自己的意志强加于孩子身上，是不人性化的。目前，职业指导在国内还完全处于可悲的“蛮荒”状态！即使在发达国家，也被很多人忽视。由于孩子没有从小得到应有的科学的职业发展指导，孩子职业意识的培养和人生发展受到了阻碍，这可能也是目前就业难的重要原因之一。

我常对人说，美国的职业指导是从6岁就开始的。很多人以为我在说笑话。

美国联邦政府有一个国家职业信息协调委员会（NOICC），这是1987年由国会通过立法成立的联邦机构，它由教育部、劳工部、商务部、农业部、国防部的9位副部长和署长的强大阵容组成，足见政府对职业发展的重视。这个机构的职能是指导发布职业和培训计划信息，制定职业发展指导规范和职业教育规范。该委员会早在1989年就组织制定、首次发布了《国家职业发展指导方针》（National Career Development Guidelines，见附录，以下简称《指导方针》）。先后参与制定《指导方针》的150多位专家来自教育部和其他全国性的团体和机构。这部近200页的指导方针对全国不同年龄段的人的职业发展指导作出规范，是权威的职业指导文件。目前，美国各职业咨询机构、学校、职业发展专业咨询人员，有关职业规划的出版物，都以这个《指导方针》为纲行事。

令很多人不愿相信的是，这个《指导方针》规定，职业指导从小学就要开始！美国人6岁上小学，也就是说，孩子从6岁开始，就要培养职业意识，就要接受职业发展指导，进行与就业有关的12种能力、六七十项“指标”的训练。这几十项似曾相识的能力和“指标”，不仅包括而且远远超出了中国教育界广泛讨论的“素质教育”的范畴，堪称加强版的综合素质教育。

《指导方针》规定，从6岁开始的职业指导和训练，要让孩子们学会对自己的兴趣、专长、特点、能力等进行“自我认识”；要进行“教育与职业关系的探索”，研究教育与职业的关系，了解职业信息的获得和使用、工作与学习的关系、工作与社会的关系等；还要学习职业决策和进行“职业规划”。

许多人很重视孩子的“素质教育”，却摸不清到底什么是综合素质，很多人拖着孩子到处学琴、学书法、学武术，参加各种名目的比赛，就是没有认识到，对孩子职业意识的培养，对孩子进行职业发展的指导教育是一种极其重要的“素质教育”，甚至可以说，正确的、科学的职业发展指导不仅涵盖了素质教育的所有内容，而且还大大超出了大家的理解。

从《指导方针》的小学生职业指导规范部分（见附录），我们可以看到，美国的职业发展指导方针期望经过职业指导的学生具备的“素质”有：知道自我认识的重要性，具有与他人交往的技巧，有对成长与改变的重要性的意识，有由于教育成果而获益的意识，有对工作与学习的关系的意识，具有理解和使用职业信息的技能的意识，有对个人责任和良好工作习惯的重要性的意识，有对工作与社会需求和社会功能之间的关系的意识，理解职业决策是如何做出的，有对人生中不同角色之间相互关系的意识，对不同的职业和男女之间角色变换的意识，等等。当然，很重要的是，要有职业规划的意识。这简直就是一个加强版的“素质教育”规范。令人咋舌的是，这是对小学生的职业指导规范，要求小学生达到这个认识水平。

← 在图书馆淘书

这个小学生部分细化的具体“指标”是高标准的，要求学生能够描述个人的举止行为会如何影响他人的情绪和行为；列举个人的兴趣、能力、强项和缺点；描述几种通过工作的方法达到个人需要的例子；举例说明与他人交流的有效技巧，说明当来自同学朋友的压力与自己的看法相悖时，应该采取怎样合适的举止；说明处理冲突、压抑和各种情绪的好方法……

对于教育与职业的关系，要认识自己各科目的强弱；定义几种职业群所需要的知识和技能；描述能力、努力和成就之间的关系；制订改进学业的行动计划；描述现在的学习与今后工作的关系；具备理解和使用职业信息的技能；了解家庭成员等人的工作情况；根据数据、人和事定义不同的职业；描述在职业问题上人生观、态度、个人兴趣、能力之间的关系；知道人们是如何在职业市场上获得职业信息的；知道个人素质对获得并且保有工作的重要性，以及合作精神的重要性；知道工作与社会需求和社会功能之间的关系……

最后，是“职业规划”的问题。《指导方针》要求小学生具有职业决策的意识，定义和评估那些干扰达到预定目标的问题和解决问题的策略，在各种情形下的决策方案；描述各种职业群所需要的不同技巧；制订并且开发出一份面对小学生的职业计划。

仔细阅读这册《指导方针》，给人的最大感受就是，定义含糊的“素质教育”，在发达国家已经与职业发展联系在一起，具有可操作性的、实质性的内容，并且给予详细的规范和要求。我们不难想象，为什么人们对美国学生的“综合素质”给予较高的评价。

从美国国家职业信息协调委员会制定的《指导方针》中，我们看到了从童年时代就开始的人生设计、职业规划是科学的，而且是人性化的，是应该认真学习、大力提倡和引进的先进的思维。这是一份很有必要的、科学的、强国富民的“指导方针”。

6. 职业发展三部曲

——自我认识、教育与职业、职业规划

自我认识、教育与职业的关系、职业规划是职业发展的三大环节。这是一个在职业发展中需要经历长期的不断循环反复,不断进行自我调整的过程。

自我认识——了解自信的正面影响、学会与人交往的技巧、了解在成长中人的变化,知道自己的兴趣、专长、特点、能力。

教育与职业的关系——工作与学习、工作与社会的关系,了解职业信息的获得和使用。具备寻找、评估和解释职业信息的能力,准备寻找、获得、保持和更换工作,了解职业的社会需要和社会功能。

职业规划——学习和进行职业决策。

我认为,人生设计、职业规划从童年就要开始,这与美国《国家职业发展指导方针》的规范不谋而合。《指导方针》将所有应该接受职业发展指导的人群分为小学、初中、高中和成年人 4 个年龄阶段,要求从 6 岁的孩子开始,对每一年龄段人员的职业指导都分解为自我认识、探索教育与职业的关系、职业规划三大环节。这是一个在职业发展中需要经历长期的不断循环反复,对个人频频进行调整的过程。这是一项非

常必要的、长期的“素质教育”的系统工程。

不同年龄段的职业规划有不同的指标和要求。高中是人生职业发展的重要转折期，高中毕业以前，具备怎样的职业发展能力是很重要的，一个人在这个关键时期以前所具有的职业发展即人生设计的能力和指标，可能极大地影响一个人的事业成功。

《指导方针》对高中生职业发展指导的具体“指标”达六七十项，这里简单概括职业发展三大环节12种能力及其“指标”。从中我们可以深刻地感受到，让尚未进入大学的高中生“超前”完成职业发展的三大环节，在从童年到成年以前，经历一个又一个“自我认识，探索教育与职业的关系，职业规划”的不断循环反复的过程，与目前流行的，以面向大学生为主的，通过职业兴趣测验，而后决定职业取向的“高龄”、“滞后型”的就业指导相比有意义得多。它可以使高中生远在成年以前就形成比较成熟的职业观、世界观，具备较好的知识基础和职业技能，拥有相当的职业规划理论和实践能力，具备实施职业规划的技能。

自我认识

能力1：理解“自我概念”的影响

应该确定并且欣赏自己的个人兴趣、所具备的能力和技能，善于理解别人的看法，知道个人特质对于达成个人、社会、教育和职业目标的关系；要理解环境对个人的表现的影响，了解个人举止行为与自信的关系；还要了解别人对自己的看法。

能力2：与他人交往的技巧

具备有效地与他人进行交流的技巧；具有为他人工作和与人共事的技巧；知道在各种不同的处境下如何处理雇主和同事之间的关系；学会如何用合适的方式表达对事物的反应和看法。

能力3：对成长与改变的重要性的认识

了解青春期成长过程中人的身体和大脑的变化；知道身体健康和

情绪对职业决定的影响；知道如何保持身心健康。

教育与职业关系的探索

能力4：对教育成果和职业规划的关系的理解

知道如何将学业与职业技能应用于谋求人生目标；了解学业及职业技能与个人兴趣的关系；知道如何开发与个人的目标有关的学业与职业技能；了解高中教育与专业选择、上大学以及进入就业市场之间的关系；了解专业技能对不同职业的通用性和改换职业时对技能的要求以及在工作中继续学习的必要性。

能力5：理解以积极的态度对待工作和学习的必要性

知道社会是由努力奉献的劳动者所创造的；了解良好的习惯和能力可以用于不同的教育环境；理解实践、努力和学习的重要性。

能力6：具备寻找、评估和解释职业信息的能力

了解各种职业对教育背景的要求；能够使用各种获得职业信息的手段，比如手册、职业资料、劳工市场的信息、网络发布的职业信息等；了解对不同的行业和职业分类、等级的划分(用职业词典等)；对各种职位和职业的等级有概念；将从事特定职业的某些人作为职业信息的来源，作为自己模仿的“样板”，或者作为导师；解释职业市场上各种从业人员的供需变动情况；了解教育和培训与就业去向的关系，了解人口、气候、地理位置等因素对就业机会的影响。

能力7：具备寻找、获得、保持和更换工作的技能

具有寻找、解释和使用职业和招聘信息的技能；了解全职和兼职工作对学历和职业技能的要求；具备成功面谈的技巧；具备写简历和填写工作申请材料的能力；具有鉴别种种特定的招聘工作的能力；具备获得和保有工作的能力；具备评估职业的能力，例如工作环境、待遇、升迁；理解工作常常是会有变动的；知道个人素质，例如依赖性、准时性、敏捷性、与他人易于相处等素质对于获得和保有工作的重要性。

能力 8：对社会的需要和功能对工作本质和结构带来的影响的理解

知道生活方式对就业的影响；知道社会需求和社会功能对商品供应和服务业的影响；了解职业与工业发展对培训和就业的影响；了解全球化经济及其对个人前途的影响。

职业规划

能力 9：职业决策的技能

理解个人对假设的教育与职业选择所应负的责任；具备在特定的情况下做出种种决定的能力；了解上大学所应具备的条件和自己的强项和弱点；了解对就业或升学的合理抉择；完成从高中到大学，或者直接就业的过渡所必要的步骤；了解申请大学的手续、步骤及细节，确保上大学的财政来源。

能力 10：理解人生中不同角色之间的相互关系

对人生不同阶段的认识；了解不同的生活方式的因素，例如，社会经济状态、文化、价值观、职业选择、工作习惯，等等；了解职业选择对生活方式的影响；知道如何有效地调整工作与生活的平衡；知道处理工作、家庭、休闲之间的关系；能够解释不同的职业路线对家庭模式和生活方式的潜在影响；了解休闲活动的重要性；了解职业技能和知识可以通过休闲而获得。

能力 11：理解男女角色在不断地变换

知道影响和改变男女职业模式的因素；知道在教育和就业环境里存在的不公平的性别陈规和偏见；知道如何设法以自己的观点、举止、行为和技能去消除求职和职业场所的性别歧视；了解学历对预设的职业选择的影响；了解非传统性职业的优点及其存在的问题。

能力 12：职业规划的技巧

知道职业规划对终生学习的重要性的影响；具有高中毕业以后有

关就业和升学的知识；了解“再就业”可能必须接受“再教育”和接受提高技能的训练；从现有的学校与社会资源中，探索自己的教育规划和职业选择；评估自己创业、当雇主的成本和收益；通过义工、兼职、支教等活动提高并发展自己的就业技能；分析、比较学习和工作所需的不同技能；开发出个人的人生计划，不断更新以往职业计划中的信息、数据和计划，包括早期预设的高中毕业以后将要实施的种种计划。

7. 职业预备期要多长

——提出一个新概念

优秀专业人才的专业兴趣和爱好、知识结构，以及高素质和能力，都不是在大学的短短几年里可以培养起来的。他们所必须具备的知识、能力和素质，需要多年耐心细致的栽培才能获得；对社会、经济、技术的变化和发展以及对它们的分析、认识，反复筛选、淘汰而提炼出来的职业定向，都需要经历长期的过程。

在这里，我要提出一个职业预备期的概念。

只有将工作经历与学历相结合，经历了长期的职业预备的人，才会被市场追捧、渴求。一个普通人，要成长为优秀专业人才、职业人士，一定要经过漫长的有职业目标的努力，必须经历长年累月的磨炼。这个过程和磨炼就是一个必要的、很长的职业预备期。

很多人认为下列做法是很正常的：高中毕业后上大学，才开始选择专业，去发现自己的兴趣所在；大学毕业前夕，再开始找工作，选择自己的职业，接着慢慢摸索职业方向。不少高中毕业生只知道报考名校，不知道选专业，上了大学仍然在怀疑自己该不该学这个专业；大学毕业后，只知道要读研却不知道读什么；研究生毕业仍然没有职业目标，人生没有方向，长期生活在彷徨中。

新东方集团的徐小平先生多年来指导过无数“人生迷途者”，他们是从20到40岁的“最优秀最成功的人，包括大专生、本科生、硕士、博士，却都因为找不到自己的就业方向和市场价值，而在现实生活中感到走投无路”（摘自徐小平著《图穷对话录》）。他们之所以陷入人生困境，正是因为没有早期的科学的人生设计，没有经历必要的长期的职业预备期。

在这里，我要提出一个职业预备期的概念。

一个普通人，要成长为优秀专业人才、职业人士，一定要经过漫长的有职业目标的努力，经历长年累月的有针对性的磨炼，将学历与工作经历相结合，才会成为成熟的、可以迅速进入市场的人才。这个过程和磨炼就是一个必要的、很长的职业预备期。

不对职业方向进行长期的筛选、提炼，不对个人的知识、素质、能力进行长期的训练，是不可能成为高素质的职业人才的。专业兴趣和爱好、知识结构，以及作为优秀专业人才所应具备的高素质和能力，都不是在大学的短短几年里可以培养起来的。何况，许多在校生还根本不考虑这个问题。实际上，很多中国学生的职业预备期远远短于4年，他们在大学期间只“学习”，不做事，没有有意识地将知识与职业结合，训练自己的职业技能，为就业作准备。他们的职业预备期普遍太短！这样的人当然没有自信，不认为自己能把事情做得比谁都好。这样的大学生怎能期待雇佣单位对他们感兴趣呢？

徐小平和乔慧存合著的《黄金是怎样炼成的》中，乔先生有一段令人深思的叙述：“在研究生期间，我曾经业余在哈尔滨的亚冬会组委会工作，有一个哈佛的学生做我的助手，他可以在5分钟之内起草一个非常专业的信函，我做不到。我和可口可乐谈赞助的时候只能通过他做桥梁来互相沟通，他帮我做亚冬会主办城市合同和亚奥理事会的申请合同，协助我做所有赞助、专利、广告的策划及对外谈判，而他只不过是哈佛在校三年级本科生，是一个地地道道的美国人。他给我的启示是，一定要上一个世界顶级的商学院。我也是研究生，我也读过工商管理，虽然他是我的助手，甚至本科还没有毕业，但我和他的专业技能差得很远。”

作为踏入世界顶尖的沃顿商学院的乔先生，毋庸置疑是万里挑一的佼佼者，他尚有这样的感慨，说明中美学生专业技能确有很大的差距。很多优秀的美国学生从很小就开始考虑未来，踏踏实实地参加与职业目标有关的工作，他们中的很多人甚至在进行这些实践时并没有意识到，这是在作职业准备。不过，社会规范和市场规律、教育的目标是为就业和走向社会的思想观念，使他们下意识地很早就接受这样的“素质教育”，自觉理性地寻找与职业有关的实践工作，这是中美两个社会观念的差别所致。相对而言，中国学生甚至全社会普遍都没有这个概念，没有早期职业规划的意识，这也许就是中国大学毕业生就业难的主要原因之一。

在成长过程中，职业定向可能会被很多可变因素所影响，比如：个人兴趣的转移，对前途、收入的期望、人生价值观等认知的改变，不以个

↓ 《哈佛深红色》报社的工作人员都有机会在印刷间里实践

人意志为转移的个人能力和素质，甚至社会、经济、技术的变化和发展以及对它们的认识，等等。这么复杂的一个过程，并不是大学4年可以完成的。很多大学生、家长和教育者都误以为，大学教育可以造就专业人才，使其顺利就业。实际上，这是不科学的看法，一些学生进入大学，上了北大、清华、哈佛、耶鲁以后就以为万事大吉，大事张扬，大举庆祝，都是这种思想的体现。其实，哈佛、耶鲁的学生，都有毕业后找不到理想的工作，不为职业市场认可的。

现实中，很多没有职业意识的人，即使大学毕业，也因为没有足够的与职业密切相关的基础知识和技能，在职业市场上缺少竞争力。许多中国大学生抱怨毕业后找不到工作，实际上，很多单位也在为他们找不到合适的、能够很快独立工作的雇员而大伤脑筋。由于大学毕业生普遍没有足够的技能和专业化的职业态度，也没有立即独立工作的能力，雇主对应届大学毕业生不抱应有的希望。因为他们在成长过程中并没有练就令人服气的，被职业市场追捧、渴求的和立即为企业创造利润的能力和技能。

只有早期建立职业发展的观念，历经较长的职业预备期的磨砺，具备广阔的知识和职业技能的人，才能够顺利地进入社会，成为优秀的职业人才。

8. 早期人生设计

——父母、孩子、教育者和社会的共同课题

早期的人生设计、职业规划并不是专横独断地把家长的愿望强加在孩子的身上,而是家长、学生、教育者和整个社会应该一起合作的共同课题。以父母和孩子相结合为主,加强学生的自我认识;以教师为主体的教育者和学生一起,进行学生的知识教育,协助学生把书本知识与职业技能相互融合,让孩子、家长和教师一起探讨知识与职业、教育与职业的关系,共同制订人生规划;家长、教育者和全社会一起,为学生提供就业准备的资源,解决职业规划问题。

在孩子幼年与少年这些成长的关键时期,家庭对孩子的影响最大。家长如能有意识地帮助孩子对自己的性格、特点、爱好进行分析,探索适合孩子的人生道路、职业规划,将为孩子的前途及职业定向带来不可估量的影响。

从孩子童年起,就可以经常在家庭中营造氛围,共同探讨孩子感兴趣的职业;有意创造接触各种工作的机会,让孩子和从事不同职业的人多接触、交谈,尽可能多地了解各种职业以及工作对个人素质和知识能力的要求,这些工作的性质、未来发展前景,等等;经常阅读报纸杂志,寻找媒体的职业信息,关心职业发展动向,了解职业的可转向性,扩大

孩子的相关知识面。同时,家长根据孩子的特征,潜移默化地给以引导。这样长期培养起来的职业意识,可以使孩子具备相应的知识和技能,也能够训练他们为了达到某个目标所必需的全面素质。这是家长在培养孩子时不可或缺的一个重要课题。

现在的学生,面对的是激烈竞争的就业市场、是对职业技能要求越来越高的社会,他们不再有到工作单位才进行岗前培训的从容,不得不"早熟",不得不提前熟悉要面对的职业。他们曾经是为上大学而奋斗的"考试机器",现在,又无可奈何地成为同样很不浪漫的"就业机器"。所以,对于孩子来说,从小加强自我认识,分析自己的强弱项,考虑适合自己的职业,进而对比要求,发扬优点,找出差距,不断"充电",就能够逐渐向职业目标接近,成为适应职场的佼佼者。

现在早已不是上了大学就万事大吉的时代了,教育管理者应该让孩子、家长和教师一起探讨知识与职业、教育与职业的关系,共同制订人生规划;学校不仅应该给学生提供面向"高考"的课程,提供传统概念的"知识",也应该设置一些"实用"课程,使学生将知识与就业结合起来。组织一些讲座,给孩子们提供长期的就业指导和职业教育,使他们具备一定的就业、谋生技能,具有较高的相关素质。很多孩子由于听了一些讲座,有了对职业的认识,从而树立了人生目标。这项课题,应当及早提到学校的教育日程上来。

学校还可以学习美国,把各行各业的人员请到学校来,给学生们介绍各种职业的情况。美国很多学校从小学一年级开始,每个学期定期邀请各种从业人员,到学校里义务进行职业启蒙教育。他们有工程师、企业家、银行家,也有医生、律师、消防队员、商店经理、警察。他们给孩子讲与职业有关的知识,包括工作要求、内容、性质、条件,求职方法,薪水报酬,等等。这些来学校演讲的人,大多数是学生家长。来自各种各样家庭的家长是一种极其丰富的职业指导资源。

学校的图书馆应该收藏一定数量的与职业有关的书。我到女儿读书的小学图书馆里,发现这个只有两三万册图书的小型图书馆就有大约100本非常“专业”的有关职业的书籍。有每页1行字，配上图画，显然是给刚认字的孩子看的《他们如何工作的?》；有图文并茂，包括600多种职业的《职业词典》；还有几十本一套的丛书，如《体育教练》、《牙科清洁技术员》、《刑事侦查技术员》等。这些介绍各种职业的图书，都是以小学生为读者对象的。

在美国，有的出版商甚至出版系列儿童职业启蒙图书。一个叫“故事书站”的公司，出版从幼儿园到小学六年级的全套几十本职业启蒙书，每个年级都包括医疗健康、工业与工程、商业与市场及计算机、自然科学、社会科学、艺术与传播等6大类，供孩子从小了解专业与职业的关系以及各种职业的细节。

有意思的是，很多出版商出的图书，可以把职业这个对孩子看起来很严肃的话题，写得十分生动有趣，如一本给六年级孩子阅读的工业工程类的书《亨利福特怎样制造汽车》，看起来是介绍福特汽车制造史，但是书中用极为精细的大幅图片，详细展示了整个汽车从铸造、加工、装配，一直到出厂的全过程，巧妙地将工程知识与职业技能融会在生动形象的文字和画面中。另一本也是给六年级学生看的《重建美国大城市》，介绍的是1991年开工的、美国历史上最大的建筑现场——波士顿隧道工程。这本看起来不大容易引起孩子兴趣的书，将丰富的照片和有趣的工程技术概念配合在一起，相当吸引人，可以让孩子具体了解工业工程这个专业领域和工业工程师的工作。

职业信息的获取是人生设计中最重要的一部分，职业信息很大地影响了人们的职业规划。许多人把职业信息的领域局限于招聘广告、薪水调查、毕业生就业数量和比例的报告上。其实，除此之外，职业信息还应该包括过去和现在看起来并不相关的信息。很多普通的图书，特别是人物传记，都可以被认为是职业信息的来源。不少人就是受人物传记的影响，树立了人生目标，从而立下自己的人生志向。有将近70年历史，专门出版职业和就业指导书籍的费格森出版公司，为幼儿班到二年级、三年级到五年级的学生分别出版过两本一套的书，书名很长，其中一本叫作《小学生就业教育书籍:幼儿班至二年级,与〈 国家职业发展指导方针 〉有关的就业教育儿童文学》。这是一本带有简要介绍的、推荐 1 018 本儿童文学图书的书,是一本职业指导图书。书中介绍的每一本书,都可以被认为是职业信息,其中包含大量的人物传记。

目前,企事业单位为中小学生甚至大学生提供实习机会的情况还非常少见,至少,尚不是一种普遍的社会现象。有的社会团体、研究单位开始接受少量的人员来学习、做实验,不过,大多数学生还没有这种做"义工"或者有薪资的工作机会。实际上,学生进入企事业单位实习,是对双方都很有好处的事,是社会资源的充分运用。希望这种观念能够逐渐被社会大众接受,成为风气以后,必将对整个社会产生深远的影响。

以父母和孩子相结合为主,解决学生的自我认识;以教师为主体的教育者和学生一起,解决学生的知识教育,协助学生把书本知识与职业技能相互融合;家长、教育者和全社会一起,为学生提供就业准备的资源,解决职业规划问题。

让儿童从早期就开始进行人生设计、职业规划,是人生旅程中最重要的一部分,它可以使孩子成为能够主动认识自我,了解世界,不断努力,走向完美的人。只要自己足够优秀,就一定会获得认同和接纳。家长、孩子、学校和社会都应该重视并且一起参与这一个共同的课题。

二

目标与奋斗——从理想到必然

Mubiao Yu Fendou

1. 多姿多彩的基础教育
2. 综合素质的"标准公式"
3. 给她一个梦，点燃一把火
4. 哈佛有什么错
5. 爱好、能力、价值观和发展
6. 优化人生路线图
7. 订好计划，设计人生
8. 探索人生目标的"捷径"

1. 多姿多彩的基础教育

美国的基础课程设置是多姿多彩的。文学、艺术、历史、政治、经济等课程占有非常大的比重。美国的基础教育不仅注重于知识点,更注重广泛的涉及面,使学生具有综合与分析的思维能力。优秀的教育,“最特别的不是掌握了多少知识点,而是在于他们思考问题的方式,在于他们能把很多东西结合在一起的方式,在于他们能够看到人们从前看不到的模式”(哈佛大学校长劳伦斯·萨默斯语)。这才是造就在未来社会既有发展潜力和竞争力,又认真、严谨,而且富有创造性的思考能力的人才的根基。

引导孩子规划未来、设计人生,并不意味着将孩子训练成面向就业、知识面狭窄的“高级知识工人”。相反的,应该为孩子提供全面的、广阔的基础知识教育,为他们的一生作准备,使他们在日新月异的世界里,永远立于不败之地。

哈佛大学前任校长陆登庭说过:“大学教育并不专门为学生的就业做准备,而应该为学生的一生和进一步学习做准备。一个在未来社会具有发展潜力和竞争力的学生,必须具备宽广的知识面、专业知识和交叉学科的知识。”

大学教育甚至都不是专门为学生的就业作准备的,何况中小学呢?

那种在“学好数理化，走遍天下都不怕”的理念指导下的只注重数理化的教育体系，自然无法培养出“在未来社会具有发展潜力和竞争力的学生”。

与此相反，美国优秀的中小学在培养学生具备宽广的知识方面，有其值得借鉴的一面，那就是：注重广泛的人文科学的教育。

如果对美国高中作一番研究，就会发现任何一所高中都会开设很多人文方面的课程。我曾经感叹女儿所在的高中能够为 4 个年级的学生开设 217 门课程。其中许多是我以前想象不到的，比如心理学、商业法律、社会学、经济学、美国政府等。

后来，一直到女儿上了哈佛，我认识了她的铁杆好友凯特琳以后，才使我对美国中小学基础教育的丰富多彩有了全面的认识，这种丰富多彩到了令人叹为观止的地步。

女儿进校半年以后，当上了哈佛商店的副经理，经理是比她高一届、后来上了纽约大学法学院的吉娜。凯特琳也比女儿高一届，当时担任完全由哈佛学生编辑出版的哈佛系列旅游指南 Let's Go(《走吧》)的中国分册 Let's Go China(《走吧！去中国》)的副总编辑，后任 2003 年版本的总编辑。《走吧》这一系列书除了每个国家出一本外，世界几大旅游城市、几大旅游地区各出一本，总共出书 63 本。Let's Go 出版公司和哈佛商店都属于完全由哈佛学生办的集团公司“哈佛学生办事处”(Harvard Student Agencies，即 HSA)下属的 10 个公司之一。其中仅 Let's Go 一个公司一年的营业额就有 600 万美元。公司每年招收 250 名学生作者，经过几个月的训练后，每人预支 5 000 美元报酬，暑假期间派往世界各地征收新资料，把这 7 个星期旅行期间写的内容发到编辑部，让留在学校的 70 名编辑做加工处理。这是全世界唯一的全套每一本、每年都更新版本的旅游指南，是全世界最畅销的经济旅游指南。《纽约时报》等对它们都有很高的评价。《走吧！去中国》这一册 864 页，内容生动，信息丰富，我有时回国还拿着它作参考，其中很多资讯比中国国内出版的旅游书要详细得多。

她们因为都是哈佛学生办事处 HSA 的同事,就互相认识了,以后又成了铁杆好朋友,凯特琳甚至在书前的小记中不忘将她们三人自比为美国电影《霹雳娇娃》中的三天使。当时,我很惊奇凯特琳以一个美国人,何以有能力当上中国旅游指南的总编辑。

后来,女儿告诉我,凯特琳在中学阶段就修过好几年中文课,多次去过中国。现在哈佛学的是东亚研究,下学期起还要到北京大学学习一年。

她家住新罕布什尔州,在我的模糊印象中,新罕布什尔州是个人口稀少的地方,也是富人养老的风景优美的乐土,至少不是大量华人移民聚居之地。白人群居地的私立学校竟开出中文课程来,似乎并没有什么短线的实用价值嘛。

后来特地去查了 2000 年新罕布什尔州的人口普查报告,我发现整个州 73.7 万多人口中一共只有 1.5 万多亚裔。可以想象,使用汉语的华人当然比这个数量还要少得多。

↓ 她们自比“三天使”

带着疑问去查了凯特琳读过的学校,更是让我惊讶不已。从中可以看到美国教育的多姿多彩,也可以领略美国优秀的中等教育机构是如何注重基础——真正的基础教育的。

凯特琳上的是颇有名气的菲利浦·埃克塞特学校(Phillips Exeter Academy)。与其他美国高中一样,这是个四年制的高中,九年级到十二年级。从学校开设的350门看了令人头晕目眩的学术课程中(此外,还有几十门体育课程),我再次深刻领略了美国教育对基础的认识。

这个学校把400多门课程分门别类地分成16个学科,有现代语言、古典语言、英语、历史、宗教、人类学、心理学、经济、艺术、舞蹈、戏剧、音乐、体育等。“正正经经”的“基础课程”如数学、自然科学和计算机课程的总数量只占不到全部课程的25%。不过,即使是数理化课程,也有让人颇感意外的内容。在35门数学课程里,从一般中学的几何代数到大学的微积分直至离散数学、多变量微分方程、线性代数与常微分方程等大学高年级课程,应有尽有。自然科学的科目除了化学、物理之外,还有海洋生物、物理化学、分子基因学等大学的课程。无论是数理化还是人文学科的课程,都有高于全国大学统一考试课程的大学高年级课程。

在44门宗教课程中,除了有哲学、主观唯心主义哲学流派的存在主义、社会伦理学之外,也有包括佛教、犹太教、伊斯兰教等在内的世界各大宗教,各自都作为独立的课程。英语课程有从小说到电视-电影技术、文学创作、文学浪漫主义与批判、戏剧文学等。历史类的课程,则有更广泛的人文内容,如资本主义与批判、妇女与当代西方社会、美国政治与国家政策、现代战争与和平、亚洲文明、现代中国等。在56门现代语言课程中,除了有汉、法、德、日、西、俄的语言课之外,甚至还有中国文学、当代中国文学、法国戏剧,等等。至于艺术(即美术)、舞蹈、戏剧、音乐这几个学科的课程也是让人眼花缭乱。从雕塑到摄影,从舞蹈及其历史到舞蹈编导,从导演到电影制作,从音乐原理到高级作曲课程,从常见的室内乐到西非洲鼓乐,真是应有尽有,令人惊叹。

凯特琳就是在这样丰富的教育资源和良好的基础教育理念所营造的环境下学会中文,并且对中国发生了浓厚兴趣。她在中学时期就曾经只身一人来到中国,在北京的学校学习一年。在那儿,她根据自己父姓的发音,取了一个很中国化的名字:苏立明。她在中国期间,与寄住的一个中国家庭结下了深厚的友情,认了中国干妈干爹。前几年干妈去世,她和父母从美国专程赶往北京参加葬礼。

她到哈佛的第三年是在中国学习的,一年以后,回到哈佛完成她的毕业论文。毕业后马上又去了中国,此后就留在北京工作。

在那样一个并非急功近利地训练谋生技能的数理化基础教育环境下,凯特琳,也就是苏立明所在的高中学校为她提供的教育也许给了人们一个很好的解释:什么样的教育才是良好的基础教育。从埃克塞特学校的课程设置可以看出美国基础教育是那么多姿多彩,它们的基础教育远远不只局限于"理工科"范畴的数理化,即使是外语课程,也不仅仅是纯粹的语言学习。

人们不难预测,埃克塞特学校优秀的基础教育终要结出丰硕的果实。该校仅2000届的251名毕业生中,就有整整100人进入常春藤大学学习!其中:哈佛大学20人、耶鲁大学16人、宾夕法尼亚大学21人、普林斯顿大学9人、哥伦比亚大学8人、康奈尔大学7人、达特茅斯大学11人、布朗大学8人。

这就是个人们常常无奈地、不无妒忌地笑说的那种哈佛进料器(Harvard feeder),或是常春藤输送器(Ivy League feeder)!

2000年,该校除了有100人进入常春藤大学之外,还有进入著名的斯坦福9人、乔治城12人、卡内基美联6人、塔夫斯7人、威廉姆斯8人、卫斯理5人等。

埃克塞特学校总资产5.3亿美元,目前在校的1 017名学生享用着123栋建筑和全美国最大的高中图书馆,近15万册藏书;师生比为1∶5,200位教师中21%拥有博士学位、61%拥有硕士学位。人们也许对它的多姿多彩不以为然,尽管学校每年为它的学生提供730万美元的奖学金，但是，它所提供的也许并不是大多数平民孩子可以享受到的贵族教育。

女儿所在的高中和其他许多公立学校一样，是一个以州政府补助、当地纳税居民资助的公立学校，却也能开出包括16门大学AP课程在内的200多门课程，其中许多课程是非传统的"基础"课程。在她所修得的34个学分中，虽有9个学分之多是属于"理工科"的数、理、化、生（其中一门微积分、一门大学化学，各相当于大学两个学期的课程），但是，它们的比重还是只占了她所修的全部课程的1/4略强。

哈佛大学校长劳伦斯·萨默斯在北京大学演讲时曾说："我想一个学生最重要的是应该有思考问题的能力……有一段时间，教育是在传授一些知识点。它所教给学生的是如何做乘法，如何拼写单词，知道不同历史事件所发生的日期，如何掌握不同的物理公式，如何记住重要的书籍中人物的名字。我认为，如果你看一看当今最成功的人，他们最特别的不是掌握了多少知识，而是在于他们思考问题的方式，在于他们能把很多东西综合在一起的方式，在于他们能够看到人们从前看不到的模式。因此，对一个哈佛大学的学生来说，他需要学的最重要的东西是：如何去思考，如何以富有创造性的而且又是非常严谨、认真的方式去思考。我认为，正是这种认真、严谨，而又富有创造性的思考能力才是大学留给其学生的最重要的东西。"

一个学生，如果没有"具备宽广的知识面、专业知识和交叉学科的知识"，而只是受过哪怕是很强的"知识点"的训练，如何能够成为"一个在未来社会具有发展潜力和竞争力的学生"和具有"认真、严谨，而又富有创造性的思考能力"的人呢？

从哈佛、普林斯顿、斯坦福等大学对申请该大学的学生要求可以看到，哪怕是最顶尖的大学也不期望考生的数理化生等课程的比重超过全部课程的30%。

由此可以看到，中美社会对于基础的认知不一样。中国社会对"基础"的普遍认识侧重在数理化的范畴，这也许是受几十年来"学好数理化，走遍天下都不怕”的人生哲理的影响。虽然语文以及近年来英文都是主课，然而，与美国的语文和外语教学中要求大量丰富的阅读，以及对伦理道德、社会问题的讨论有很大的差距。

中国教育在基础知识的认知上与发达国家有很大的差距！有偏重部分学科、缺少完整的知识体系的问题。几代人知识结构的不合理，影响的是整个民族、社会的素质。显然，成年人也有进一步接受基础教育和进行自我素质提高的问题。

美国对基础的普遍定义是广阔的，除了包括数学和实验科学之外，还包括英文和语言、文学、历史、哲学、经济、政治、法律等社会科学，甚至——艺术！美国的基础教育对数、理、文、史、哲、艺兼顾并重。

美国多姿多彩的基础教育才是造就高素质学生的根基。

2. 综合素质的“标准公式”

素质教育是近几年的热门话题，具备非凡的综合素质意味着被名校录取，甚至伴随着巨额奖学金。这是很多家长对孩子的期望乃至奢望。

什么是素质？是唱歌跳舞、弹琴武术，还是考级证书？

成绩不好的孩子不必悲观，他们也可能是综合素质很高的孩子。能打工，能说会道会写的具有高素质；会“应试”，无疑也是高素质的表现。发挥各自的特长、优点，都可以达到“优秀素质”的目标。某方面不足、不擅长的，可以在其他方面，以其他形式来弥补、平衡。

大学在人生中扮演了很重要的角色，获得理想大学的录取是人生规划中的重要一步。人们一般相信，只有综合素质优秀的学生才可能被美国名校录取。

但是，到底什么样的学生会被看作具有优秀的综合素质？综合素质由哪些“成分”组成？它们的比例又如何？有没有一个定性甚至定量的标准？

在美国，都说报考名牌大学不但学习成绩要好，经常参加社会活动，做义工，还要有领导才能，会写论文，有好的推荐信。

会打球、唱歌跳舞？会弹钢琴、吉他，会拉小提琴？会武术、书法？

……要考多少级？参加多少比赛？得多少证书？获什么奖？参加什么活动？领导什么社团？

令许多家长和学生困惑的是，很多孩子竭尽所能，投入所有的精力和时间，最后没有得到满意的结果，没有进入理想的学校。很多人认为，这是由于美国大学录取学生具有很大的随机性，美国著名大学录取学生是没有标准的。也有人认为，所谓优秀素质和综合能力是无法具体表述的。

美国是一个很制度化的国家，凡事都讲规范，都有游戏规则，尽管个中难免有漏洞、偏差。但是，总体而言，还是有规律可循的。

1996 年开始，我注意到《普林斯顿评论》与《时代周刊》合编的年刊——《适合你的最佳大学》，此后一直到 2002 年，我每年都收藏一册。书中最有意思的部分是指导读者怎样以升学顾问的眼光给自己评估，计算出自己的“录取竞争指数”。我认为，所谓“录取竞争指数”也就是个人的“综合素质”。

《普林斯顿评论》把美国 1 500 多所大学以录取难易程度从 60 分到 99 分进行排列。哈佛、耶鲁、普林斯顿等一流名校为 99 分，最低的学校 60 分。学生可以根据计算结果，比照该书列出的各大学的“录取竞争指数”，看看自己与哪些大学匹配，也就是可能被哪些大学录取。《适合你的最佳大学》声称，这个评估法可以较准确地估算出自己与哪些预想的学校相符。

该刊 2002 年出了最后一期就不再出版，《普林斯顿评论》现在把这个评估方法放在网站上，为上网者免费进行“评估”，在输入自己的各项指标后，网络会显示“匹配”的大学清单。不过，网上看不到各项指标的评分方法和标准，也不知道自己的各项指标能够得到多少分，哪项“素质”高，哪项“素质”不够高，难以对自己各方面进行有效的调整，也无法知道自己的“综合素质”到底是多少。

我将这个评估方法归纳成一个虽然较长但很容易看懂的公式，括号中的数字是每个学生可能得到的分数范围。这个评估学生“整体素

质”的总得分也叫作录取竞争指数(以下简称为录取指数)。计算公式如下:

综合素质总分=就读的高中(0~4分)+课程难度(0~21分)+年级排名(-1~3分)+平均成绩(0~16分)+SAT成绩(6~25分)+全国荣誉学者(0~3分)+申请论文(-3~5分)+推荐信(-2~4分)+课外活动(-5~30分)+种族多元化(-3~5分)+体育活动(8~40分)+超级录取(40分)+[体育教练点名(5~10分)+家住远处(3分)+父母因素(5~8分)+多元化(3~5分)]

从公式中可以看出,参与“综合素质”评分的项目主要有12项。显然,前面6项主要体现“学业素质”,后面6项体现与学业关系不直接的“其他素质”,在中括号里的其他4项是大多数人所不会有的附加项目。从表面上看,这个评估法“不公平”的地方实在太多。不过,我认为不妨先遵循美国大学申请的游戏规则,然后再去思考、议论过程以及结果的公平合理性。

就学业素质而言,就读全美知名的高中和一般的高中的最大差别只有4分。选修课程的难度相差最高达21分,美国高中通常有普通课程、荣誉课程和AP课程,AP是在高中开设的大学课程,每年5月有一次全国AP统考,成绩达到一定的标准,上大学时可以将学分转到大学。如果在知名度高的高中上学,只选修容易的基本课程的学生,这一项只能得0分,而上了最多AP课的学生可能得到21分。

此外,全年级成绩排名前25%的学生可得1分。平均成绩80分以上的可得12分,90~95分的可得15分。旧制SAT考试的最高分是1 600(对于新SAT,可以将成绩除以3后再乘以2),SAT考试成绩除以63得到SAT这一项得分,最高的为25分。如获选全国荣誉学者(类似于中国的三好学生)还可以加3分。

从以上可以看出,影响学业素质的最重要的因素,是在校选修难度高的课程和SAT获高分。

就“其他素质”而言，大学申请论文优劣的范围从-3分到5分，相差8分。论文是阐述思想，也是书面表达能力的象征，占有很大的比例是不难理解的。推荐信好坏有6分之差，起的作用很大，有较高的综合素质，才会获得较好的推荐信。

课外活动在“其他素质”里起了很大的作用，算上正负分数，这一项的差别竟有35分之多。值得注意的是，有报酬的工作也算在社会活动这一项里，每周工作20~30小时的学生可以得到22分。

种族多元化这一项，外国学生（比如中国学生）可以加5分，但是，在美的亚裔学生较吃亏，反要倒扣3分。也许是因为亚裔学生学业成绩普遍甚佳，为了体现“多元化”而受到集体“惩罚”。不过，女生报考工学院可以加3分，因为工科缺少女生。

在学校参加不同的体育活动可以大量加分，其范围为8~40分，如果是校主力队员并且投入很多精力的，可以得到13分，全美高中最优秀的运动员，如奥林匹克运动员，可以加40分。

最后是“超常”项，一拿就是40分，不过必须确实很“超常”，比如，获得英特尔科学比赛大奖、担任一部电影大片或系列电视剧的主角。此外，父母是大名人，给大学捐赠巨款也属这一项。

除了以上“综合素质”外，在公式的中括号里，被体育教练点名的学生可以被认为是个人“素质”好，“家住远处”如800公里以外的学生，也会被认为必须具备较高的“素质”而加分。

其他两项，“父母因素”和学校为了学生成分的“多元化”而加的分，都不是依靠学生个人的努力可以达到的。

从以上可以看出来，前面6项“学业素质”的最高总分为72分，后面5项最高分的总和为84分。由此可见，无论是“学业素质”如何优秀，也无论“其他素质”如何了得，都不能得到很高的分数，最高的“综合素质”必须是“学业素质”和多项“其他素质”的相结合才可以获得。

以上指数体现了美国大学招生中对学生个体的特别考虑，虽然无法为所有人理解和接受，但是，它们目前广泛存在于美国大学招生实践中，华人移民家庭中习惯了以成绩论高低的学生必须改变观念，对以上的评估方法即使不表赞同，也不得不接受。因为它毕竟是美国大学招生现行的“游戏规则”。

我当初看到每周有薪工作 20~30 小时者，可以得到 22 分，与满分 99 分相比，占非常大的比重时，亦曾感到震惊，因为全年级第一名和年级排名中间的学生只差 4 分。初看起来实在没有道理，难道学生的主要任务不是念书？要全这样的话，大家都去打工不就得了，还念什么书？但是，认真想一想，要是每天放学以后，还要去打工，晚上 10 点才能坐下来念书、写作业，不正说明其有较大的潜力与优良的综合素质吗？打工是让孩子提前走进社会、感受人生的重要一课，能够考验学生承受现实社会压力的能力和承受超负荷的耐力。一边长期坚持工作，一边还能把书读好，说明学生在体力、精力、智力等方面有很大的潜力，这不是整体素质是什么？

所以，不妨用这个公式算一算，你可以发现，“提高”素质可能也有很简单的办法。你甚至还会发现，自己的命运掌握在自己的手中。

以往大家对什么是素质，什么是素质教育有争议。从这里我们也许可以得到一定的启发。不仅在“重点”高中学习的学生具有高素质，不在“重点”高中，但是选修很多最难课程的学生也具有很高的素质；善于“应试”，学习成绩名列前茅，考试能够获高分，也具备高素质，因为“应试”也是一种素质。此外，善于准确地用书面形式表达思想，能够获得老师的大力推荐，是优秀素质的表现；花大量时间和精力参加社会活动、课外活动，甚至打工，也是优秀素质的表现；少数族裔学生，因为文化背景和家庭的原因，需要较高的素质，才能完成其他学生同样的学习、工作；花大量时间参加体育活动，成为优秀的运动员，理所当然地也应当被认为具备极其优秀的素质。

成绩不好的孩子不必悲观，学习成绩不好，也可能具有很高的综合素质。体育运动优秀，能打工，能说会道、能写会画的，都具备相当高的素质。

这个公式表达了利于公平竞争的理念,人才和素质不是单一类型的,大家可以发挥各自的特长,都可以被认为达到了非凡的“优秀素质”。某方面不足、不擅长的,可以用其他形式和内容来补偿、平衡。

从这个评估法分析中,我们可以了解到,美国教育看中的是什么,具备怎样的综合素质的人才可能被认为“优秀”、“高素质”。无论生活在国内还是国外的华人,无论是家长还是学生,尤其是有心出国留学的孩子和家长,都可以在孩子成长过程中,不断地进行评估,对各方面进行必要的调整,使具备各种各样特长和特点的孩子都能成为综合素质较高的人才。

不过,应该提醒注意的是,具备较高“综合素质”的学生尽管可以进入好大学,但是,却并不一定都能够实现特定的人生理想和职业目标。比如,“学业素质”不高,但是由于“其他素质”较高,使得整体“综合素质”提高的学生,如果在大学期间依然无法提高“学业素质”,大学毕业后就难以进入对“学业素质”要求更高的医学院、法学院,也难以进入理工和商学院读研究生,尽管他们优秀的“综合素质”能够使他们进入理想的大学,但是可能无法实现更高一层的既定的人生目标。

（本文原载美国《世界日报》2005 年教育专刊）

3. 给她一个梦，点燃一把火

女儿7岁那年暑假，我带她到哈佛大学去朝圣。跳到哈佛塑像前，她挺直身子说："过10年，我再来的时候就不小了！"

家长把自己没有实现的理想寄托在孩子身上，是很自然美好的愿望。先人们把自己未能实现的愿望和理想寄托在下一代身上，鼓励并帮助他们以符合科学规律和社会规范的方法去努力，去奋斗，去实现对文化教育的追求，对科学技术的追求，对美好富足的生活的追求，才有了人类文明的进步，才有了今天社会的发展。这正是家庭和社会美好未来的希望所在。

人生总该有个梦，不妨给孩子一个梦想、一个目标，好让他们有自己的追求。在孩子的心中点燃一把火，让它燃烧，成为自己努力、奋斗的内动力——这是人生设计最重要的第一步。

来美国3年后的暑假，我们一家三口和好友李先生一家，驾车北上，进行了来美以后最长的一次旅行。途经主要城市有：首府华盛顿、费城、大西洋城、纽约、底特律、芝加哥和加拿大的蒙特利尔、渥太华、多伦多等十几个城市。旅程共3个多星期，6 000多公里。

启程时我们非常兴奋，一路高歌而去，沿途领略美国、加拿大的旖旎风光，如痴如醉。但我此行是醉翁之意在"哈佛"，抱着带女儿去朝圣,看哈佛,在她心中树丰碑、立壮志的想法。

哈佛,30年前在我的心中只是梦而已。从家父床底下的书箱里收藏的旧版书中,常常能看到哈佛的影子。除了某总统、某名人出身哈佛外,还有许多未必流芳百年的成功人士、风云人物也都出自哈佛。多少年来,哈佛,只是梦;其实,就是在梦中也没有到过,毕竟,太遥远了。

不想,十几年后,做梦一样地来到美国,离哈佛一下子近了许多,我竟然就做起了哈佛梦。不仅如此,与我在国内同一研究所的好友小尤,在哈佛攻读博士已两年多,他常来电催我到哈佛相见。

其实,不敢梦想那是以前的事,自从全家到美国,这哈佛梦就开始悄悄地做起来了。我常对女儿说:

"哈佛是全世界最好的学校,你要上哈佛。"

"好好学习,以后上哈佛。"

"上哈佛,我要让你上哈佛,一定要上哈佛!"

变着几十种花样反复地讲,翻来覆去,就是那一句"上哈佛"。

家长把自己没有实现的理想寄托在孩子身上,是很自然美好的愿望。先人们把自己未能实现的愿望和理想寄托在下一代身上,鼓励并帮助他们以符合科学规律和社会规范的方法去努力,去奋斗,去实现对文化教育的追求,对科学技术的追求,对美好富足的生活的追求,才有了人类文明的进步,才有了今天社会的发展。

把自己未完成的梦想寄托在孩子身上,对他们说"希望寄托在你们身上"绝不羞耻。其实,正是解放思想,呼吁"改革开放",以国际化的思维和规范,让下一代人更加努力地学习、工作、奋斗,走向世界,参与竞争,实现前辈没有实现的理想和目标,才造成今天中国的繁荣富强。这不正是家庭和社会美好未来的希望所在吗?!

那种不对孩子寄予希望,对于自己不能实现的理想和愿望,悲观地认为孩子也不能实现,从而不要求和鼓励他们去实现的做法,实际上是一种悲观的、消极的自我麻醉。

以前我在国内,梦想出国,但不敢让人知道,准备申请材料全是偷偷摸摸地进行,因为怕被别人冠以"出国迷"的"坏名"。

现在到了美国,我梦想让女儿上哈佛,一开始,也不敢嚷嚷,因为怕背上"哈佛迷"的笑名。不过,带女儿去看看哈佛总可以吧。

尤先生带着我们两家在哈佛大学里走了一圈,来到哈佛的塑像前停下。哈佛大学行政大楼前树立着英俊的约翰·哈佛的铜像。哈佛坐像高大的底座上刻着3行字:

"约翰·哈佛"

"创建者"

"1638年"

据说,这3行字里竟然隐藏了"3个著名的谎言"。10年以后,我重返哈佛,几次尾随一群群慕名而至的朝圣者,发现无论是哈佛学生还是旅行社导游,总是津津乐道地重述这有趣的"3个谎言"。

第一,这个雕像并不是按约翰·哈佛本人的模样雕塑的,因为哈佛从未留下照片给后人,后来建造雕像时,只好找来一个英俊的青年权作模特儿。第二,哈佛大学虽然以哈佛的名字命名,但约翰·哈佛本人并不是学校的创建者,只是当年身为查理斯城执行长的哈佛把自己的一半财产和260册图书捐给学校。为了纪念他,就把这个前身名为剑桥大学的学校,改名为"哈佛大学"。第三,哈佛建校是1636年,而不是1638年。

不过,无论如何,哈佛就是哈佛。

哈佛已经不是梦,我们走进了以往只能在梦里见到的圣地。

照张相吧!

高倩第一个跳到哈佛坐像的底座旁,等待着我揿动快门。

让她上哈佛是我的梦想,在我的长期灌输下,哈佛已经开始成为她的理想。她站在哈佛塑像的台阶上,直挺挺地立着,只是傻笑。

据说,摸摸哈佛左脚上的鞋,会有好运气。我可是在10年以后重游哈佛时才知道这个不是秘密的秘密。这就是为什么常常看到有人拍摄手摸哈佛鞋子的照片。这座据说是全世界上照率最高的塑像,它左脚的鞋子总是焕发着与全身很不协调的铮铮亮光。不过，当时不到 8 岁的高倩就是仰头伸手也未必够得着。

不知有多少人，一代又一代地，带着他们的孩子来这里朝圣，心照不宣地祈盼他们的哈佛梦想成真。

这趟哈佛之行给高倩的印象是刻骨铭心的，哈佛在她幼小的心灵中打下了不可磨灭的烙印。在她 5 年之后写的随笔中，对这次哈佛之

→ 别看我这么小，过 10 年，我再来这儿的时候就不小了

行清晰的记忆和细腻的描写,说明这趟旅行对她的人生志向起了重要的引导作用,她写道:

我们决定哈佛该是首先必须造访的地方。尤先生住在离哈佛校园仅几分钟的路程之处,他开车把我们送到学校。

哈佛是美国最早建立的大学,她比美国具有更长久的伟大历史。

倾听尤先生的介绍,我发现自己已对这所学校痴迷。生长在一个自幼不断地给我灌输学习与成功的家庭里,我能够理解身临其境的这所学校的完整含义。

虽然当时我只有7岁,爸爸已经为我设计了我的未来,这所学校将是我今后人生中许多驿站中的一个。这次造访以后,哈佛大学作为我的一个家的想法已牢牢地在我心中留下烙印。

尤先生一边告诉我们哈佛的生活,一边带我们参观这个美丽的校园。由于是暑期,学校还没有开学,校园里没有学生,因此,我们并没有看到很多人在校园里游逛。不过,我能想象出开学以后充溢着整个学校的氛围。

我震颤着,希望有一天我也能成为这个世界的一员。

离去之前,爸爸要我在校园里的哈佛塑像前留个影。大人们在一旁评论着,说我站在塑像旁看起来是那么小。

我不理睬他们的唠唠叨叨,对他们说:

“得了,别看我现在这么小,过10年,我再来这儿的时候就不小了!”

大人们爆笑起来,他们对我的声明都很惊奇,不过我知道我是真的想要实现,并且有能力实现我的这个梦想。爸爸带着赞许的微笑,因为他知道尽管我只是个小小孩,但是我已经传承了他炽烈的热情与执着的灵魂。

那天随后的时间,我们还造访了其他许多地方,但是,只有这个我想在我的人生中度过最重要的4年学习时光的地方,才让我觉得足以在我幼小的心里留下印记。爸爸对我所有的灌输总是汇集到这个目的地。这次造访，也让我在内心深处铭刻下这个他每每说教时最终总要强调的地方。

↑　像许许多多父亲那样，这个准哈佛爸爸带着4岁女儿来朝圣

自从这次访问哈佛以后，哈佛铭刻在了她的心中，成了她梦中的一个重要驿站和奋斗目标。在她10岁生日那天，我举着摄像机，问她“你想说什么”，她对着镜头的第一句话就是：

“我要上哈佛，我要成为一名律师……我肯定，我行！”她瞪眼咬牙地发誓。

至今，我还保留着这盘十几年前拍摄的录像带，它帮我清晰地追忆起女儿十几年来的成长历程，是成功的童年人生设计的见证。

人生总该有梦想，给孩子一个梦想、一个目标，让她有自己的追求。

给孩子一个梦，在孩子心中点燃一把火，让它燃烧，成为他们自己努力、奋斗的内动力——这是人生设计最重要的第一步。

4. 哈佛有什么错

上不上名校，上哪所学校，对前途、职业目标是否有利是因人而异的。至少，目前在美国是这样的。

本科院校的选择可能影响终生的职业和前途。选择学校与自己的条件、实力、专业选择、人生目标、职业方向的设定密切相关。将来的目标是上著名的法、医、商学院的，本身有相当实力的学生，选择名校，选择哈佛，没有错。

在国内，一般说，没有人认为上名校有什么错。名校的招牌很重要，名校可能决定一切，决定是否可以找到好工作，甚至决定一生的前途命运。

我认为，在美国就不一定，上哪个学校，上不上名校，与今后的前途不一定十分相关，选校与自己的条件、专业选择、人生目标、职业方向有很大的关系，是因人而异的。我相信，今后，中国的选校思维也会朝这个方向变化。

有位律师告诉我，她的女儿上了普林斯顿大学，但是，因为基础不够好，大学本科成绩较差，成了无法改变的记录。因为著名法学院很重视考生的本科成绩，后来，她遗憾地上了一所普通的法学院。

女儿在全国性的活动中认识了与她同龄，家住佛罗里达州的一对双胞胎姐妹。她们是电影制作迷,在高中时期,她们自己编导并且摄制了一部据说很不错的电影。她们的理想就是成为专业电影编导。那年,两姐妹同时报考了哈佛大学和南加州大学电影学院,双双被两所学校录取。她们做了什么选择呢?哈佛,是世界最著名的大学之一;南加州大学,差远了,综合排名30。不过,它的电影学院是全美最著名的,其辉煌成就包括每年至少有1位毕业生获奥斯卡金像奖提名。自有电影以来,美国80%的电影作品出自该学院的毕业生之手。不言而喻,从小就决定从事电影事业的她们,毫不犹豫地选择了南加州大学。如果她们去哈佛,也许就错了。

有位哈佛毕业生,来自得克萨斯州南部,紧靠墨西哥湾的科珀斯克里斯蒂市,这个城市有20多万人口,西班牙裔移民较多。虽然他高中毕业时在本校的500多名学生里排名第一,但是,到哈佛以后才知道,原来,各校各地的教育水平差别很大。他在哈佛第一年成绩惨不忍睹,自信心大受打击。因为基础较差,以后成绩一直上不去。毕业时,多少靠了哈佛的招牌,他申请到一所一般的大学读地质学博士,当时实在因为没有地方可去,没有事情可做,没有生活来源,迫不得已只好去研究石头,完全不是自己的兴趣。后来,他没有读完学位,到银行找了一份工作。他说,一生最大的错误就是上了哈佛,完全是自寻烦恼,把自己从顶峰摔到谷底。

我有位同事的儿子,体育很好,是校篮球队、美式足球队的主力,有少数族裔的背景,学习中上等,被麻省理工这个世界最难读的大学录取。不过,他不是学术型的学生,大学4年换了3个专业,2000年勉强毕业,靠了当时的强劲股市,在加州一家银行工作。同事当时曾对我说,希望他好好做,如果丢了这份工作,以后就不好找了。不久前,这位同事因为要搭我的车回家,才不好意思地告诉我,汽车被儿子借走了,儿子因为“不喜欢”银行的工作,已经“下岗”3年了。因为大学成绩太差,申请读研究生根本没指望,找工作又高不成低不就,他至今失业在家。

有人认为上名校和非名校对学生的前途没有太大的影响,凡事都靠自己,是金子就会发光。实际上,有时上不上名校对前途影响巨大。比如,有很多著名投资银行和顾问公司特别喜欢到顶尖大学招收毕业生,无论他们学的是什么专业,只要是哈佛、耶鲁、普林斯顿、斯坦福大学的毕业生就优先录用,因为他们认为这些名校的学生聪明,反应敏捷,学什么都快。他们连年派人到名校所在地,租下旅馆住下来,大批量地面试各种专业的学生。同时,对那些送上门的非名校学生的简历看都懒得看。投资银行和顾问公司到顶尖名校招收毕业生的数量是非名校的数倍甚至十几倍。一边是拼命拉人,一边是点缀似的招几个。学业成绩好,综合素质强,有竞争力,有心毕业以后到华尔街投资银行和咨询公司工作的学生,上名校绝对没有错。

也有人认为,大学的好坏不重要,读研究生或者读最后一个学位时学校和导师的名气才重要。其实,这话只对了一半。对于学理工科而言,这个观点也许不错,但是,对于学习人文社会学科而言,其结果可能会很不一样。

高中毕业之前,选择大学必须与本科毕业以后进一步的升学计划,乃至最终的职业目标紧密联系起来,这是科学地设计人生、规划未来的极为重要的步骤。

女儿高中毕业时,面临着选择大学的问题。她被 6 所大学录取,无论上哪所学校,都会有不错的前途,它们各有优势。不过,她一心想今后上法学院,读法学,当律师。上大学应该根据职业目标来决定,这一点没有异议。看看读哪个大学今后上著名法学院的概率高,就知道该做什么选择。

从当年仅能查到的耶鲁法学院公布的数据看,耶鲁法学院 1998 年录取的学生中,那 6 所大学的分布是:哈佛 61 人、普林斯顿 22 人、阿姆斯特学院 11 人、杜克大学 14 人、得州大学 7 人、莱斯大学 4 人。显然,这个统计数据提供了一定的决策依据。

其实,当时我们还没有找到足够的统计数据。《华尔街日报》根据调查统计，制作出一个美国精英大学排行榜。这个排行榜是对2003年进入美国著名法学、医学和商学三大学院的5 100多名学生的背景进行调查以后得出来的。调查的方法是，各选取5所顶尖的法、医、商学院，调查这15所学院录取的学生本科毕业于哪些大学。

哈佛大学在这个排名榜中稳居榜首，当年有21.4%的各届哈佛毕业生进入最顶尖的15所法、医、商学院，紧接哈佛之后的依序为耶鲁大学、普林斯顿大学，前面提到的杜克大学8.61%，排名第六，阿姆斯特学院7.66%，排名第九，莱斯大学3.8%，排名二十，得州大学，只有0.62%，排在五十名以后。

显然，对于目标是读著名的法、医、商学院的学生，只要努力进入高比例输送学生到三大学院的精英名校读本科，就能大大提高进入这些著名学院的机会。

从这个排行榜可以清楚地看出，本科院校的选择可能影响终生职业和前途。

统计信息是科学的人生决策的依据，掌握了可靠的统计数据后，你还没有踏入大学校门，就已经很清楚地知道，大学毕业以后可能有什么样的前途，什么样的机会，有多大的概率能够成就自己的理想和职业目标。

该上哪个大学，不该上哪所学校，该不该上名校都是因人而异的，取决于个人的能力，对未来前途的规划，与职业目标的设定有密切关系。

将来的目标是上著名的法、医、商学院的，本身有相当实力的学生，选择名校，选择哈佛，没有错。

5. 爱好、能力、价值观和发展

选择职业，应在个人兴趣爱好、能力、价值观、物质期望、社会需求和个人长远的发展目标中客观地找出平衡点和统一体。为了自己，为了家人，也为了社会安定繁荣，每个人不但应该早早地问自己，我的理想是什么，我的职业目标是什么，我的价值观是什么，还应该方向明确地为学习、事业、职业、前途而认真规划，不懈奋斗。

成为医生、职业经理人、律师是很多优秀美国学生从小的梦想，这三种职业都享有高尚的社会地位和可观的收入。当医生的必经之路是上医学院，取得医学博士 MD 学位；上商学院读 MBA 已逐渐成为企业主管的必经之路；有志于当律师的人，必须上法学院读法学博士 JD 学位。

在美国，医生是一个地位崇高、令人尊敬的职业，它象征着学识、地位、荣耀和财富。很多美国孩子从小就怀着美好的梦想，立下当医生的志向。不过，这些学生并不知道，在美国，当医生是非常辛苦的。一个医学生，从进入医学院算起，还需历经漫长、艰辛的道路，才能成为受人尊敬的医生。

读商学院，当企业主管，拥有钱财和地位，不仅是很多美国孩子从小就有的梦想，如今也是很多中国孩子的理想。工商管理硕士 MBA 近年成了家喻户晓的“绩优股”。不过,MBA 光辉前景的背后还暗藏着危机,职业经理人在经济低潮时总是首当其冲地惨遭裁员,因为他们的收入高,是企业压缩开支时最需要精简的那一部分人。此外,读普通学校的 MBA 可以说是高风险投资,前途堪虑。

在美国,有一道风景线,富人的孩子当律师,律师的孩子当律师,穷人的孩子也想当律师。美国已故总统富兰克林·罗斯福和他的堂兄弟西奥多·罗斯福出身世家,他们都是哈佛大学毕业后进入哥伦比亚大学学法律。已故总统尼克松和前总统克林顿均出身贫寒人家,他们大学毕业后,分别踏进杜克法学院和耶鲁法学院,从此平步青云,为叱咤政坛,成为今后有影响力的人物打下了基础。

律师是一个具有很大权力的群体,有人说律师是美国政治体制里行政、司法、立法三权之外的第四权。因为律师的存在和他们的作用,保证了美国法律的实施,对美国政治、经济、科学文化、社会生活等方面的正常运转和发展起了重要的保证和推动作用。远的不说,就说我们家的房子,四处没有院墙,20 扇大玻璃窗不设防盗网,完全“对外开放”了十多年,什么事都没出过。除了整体的社会素质较高外,这也许跟美国律师的无所不在有着无形的关系。

在美国想当律师就要上法学院,攻读法学博士 JD 学位。读法学院的都是最优秀的学生,他们学习非常辛苦,平均每天上课学习加起来达 12 小时以上。如果觉得承受不了,想轻松一点,像读哲学博士那样拉长学制,根本就没门儿,只有在苦熬和离开之间作选择。他们比其他专业的研究生都要紧张,什么个人兴趣爱好、课外活动统统放弃,以致有的学生在第一年就被吓跑,退学。

家长在引导和协助孩子设计人生、选择职业目标的时候,应该协助孩子了解各种职业的薪酬,对各职业的社会地位、工作环境,甚至今后的考研升级进行深入的了解和评估。让孩子自己知道,他们成为某种职业人才之后,将获得什么样的待遇,具有怎样的生活条件。美国劳工部统计局常年公布各种职业的收入统计数据,就是为了让公民在择业之前明确各种职业的待遇，这是一个人人必须关注的问题。由 600 多所美国大学和公司组成的美国大学与雇主协会，每季度定期公布全国大学毕业生的起薪，也说明了教育界普遍认为，作为教育的最终成果，有必要让学生在走向职业市场前，对“钱途”有清楚的认识。

从美国全国大学和雇主协会的统计数据可以看出，很多没有经过认真调查的想当然的看法，与实际情况悬殊甚大。比如化学和化工专业看起来是很相近的专业，但是化工专业的年起薪 52 500 美元，化学专业的起薪只有 37 000 美元。生物和药剂专业对个人的基础知识和能力的要求看起来很相似，生物专业的大学本科生的起薪只有 29 600 美元，可毕业以后当药剂师的药剂专业本科大学生的平均起薪为 75 000 美元！健康与医疗技术专业的毕业生又只有 34 000 美元。同样能力和知识背景的人，选择了仅凭个人想象的专业和职业，就会产生非常不同的经济后果。有不少人就是因为对教育的投资回报没有提前做认真的了解和评估，不但使自己陷入经济困境，甚至终生都笼罩在阴影中。

在考虑职业目标的时候，要对职业和专业的联系做一定的研究。很多人喜欢某一种职业，但是，并不明白这个职业的学术基础是什么专业，不知道这个专业学的是什么具体课程。很多中小学老师、家长甚至教育管理人员，对于各种专业不但没有深入的了解，甚至常常抱有错误的认识。即使美国中学和大学里专职的咨询人员，也并不是对各个专业都有很深的了解，因此，很多研究工作要靠自己去做。这个问题其实并不深奥，只要平时多读有关职业知识的书籍、杂志，就会找到答案。目前在中国，以中小学生选择职业方向和职业考虑为视角的书籍还几乎是空白，在美国已经非常之多。相信并希望中国在不久的将来也会“国际化”。不少人对某种职业应该具备的知识和技能没有客观的了解，虽然有“理想”，有职业目标，但是，没有提前进行足够的相关的基础知识、技能的训练，进了大学以后，无法有优异的表现，难以脱颖而出，达到预定目标。

具有优厚的薪酬、高尚的社会地位的职业是很多人向往的。但是，在选择这个职业之前,这些人最好及早认识到,在高薪、高尚社会地位的后面是巨大的辛劳和付出。这一点道理似乎很多人都懂,然而,实际上很多人并没有真正了解这份付出的程度。比如,投资银行的工作,除了高薪外,发展前途也很好。不过,投资银行要求员工每周 80~100 小时注意力高度集中地工作。我看到一位哈佛毕业的大学生,进入纽约华尔街投资银行,由于无法忍受超长时间和超高强度的工作,一年以后,在还没有找到另一份工作,不知道下一步该干什么的情况下,"愤"而辞职。实际上,对于像他那样,规划自己今后读商学院 MBA 的人,中途退出投资银行,对他今后申请商学院会是致命的伤害。如果他以前对投资银行工作的疯狂性作过深入的研究,就不会处于这么尴尬的境地。其实,很多职业介绍的书对此都有深入细致的描述。

有位在纽约投资银行工作的毕业生,工作后已经好几个月周末都没有休假。有一回,他提前几个星期与朋友约好一个周末飞到佛罗里达州一起度假。但是,刚下飞机就接到老板电话,银行有一个急件需要立即处理,已经用快件发到该银行在佛罗里达州的分部。没有商量的余地,他第二天一早就去那家银行,无奈地在异地银行的办公室里"度"了两天"假"。

美国有的医生无论走到哪里,24 小时都要带着呼叫器,准备接受咨询或者随时赶回医院。美国的律师通常每天要工作 10 个小时以上,晚上 8 点以前回不了家,有的常常要工作到半夜。选择当医生、律师之前,要好好想一想,那样的生活是不是自己喜欢的人生。美国 NOVA 电视台曾经跟踪一组哈佛医学院的学生 14 年,拍出了 3 部共 7 小时的电视纪录片,分别为《这么说,你想当医生?》、《MD:当个医生》和《生还者:MD》。只要看看这些片名,就知道不太妙。这些片子反映了一群学生从考入医学院,历经漫长的过程最终成为医生的经历。多年磨炼,幸存下来的,才能成为医生。这一套影片多少吓跑了一批没有足够思想准备的学生。

我曾经问过一位法官,为什么要当法官,而不继续当他的律师。因为法官是公职人员，与有的高收入律师比起来，收入有限。这位法官简单地对我说，他当法官的收入虽然远远没有他当律师时那么高，但是，当律师在周末还要昼夜不停地读文件、准备案子的时候，他和家人却在轻松地享受生活。我相信，他的话是坦诚的。其实，在美国，法官的地位和荣誉是非常崇高的，比大多数律师高，而且普遍受人尊重。虽然他的解释也许不是全部的理由，但是，由此可以看到，选择职业，金钱不是唯一的，除了个人兴趣、爱好、能力之外，还和一个人选择的生活方式和人生价值观相关。很多著名法学院的名教授，都能够成为著名律师事务所的合伙人，年收入可以达到百万美元以上。然而，他们就是喜欢待在学校里，教书做研究，著书立说，拿的是少得多的薪水，就是因为他们有不同的价值观。

对各种职业的收入进行研究，对职业和专业的关系做深入的探讨，对价值观、个人兴趣、能力进行客观充分的认识和评估，应该是一个反复的过程。通过不断评估，不断学习，增加知识，改进知识结构，提高个人能力，就能获得与职业目标相适应的知识和能力。当人们对自己进行了充分的自我认识和评估之后，就可以在各方面调整自己，逐步确定一个理想的稳定的职业目标。

为了个人和家庭生活美满，也为了社会安定繁荣，每个人不但应该早早地问自己，“我的理想是什么？我的目标是什么？我的价值观是什么?”，还应该在个人物质期望、能力、兴趣爱好、价值观和社会需求以及个人长远的发展目标中，客观地找出平衡点和统一体，目标清晰地为学习、事业、职业、前途而认真规划，不懈奋斗。

6. 订好计划，设计人生

面对升学和就业的激烈竞争，人们只能坦然应对，迎接挑战，而不是等待命运的裁决！应当以世界先进的、高标准的教育目标为方向，与孩子一起制订最合理有效的计划和策略。

订计划要从小开始，越小的孩子可塑性越强，越容易接受新事物、新思想、新技术，也更敢于接受高水平的挑战。

不要为了学校里的几道难题，为孩子的中、高考而绑住他们的手脚。要相信，当您的孩子达到那样高的设计目标时，世界上还有什么事情办不到，什么目标达不到呢？

进入21世纪，世界面临着人口增加、就业机会萎缩的严重挑战。面对升学和就业的激烈竞争，人们只能坦然应对，迎接挑战，而不是任由命运摆布。这是新一代人在前所未有的激烈竞争下的无奈选择。

在广为社会接受的道德基础上，以世界先进的、高标准的教育思想作指导，与孩子一起制订最合理有效的计划和策略，并且付诸实施，投入到这场竞争中去，才是任何一位父母都可以给您孩子的并且使孩子永远感激您的厚礼！

哈佛、耶鲁、北大、清华也许不是每一个人切合实际的目标，不是每一个人都愿意的选择。但是，在孩子幼小的时候，父母可以帮孩子幻想一下，就如我们当年那样。可以为孩子设想从事艺术、体育等特殊的行业；也可以设想是医生、律师、商业管理这些热门的高薪行业；还可以是从事科学研究、政治活动……世界应该是多姿多彩的，人人都当医生律师，这个世界多无趣。有的女孩就是喜欢待在家里，要的就是为人妻母的感觉，每天在家送迎事业有成的丈夫，里外协助先生的伟大事业，这样的理想也应该被理解。这样的孩子，你不妨把她设计成有良好修养的主妇，同样接受高等教育。为数不少的美国主流社会的家庭主妇中不乏出身名校、受过良好教育的人，她们可以在社会上扮演不容忽视的“另一半”。显然，她们同样也为社会做出了重要的贡献。

自小设立一个较高的基础教育目标是有益的。美国的高等教育和科学技术都是世界超强，顶尖大学的录取机制是高标准的学业与综合素质相结合。虽然中美教育制度很不一样，但中国正朝着与世界接轨的进步的方向快速前进，中国将向美国现行的人才录用机制倾斜。

美国顶尖大学的录取逐渐趋向越来越高的要求。以这些要求为基础，制订广阔坚实、高瞻远瞩的基础教育和社会实践的计划，从小设立职业奋斗目标，是对孩子进行人生设计的最为关键的一步，是使孩子不落后于时代，领先于他人的重要一招。

以我总结的经验，考入美国顶尖大学本科的理想条件是要在高中期间修过如下课程：

七八门以上大学程度的课程，其中包括英美文学、一门以上外语、微积分、物理、化学或者生物。其中数、理、化、生这几门课在 AP 中是较难的，比经济、心理学等“软”学科需要更强的基础知识。不过，它们也是中国学生比较擅长的，是完全可以通过自学完成的。

中国学生参考以上条件，拟订自己的世界级高标准、高目标的计划，一定能跟上 21 世纪的时代车轮。

订计划，必须是书面的计划。我在女儿上一二年级的时候，让她练数学习题，在习题集上的每个段落，都注上日期，规定每一天的进度，每天做完一定数量的习题后再玩、再看书(看书对她来说也是玩)。这样，从一年级就开始实行的限时完成的制度化习惯，对她今后的学习影响很大。以后，她学习法语、西班牙语，背英语单词等，都设定一个时间进度。她的数学、法语、西班牙语课本上、词典和数学习题集上都记录下具体日期，知道某年某月某日学了第几课，背了哪几十个单词，做了哪几道练习题。这些表明每天学习进度的资料，起着自我监督的作用，也为调整学习计划提供了根据。

养成这个习惯以后，女儿办事很有计划性。从初中开始，她的书包里总是随时带着日历记事本，记满每天必须完成的事情。看到一天天完成的任务，有很大的自我满足感，这就是为什么电子游戏、电脑网络对她完全没有吸引力的原因之一。

订计划要从小开始，越小的孩子可塑性越强，越容易接受新事物、新思想、新技术，敢于接受高水平的挑战。在小学阶段，我建议家长与孩子一起，在学校功课以外，订出以下课外计划：

每星期至少读一本好的文学书——注意选择优秀文学作品，家长要耐心倾听孩子讲读后感。

每星期至少写一篇任意命题的作文——读一读孩子写的作文，多讨论，少批评，不要强加家长的思想。

高强度密集型地自学一门以上的外语，越小开始越好——不要以为自己不行，孩子也不行，孩子接受外语的能力强得很。

每年外出旅游一次——最好到与平时生活有较大反差的环境中去看看。

创造机会接触各种文化、生活背景的成年人——成年人多和别人家的孩子说说话、谈谈事，这对孩子的思想成熟有很大帮助。

认真学一种乐器或练习绘画。

坚持参加一项体育运动，定期参加体质锻炼。

有意识地培养交际能力。

参加夏令营或校际活动。

不要被这个计划吓倒，不要以为自己的孩子不适合这个较高的标准。

每一个人的方向和目标可能不一样，但是，首先要相信，他们刚生出来的时候都是差不多的。如果有什么不一样，那就是他们的父母不一样，父母的思维和观念不一样，父母所施予他们的教育不一样。孩子的成就常常与父母的影响、思想观念和社会环境分不开。

不妨先建立一个高目标，再定一个适当的起点，边实施计划，边观察，进而根据情况调整计划。重要的是，不要低估孩子的潜力。

不要担心孩子因此成了跟不上高考步调的“落伍者”。

不要为了学校里的几道难题，为孩子中考、高考而绑住他们的手脚。也不要为了重点学校、非重点学校而耿耿于怀。要相信当您的孩子达到那样高的设计目标时，世界上还有什么事情办不到呢？

纵然为了实现这些目标而使您的孩子不能留在重点学校，即使有一天，您的孩子对北大、清华或其他名校的分数线无可奈何，还可以出国留学。美国有众多不以分数取人的著名大学，他们要的是“综合素质”高的学生。

如果北大、清华的门槛太高，还可以找门槛“低”很多的哈佛、耶鲁、斯坦福，还可以拍着桌子喊一声：“北大不要我，我就上哈佛！”“哈佛不要我，还要谁?!”

中国人民大学附属中学的高中生小潘，有心无意地考个托福，没想到，成绩还不错，又心血来潮地申请美国大学。这时已过了新年，可选择的顶尖大学不多，只向 A&M 大学递送了申请，二十多天就接到录取通知。这个公立大学规定第一年不给外国学生奖学金，我拿着他的材料去见本科生导师，很快特批一份奖学金，还减免大部分学费，算下来，一整学年只需 5 000 多美元。

凭什么？凭他满满两页的简历。简历中，突出的不是他的托福成绩，也不是他的高中成绩。

让人一看就忘不了的，是他不同于绝大多数中国学生的特点：曾参加中科院华大基因组的 1%人类基因图测序；和其他两位同学发明了一种大规模制备DNA测序模板的新方法；以他为第一作者的研究论文获研究中心最佳论文奖，也获得第十届全国青少年科学创新大赛优秀论文一等奖和北京青少年科技论文一等奖；获得过北京高中应用数学论文奖等。他参加北京青少年论坛、北京青年科学家交流项目，在50届和51届国际科学技术大会上提交论文并发言。他的两篇关于癌症与基因的论文发表在《健康时报》上；还有五花八门，内容广泛，涉及股票分析、政治、癌症研究的待发表论文6篇。在他课外自学的大学课程中，有《分子生物学》、《分子克隆》、《现代分子生物学》等5部国内外科学专著。难怪本科生导师只扫一眼简历，就对我笑说："麻省理工一定也会要他。"

事实上，他是位哪个顶尖大学都抢着要的优秀学生。可惜因为签证没办成，没去成美国。同年，即2002年夏，他考入北京大学。遗憾，他不是"追分族"，分数没够上北大生化专业的线，调配到国际关系专业。他早就立志从事生化科学事业，当个科学家，踏足政坛不是他的理想。一不痛快，动个念头，再送出一份申请，他又轻轻松松地被英国的帝国理工大学录取，办了北大退学，现在正轻松地享受着伦敦的文化氛围。

小潘的父亲是我的朋友，我们时时讨论孩子的培养问题。那时小潘才12岁，正处在可塑时期。他很赞同我的观点，没有把眼光仅仅放在学校的考试分数上。3分5分甚至10分20分是分不出高低的，要把眼光放得更高，看到外面世界的高标准，敢于订出高、大的目标和计划，并付诸实行。可不是，今天的小潘，不怕没有世界顶尖大学向他招手。他的事例说明，以世界高标准的教育观念设计的人才，才是全世界著名大学青睐的对象，这种真正的国际型人才，当然是"走遍天下都不怕"！

除了哈佛、耶鲁、普林斯顿、麻省理工名校以外，还有其他美国大学拿着奖学金，满世界地追着优秀学生微笑呢！也许你怀疑机会没有那么多。须知，弹丸之地的香港，1年就有5人进哈佛！十几亿人口的中国内地，理当成打成打地上哈佛、耶鲁、普林斯顿、麻省理工、斯坦福。

要与世界先进的教育思维接轨，就要订一个高标准的计划，并且付诸实施！

正如惠普前首席执行官卡莉所说："现在的变化比世界历史上任何时候都要快，有些人为什么能够脱颖而出，有些人不能，就是因为有些人拥抱变革，有些人脱离、逃避变革；有些人是引领变革的，有些人是在自己的一亩三分地里不思进取的。"

我曾有幸在前总统老布什夫人的办公室里，亲耳聆听老布什总统的高见。当问到"青年人应该如何提高才能适应国际化的进程"时，老总统毫不犹豫地说："教育是唯一的途径。国际化要求极其丰富的大量的知识。整个世界千变万化，只有广博的知识才能给人们带来幸福和快乐。"

世界进入了又一个崭新的时代，世界的大门从来没有像今天这样，大大地向中国和中国的孩子们敞开。

可是，我们的孩子们准备好了吗？他们有没有资本，能否自信地唱起："准备好了吗，时刻准备着……"

我们难道还要守着自己的"一亩三分地"？

只有引领变革，拥抱变革，放眼世界，才能把孩子培养成真正的国际化的人才，才能在新时代里愉快地生存！

7. 探索人生目标的“捷径”

——想成为→如何成为→准备好，成为……

只要认真思考和研究，一定不难发现，各种职业都有种种没有预想到的必须具备的素质和知识，都有必要从小就开始进行相关训练。

这些基本的能力、知识和素质的形成，需要漫长的过程，需要在童年和少年时期就开始培养。无论哪个专业，哪个职业，要想成为精英，都有其规律性。在这个高度信息化、规范化的社会里，还得老老实实地按科学和自然规律行事，从小开始，进行长期的磨砺，才能造就出高素质的人才，达到顶尖的水平。

让我们记住这个公式，并且竭尽全力去实现它：

想成为→如何成为→准备好，成为……

学法律专业的人就业路子是很宽的，毕业后可以去律师事务所，也可以去投资银行、咨询公司，还可以进政府部门工作。不过，法学院毕业生和法律界是典型的两极分化的，出身于名校或非名校，在大律师事务所或小事务所工作，为私营企业或者为政府部门工作，其地位、前景和收入差别巨大，而且这种差别随着时间的推移会越来越大。名校毕业的，在名律师事务所工作，年起薪就有十几万美元，非名校的可能低到四五万，甚至找不到工作。由此看出，在做出学法律这个计划之前，必须认真地进行自我评估、设计和规划，才能将未来的命运掌握在自己手中。

可以说，法学院学生的竞争早在上大学前就开始了，要成为一名好律师，最好先上个好大学，接着再上名牌法学院。

法学院要求考生至少大学毕业、具有学士学位，表面上并不要求考生具备工作经验。不过，实际上法学院学生的入学平均年龄在25岁以上，也就是说，一般学生都具有大学毕业以后两三年以上的社会、工作经历，或者接受过研究生教育。以哥伦比亚大学法学院为例，2003年入学的学生中，有18%的学生已经具有硕士、博士学位，2/3不是应届大学毕业生。一般人认为，报考法学院的学生最重要的是大学本科的成绩好，法学院入学考试LSAT的成绩也占有致命的比重。实际上，除了这两项之外，工作经验和社会阅历也非常重要。具有本科以上的研究生学历、毕业后若干年工作经验和社会经历的“大龄”申请者，比刚毕业的大学生具有更大的优势。因为美国法学院和法律界普遍认为，年龄大、有社会经历和工作经验的人比较成熟，这是读法学、当律师的基本条件。所以，希望在大学毕业后直接升入法学院的学生，在上大学期间就必须参加众多含金量高的工作，积累相当的工作经验和社会阅历，同时，还必须具有优异的法学院入学考试及大学本科成绩，才有与非应届大学毕业生竞争的能力。

法学院的第一年几乎决定了一切。法学院入学考试、大学成绩和社会活动、工作经验决定了可以进入什么样的法学院。

上哪所大学读本科，又在很大程度上决定了能进哪所法学院。

可谓一环扣一环，一环都脱不得。

显然，上大学以前具备什么素质，基本上就奠定了可以上哪所法学院，能否成为法律精英。他们的很多素质都是从小培养起来的。这一点，与其他专业在上大学以后，依靠一步一步的努力，最后也能成功很不一样。要走好从事法律职业之路，自小就要开始关注，什么是必须具备的知识基础、技能和个人素质，列出清单，画出路线图，根据它们有目标、有步骤地奋斗。

很多人认为，要当律师，语言很重要，只要伶牙俐齿、能说会道，就具备了成为好律师的条件。这一个观点如果不是错误的，至少也是很片面的。这种普遍的偏见可能主要来源于早期的电影。事实上，只具备语言和文字表达能力，不但不能成为律师，甚至不可能考上美国任何一所法学院。

实际上，很多人甚至再也想不出来，除了这两点之外，还有哪些素质和基础知识是作为一个报考法学院的学生和“候补”律师所必须具备的。

这种对职业所应具备的知识和能力的狭隘错误的认识和偏见以及无知，普遍地存在于人们对其他很多学科和职业的认识上！这就是为什么大学毕业生找不到理想的工作，招聘单位也到处找不到真正适用

↓ 读高中的准律师们和教练在法院大楼内

的人才的原因。相当多的用人单位对很多刚毕业的大学生的独立工作能力不抱希望。

不少人对种种职业和专业的“专业”认识停留在非常陈旧的水平上，有时甚至是完全错误的。这种认知的结果，导致学校教育偏离社会实践所需要的广阔的知识“基础”，使学生自我陶醉于偏窄的书本“专业”知识——不难想象，其结果是没有人相信他们能够独立工作——包括认知水平也在陈旧的水平上的人自己。

对各种职业人员所应具备的知识基础、个人素质和能力的片面看法，甚至错误的概念广泛存在，就连高级知识分子也不例外。

其实，在美国，只要到书店和图书馆，我们就可以找到大量关于各种职业所应该具备的能力和素质的书籍。从中很容易看到，法学院虽然不要求考生的大学是某个特定的专业，不过，表面上看起来与法律无关的历史、政治、英文、哲学等专业都是美国传统认识上比较好的法律“预科”。

法学院虽然不要求学生入学以前具备专门的法律基础知识，但是，却要求学生具备广博的知识基础和很强的能力。如果不具备足够的基础知识，即使进入法学院，学生在要求极其复杂的法学学习上将面临很大的困难。

美国律师协会出版的《ABA 法学院官方指南》认为，一个准法学学生必须具备如下的能力：

批判性的阅读能力。能够阅读和分析复杂的文字材料，对复杂问题能够透彻地理解，包括能够理解很复杂的涉及文学、政治、经济、哲学、历史的文件资料。

写作归纳能力。写作长篇、大量的，清楚和精确的，经得起批评和推敲的文字，能对来源广泛的众多文件进行总结归纳。

有说服力的、精练的口头表达（演讲）能力。

文件检索和研究能力。能够对大量的资料进行分析、分类，并且组织成文件。

对任务的组织和管理能力。具有对大量的信息进行组织、整理，并且由此产生出有效的、能够达到期望的结论。

为社会服务并促进司法的地位。提供诚实、负责、公平的、有质量的服务。

这本指南还要求学生在进入法学院以前具备如下知识：

广泛深入地了解历史，特别是美国历史，以及各种社会、政治、经济、文化因素对多元社会的影响；了解政治思想和理论与当代美国政治体系、伦理理论和司法原理；了解经济，特别是微观经济原理，以及经济原理与公共政策的相互作用；了解微积分和金融技巧，具备分析金融数据的能力；掌握基本人类行为和社会关系的理论；了解世界各国的多元文化；了解各种国际组织和国际事务；了解各国之间越来越相互依赖的关系。

从上面概述的对法学学生的能力和知识结构的要求，不难想象，要走好法律学习之路，最好从小开始进行相应的学习和训练。依靠大学四年的学习，不大可能训练出一个具备以上条件的学生。其实，其他很多职业何尝不是如此，我们只要认真思考和研究，一定不难发现，各种职业都有种种没有想到的必须具备的素质和知识，都有从小就开始进行相关训练的必要，而不是到上了大学，或者大学毕业以后，才开始思考，才开始做准备。

进一步研究，我们还可以发现：

进行海量的语言文字的训练才能适应今后大量、快速的阅读与写作——因为律师通常要在很短的时间内完成超量的阅读和写作。

具备商业知识和商业头脑，也是成为一个好律师的基本条件——美国80%以上的律师从来不上法庭，不从事诉讼工作，大多数律师从事的是商业经济工作，不懂经济不懂商业的律师不是好律师，甚至根本就不能成为律师。

表演能力和感染力——对于出庭律师来说，除了要有非常清晰的口头表达能力之外，还必须具有表演才能。因为在美国的法庭上，要打动由没有法律知识的平民百姓组成的陪审团，表演才能有时显得十分重要。

思想要成熟，甚至还要早熟——大学毕业直接读法学院的，毕业出来还不到25岁，无论毕业后进律师事务所还是投资银行工作，面对的可能是四五十岁的客户、公司主管。毕业后当法官助理的，要为法官起草文件、法庭裁决书。如果思想不成熟，怎么指点别人，如何让客户信任？如何起草以后将被代代学者、法官和律师引用的法庭裁决书？法学院招生时，并不要求学生有工作经验，但是，实际上，法学院学生的入学平均年龄在25岁以上，就是因为作为律师，必须是阅历丰富、思想成熟的。所以，21岁的应届大学毕业生，报考法学院，自己必须是早熟、老练的。

具备多种语言能力和对多元文化的了解也是做一个优秀律师的条件。在美国，外语学习的目标不仅仅只是注重语言本身，而是把语言学习作为切入点，了解各种文化。在现今世界上，每一个大律师事务所都在世界各地设立分所，很多大所24小时值班，与世界各地随时保持联系。

很好的身体素质，能够承受大工作量，能够吃苦，也是一个优秀律师的基本素质。很多人忽略了，律师是一种工作繁重的职业，许多律师晚上八九点甚至过了半夜都还在工作。

沟通能力、团队合作能力和领导才能也是基本的素质。律师的工作不是独立的，常常要与各种各样的人合作。

其他方面，比如文学、艺术的修养也是非常重要的，因为它们都是文化素质的基本组成部分。

只要认真思考和研究，一定不难发现，各种职业都有种种没有想到的必须具备的素质和知识，都有从小就开始进行相关训练的必要。

这些基本的能力、知识和素质的形成，需要漫长的过程，需要在童年和少年时期就开始培养。它们是顺利走进顶尖法学院，开启法律学习和研究大门，并且登上宝塔尖的基本条件。

无论哪个专业、哪个职业，要想成为精英，都有其共有的规律性，那种不规划、不设计、不训练而成材成功的人，只是很例外的“天才”，并不形成规律，不能提供统计信息，当然就不能作为学习、模仿和参考的依据，只能作为故事和传奇来消遣。实际上，即使整天被人拿来说事的天才比尔·盖茨，9岁就踏踏实实地读完了百科全书，11岁就学会并且能够编写很复杂的电脑程序。

对于“天资”平常的孩子，在这个高度信息化、规范化的社会里，还得老老实实地按科学和自然规律行事，从小开始进行长期的磨砺，才能造就出高素质的人才，达到顶尖的水平。

很多家长对孩子有很高的期望，对孩子的未来，常常只是凭空“想成为”这个家，那个长，或教授，或总裁董事长，然后希望孩子赚大钱，有大出息。

可惜，他们就是没有深入认真地思考“如何成为”这个问题，没有认真研究要成为理想中的这个“家”、那个“长”和种种高级人才，必须具备什么条件，如何才能成为那个职业的高级人才，怎样走他们的职业路线。

遗憾的是，有的家长哪怕知道了“如何成为”，但是，他们也没有坚持不懈地对孩子进行必要的训练和培养，没有让孩子“准备好，成为”理想中的职业人才。

美国国家职业信息协调委员会制定的《国家职业发展指导方针》正是规范了“想成为”，“如何成为”，和“准备好，成为……”的全过程。

现在，是改变旧思维，接受新概念的时候了！

让我们记住这个公式，并且竭尽全力去实现它：

想成为→如何成为→准备好，成为……

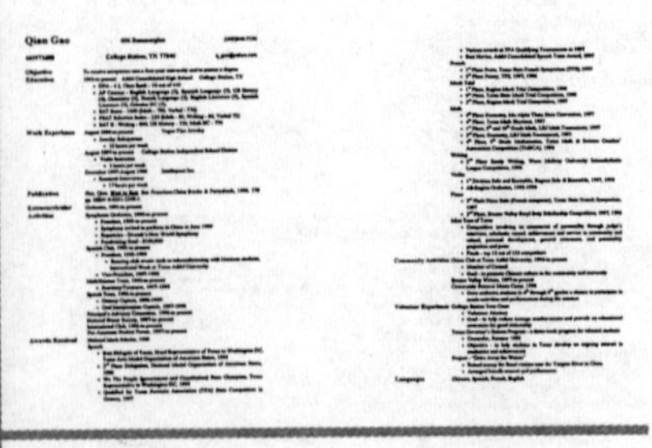

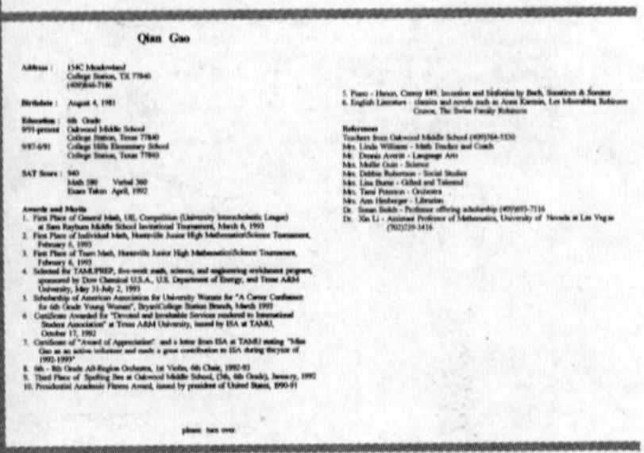

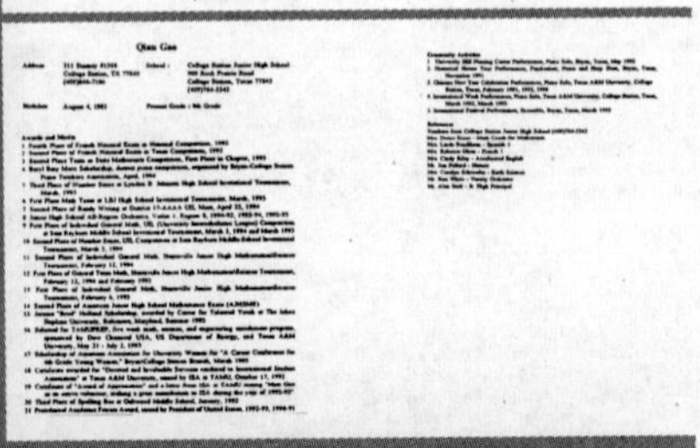

三 自主学习与自我教育

Zizhu Xuexi Yu Ziwo Jiaoyu

1. 小女初到美国
2. 一切从头开始
3. 创造语言“交流”环境
4. 让孩子给大人讲故事
5. 为孩子找好书
6. 家长能教什么
7. 9岁背 SAT/GRE 单词
8. 音乐教育的意义
9. “放羊”和“开小灶”
10. 不要让学校干扰教育
11. 从小写简历，产生巨大内动力

460973[redacted] College Station, TX 77840 q_gao@yahoo.com

Objective To receive acceptance into a four-year university and to pursue a degree

Education 1995-to present A&M Consolidated High School College Station, TX

- GPA - 4.2, Class Rank - 10 out of 440
- AP Courses - English Language (5), Spanish Language (5), US History (4), Chemistry (4), French Language (3), English Literature (5), Spanish Literature (5), Calculus BC (3),
- SAT Score - 1560 (Math - 790, Verbal - 770)
- PSAT Selection Index - 233 (Math - 80, Writing - 80, Verbal 73)
- SAT II : Writing - 800, US History - 730, Math IIC - 770

Work Experience August 1996-to present Vogue Fine Jewelry

- Jewelry Salesperson
  - 15 hours per week

August 1997-to present College Station Independent School District

- Violin Instructor
  - 3 hours per week

December 1997-August 1998 Intelliquest Inc.

- Research Interviewer
  - 17 hours per week

Publication Gao, Qian. West to East. San Francisco:China Books & Periodicals, 1996. 179 pp. ISBN: 0-8351-2349-1

Extracurricular Activities Orchestra, 1991-to present

Symphonic Orchestra, 1995-to present

- President, 1998-to present
- Symphony invited to perform in China in June 1999
- Repertoire - Dvořák's New World Symphony
- Fundraising Goal - $180,000

Spanish Club, 1995-to present

- President, 1998-1999
  - Running club events such as teleconferencing with Mexican students, International Week at Texas A&M University
- Vice-President, 1997-1998

Math/Science Team, 1995-to present

- Secretary/Treasurer, 1997-1998

Speech Team, 1996-to present

- Oratory Captain, 1998-1999
- Oral Interpretation Captain, 1997-1998

Principal's Advisory Committee, 1996-to present

National Honor Society, 1997-to present

International Club, 1996-to present

Pan American Student Forum, 1997-to present

Awards Received National Merit Scholar, 1999

Speech

- Best Delegate of Texas, Head Representative of Texas to Washington DC, Texas Area Model Organization of American States, 1998
- 2nd Place Delegation, National Model Organization of American States, 1998
- We The People (government and Constitution) State Champion, Texas Representative to Washington DC, 1999
- Qualified for Texas Forensic Association (TFA) State Competition in Oratory, 1997
- Various awards at TFA Qualifying Tournaments in 1997
- Best Novice, A&M Consolidated Speech Team Award, 1997

French

- 1st Place Prose, Texas State French Symposium (TFS), 1997
- 5th Place Poetry, TFS, 1997, 1996

Mock Trial

- 1st Place, Region Mock Trial Competition, 1998
- 9th Place, Texas State Mock Trial Competition, 1998
- 3rd Place, Region Mock Trial Competition, 1997

Math

- 4th Place Geometry, Mu Alpha Theta State Convention, 1997
- 4th Place, Texas Math Showcase, 1997
- 1st Place, 9th and 10th Grade Math, LBJ Math Tournament, 1997
- 3rd Place, Geometry, LBJ Math Tournament, 1997
- 6th Place, 9th Grade Mathematics, Texas Math & Science Coaches' Association Competition (TMSCA), 1996

Writing

- 2nd Place Ready Writing, Waco Midway University Interscholastic League Competition, 1996

Violin

- 1st Division Solo and Ensemble, Region Solo & Ensemble, 1997, 1998
- All-Region Orchestra, 1991-1998

Piano

- 3rd Place Piano Solo (French composer), Texas State French Symposium, 1997
- 2nd Place, Brazos Valley Beryl Baty Scholarship Competition, 1997, 1996

Miss Teen of Texas

- Competition involving an assessment of personality through judge's interview, scholastic record, achievement and service to community and school, personal development, general awareness, and personality projection and poise
- Finals - top 12 out of 133 competitors

Community Activities China Club at Texas A&M University, 1996-to present

- Member of Council
- Goal - to promote Chinese culture in the community and university

Brazos Valley Writers, 1997-to present

Community Summer Music Camp, 1998

- Gave orchestra students in 6th through 8th grades a chance to participate in music activities and performances during the summer

Volunteer Experience College Station Teen Court

- Volunteer Attorney
- Goal - to help reduce teenage misdemeanors and provide an educational awareness for good citizenship

Texas Governor's Honors Program - a three-week program for talented students

- Counselor, Summer 1998
- Objective - to help students in Texas develop an ongoing interest in academics and achievement

Project : "Drive Away the Waters"

- Raised money for flood victims near the Yangtze River in China
- Arranged benefit concert and performance

Languages Chinese, Spanish, French, English

Qian Gao

Address : 154C Meadowland
College Station, TX 77840
(409)846-7186

Birthdate : August 4, 1981

Education : 6th Grade
9/91-present Oakwood Middle School
College Station, Texas 77840
9/87-6/91 College Hills Elementary School
College Station, Texas 77840

SAT Score : 940
Math 580 Verbal 360
Exam Taken April, 1992

Awards and Merits

1. First Place of General Math, UIL Competition (University Interscholastic League) at Sam Rayburn Middle School Invitational Tournament, March 6, 1993
2. First Place of Individual Math, Huntsville Junior High Mathematics\Science Tournament, February 6, 1993
3. First Place of Team Math, Huntsville Junior High Mathematics\Science Tournament, February 6, 1993
4. Selected for TAMUPREP, five-week math, science, and engineering enrichment program, sponsored by Dow Chemical U.S.A., U.S. Department of Energy, and Texas A&M University, May 31-July 2, 1993
5. Scholarship of American Association for University Women for "A Career Conference for 6th Grade Young Women", Bryan\College Station Branch, March 1993
6. Certificate Awarded for "Devoted and Invaluable Services rendered to International Student Association" at Texas A&M University, issued by ISA at TAMU, October 17, 1992
7. Certificate of "Award of Appreciation" and a letter from ISA at TAMU stating: "Miss Gao as an active volunteer and made a great contribution to ISA during the year of 1992-1993"
8. 6th - 8th Grade All-Region Orchestra, 1st Violin, 6th Chair, 1992-93
9. Third Place of Spelling Bee at Oakwood Middle School, (5th, 6th Grade), January, 1992
10. Presidential Academic Fitness Award, issued by president of United States, 1990-91

please turn over.

Recent Studies & Interests

1. Math - College Algebra (TAMU textbook, Math 102)
2. French - French In Action (Texas A&M University textbook, French 10
   Themes and Variations (TAMU textbook, French 101-102)
3. Spanish - Que tal? (TAMU textbook, Spanish 101-102)
4. Chinese - Practical Chinese Reader, Book 3 (TAMU textbook, Chinese
5. Piano - Hanon, Czerny 849, Invention and Sinfonias by Bach, Sonatines
6. English Literature - classics and novels such as Anna Karenin, Les Mise
   Crusoe, The Swiss Family Robinson

References

Teachers from Oakwood Middle School (409)764-5530
Mrs. Linda Williams - Math Teacher and Coach
Mr. Dennis Averitt - Language Arts
Mrs. Mollie Guin - Science
Mrs. Debbie Robertson - Social Studies
Mrs. Lisa Burns - Gifted and Talented
Mrs. Tami Peterson - Orchestra
Mrs. Ann Heiberger - Librarian
Dr. Susan Bolch - Professor offering scholarship (409)693-7116
Dr. Xin Li - Assistant Professor of Mathematics, University of Nevada at
(702)739-3416

Qian Gao

Address 311 Stasney #1508
College Station, TX 77840
(409)846-7186

School : College Station Junior High School
900 Rock Prairie Road
College Station, Texas 77845
(409)764-5545

Birthdate August 4, 1981 Present Grade : 8th Grade

Awards and Merits

1. Fourth Place of French National Exam in National Competition, 1993
2. Second Place of French National Exam in Texas Competition, 1993
3. Second Place Team in State Mathcounts Competition, First Place in Chapter, 1993
4. Beryl Baty Merit Scholarship, district piano competition, organized by Bryan-College Station Piano Teachers Association, April, 1994
5. Third Place of Number Sense at Lyndon B. Johnson High School Invitational Tournament, March, 1993
6. First Place Math Team at LBJ High School Invitational Tournament, March, 1993
7. Second Place of Ready Writing at District 12-AAAA UIL Meet, April 22, 1994
8. Junior High School All-Region Orchestra, Violin I, Region 8, 1994-95, 1993-94, 1992-93
9. First Place of Individual General Math, UIL (University Interscholastic League) Competition at Sam Rayburn Middle School Invitational Tournament, March 5, 1994 and March 1993
10. Second Place of Number Sense, UIL Competition at Sam Rayburn Middle School Invitational Tournament, March 5, 1994
11. Second Place of Individual General Math, Huntsville Junior High Mathematics\Science Tournament, February 12, 1994
12. First Place of General Team Math, Huntsville Junior High Mathematics\Science Tournament, February 12, 1994 and February 1993
13. First Place of Individual General Math, Huntsville Junior High Mathematics\Science Tournament, February 6, 1993
14. Second Place of American Junior High School Mathematics Exam (AJHSME)
15. Jerome "Brud" Holland Scholarship, awarded by Center for Talented Youth at The Johns Hopkins University, Baltimore, Maryland, Summer 1993
16. Selected for TAMUPREP, five week math, science, and engineering enrichment program, sponsored by Dow Chemical USA, US Department of Energy, and Texas A&M University, May 31 - July 2, 1993
17. Scholarship of American Association for University Women for "A Career Conference for 6th Grade Young Women," Bryan\College Station Branch, March 1993
18. Certificate awarded for "Devoted and Invaluable Services rendered to International Student Association" at Texas A&M University, issued by ISA at TAMU, October 17, 1992
19. Certificate of "Award of Appreciation" and a letter from ISA at TAMU stating "Miss Gao as an active volunteer, making a great contribution to ISA during the year of 1992-93"
20. Third Place of Spelling Bee at Oakwood Middle School, January, 1992
21. Presidential Academic Fitness Award, issued by President of United States, 1992-93, 1990-91

Community Activities

1. University Hill Nursing Center Performance, Piano Solo, Bryan, Texas, May 1992
2. Historical House Tour Performance, Fund-raiser, Piano and Harp Duet, Bryan, Texa
   November 1991
3. Chinese New Year Celebration Performance, Piano Solo, Texas A&M University, College
   Station, Texas, February 1991, 1992, 1993
4. International Week Performance, Piano Solo, Texas A&M University, College Station, Texa
   March 1992, March 1993
5. International Festival Performance, Ensemble, Bryan, Texas, March 1993

References

Teachers from College Station Junior High School (409)764-5545
Mrs. Donna Rizzo - Math Coach for Mathcounts
Mrs. Linda Hendelsan - Spanish I
Mrs. Rebecca Olson - French I
Mrs. Cindy Riley - Accelerated English
Mr. Jim Pollard - History
Mrs. Carolyn Schroeder - Earth Science
Mr. Ron White - Varsity Orchestra
Mr. Alan Stolt - Jr. High Principal

1. 小女初到美国

得州大学城是超巨型研究型大学——得克萨斯 A&M 大学的所在地，一个文化底蕴丰厚的城市。16 万人口的小城里有四五万名大学生，8 000 名研究生中有 3 000 名博士研究生，被《商业周刊》评为全美国最适宜居住的城市和最繁荣的城市之一。老总统布什把总统图书馆和博物馆建在这儿，中美高峰会曾在这儿举行。良好的文化氛围是培育孩子的好地方。

那是记忆清晰的一天。1986 年 10 月 4 日，我的同事威廉博士驾车载着我，从得克萨斯 A&M 大学所在地的大学城驶向休斯敦国际机场，去迎接从中国来美团聚的妻女。一路上，他听我谈到令中国父母头痛的子女教育问题，听说中国孩子从幼儿园到高中要经过层层选拔考试，大学的升学率非常低，颇感愕然。惊愕之余，他笑着对我说："你女儿可以从从容容地在这儿上学，你现在大可不必操那份心了。"

十几年过去了，他的那席话，现在回想起来，也对，也不对。

飞机到了，我守在出口处，探头在过道的人流中搜寻这对母女。终于，看到妻了，却不见女儿。猛然，一个个儿精瘦、半截儿高的小女孩冲到我面前，猛一站住，一声尖叫后，盯着我，张着一张看起来过大的嘴巴傻笑着。我忙弯下腰，摸着她的小脑袋，抚着她的背，一声声地叫道"倩倩,倩倩”,再把她抱起来,一起走向行李提领处。

快到行李处了,倩倩迅即挣脱我的手,钻进人流,挤到行李传送带前,开始紧张忙碌地辨认行李。不多一会儿,她就从传送带上拖下一个比她还重的皮箱,再转过身去,忙着拖另一个箱子,那活泼紧张的神态实在可爱。

在机场的停车场上,我们登上汽车,就往回大学城的路上赶。

1986 年 5 月,我怀揣 100 美元,离开中科院福建物质结构研究所来美国。从香港出发,在休斯敦转机,前往得克萨斯 A&M 大学所在地的大学城(College Station)。

在大学城住下后没多久,看到《商业周刊》评出了全美国最适宜居住的城市,这个小城竟然名列全美第五名。2002 年 10 月的《商业周刊》还把大学城—布赖恩评为美国最繁荣的 12 个城市之一,就业率全美排名第一,只有 2.1%的失业率。

1876 年,得克萨斯州农业与机械学院在这个小城诞生,历经近 130 年的变迁,大学早已从 19 世纪末期美国以农业向工业转型为主而定位的学校,发展成为世界著名的有 10 个学院、100 多个专业的超巨型研究型综合大学。1963 年正式改名为得克萨斯 A&M 大学,其中的 A、M 分别是农业和机械的英文字头缩写,现在只起了代表其历史的符号作用。

该大学不仅有自己的远洋考察轮,还拥有自己的民航机场,每天有 20 多趟来往于达拉斯和休斯敦的班机在这个机场起落。除了农业和石油工程排全美大学第一、第二外,建筑学院与耶鲁大学一起曾被《建筑与设计年鉴》列于麻省理工和哥伦比亚大学之上,排名全美第十;工学院的排名也高于哈佛、耶鲁、普林斯顿、哥伦比亚等大学,排名全美前十五位。

A&M 大学有教职员工 1.3 万人,4.5 万学生中有 8 000 名研究生,其中约有 3 000 名博士生。大学现有捐赠基金 35 亿美元,是全美排行第九的富有大学,在公立大学中排行第一。根据《美国最佳研究性大学》报告，A&M 大学 2003 年的年度研究总开支为 4.07 亿美元，高于哈佛大学的 3.721 亿和耶鲁大学的 3.215 亿美元。

大学城位于美国十大城市的休斯敦、达拉斯和奥斯汀形成的经济发达的三角地中间，是繁忙的工商业城市之外幽静的地方。从大学城到休斯敦和得州首府奥斯汀，不到一个半小时的车程。得克萨斯州在近 20 年成为美国最富有和最有活力的州之一，这也许是在近年经济低迷、就业难的情况下，A&M 大学商学院毕业生的就业率排名 2003 年全美第一(95.96%)的原因之一。

美国第四十一届总统乔治·布什 1992 年卸任以后，情有独钟地把总统图书馆和博物馆设在 A&M 大学里，并且在这里开办了布什公共管理学院，就是因为看上了这里丰厚的文化底蕴和温馨的人文环境。总统图书馆的国际会议中心近年来成了活跃的国际政治舞台，多国政要曾来这里演讲。中国庞大的代表团，曾来这里参加为时一周的"中美关系 30 年"高峰会。

老布什总统来到大学城以后，为大学城居民的生活增添了色彩和话题。当这位曾经是轰炸机驾驶员的二战英雄在他 80 岁高龄时重振雄风，乘飞机从大学城 3 800 米的高空跳伞降落时，无数关心他的居民早早地聚集在总统图书馆前宽阔的草坪上迎接他的凯旋。

大学城人情温暖，有人就是为了追求这个大家庭似的环境而搬来居住。几年前，我们家附近来了一户新邻居，先生原是这所大学毕业的，现在加州硅谷工作，太太带着 3 个孩子在这里读书。他们在这里买下房子，丈夫隔一星期飞过来团聚一次。他们自愿"两地分居"，据说就是看上大学城这个良好的文化氛围，是一个难得的培育孩子的好地方。

2. 一切从头开始

——5岁，第一天，在美国自己上学

初到美国，见到美国人，怕得直喊“爸爸，美国人！美国人！”来美第三天，第一次上学，我就让5岁的女儿独自乘坐校车去学校——培养独立的好习惯，一切从头开始。

母女俩来美的那天是星期六，休息两天，女儿就可以去上学了。

星期一一大早，我带上太太和女儿去学校报到。女儿当时刚满5岁，不够规定6岁入学的年龄，只能上学前班。在学校，我们见了老师韦恩太太，又把乘坐校车的情况了解清楚后，就离开了学校。学生上学可以乘校车，也可以由家长自己接送。因为停靠的站点多，虽然直开只要10分钟，实际一路上开开停停要走40多分钟。

第二天我们起了个早，学校8点上课，校车7点15分就会来接学生。从头一天晚上开始，女儿就一直处于高度兴奋中。她很高兴就要去上学，上“美国的学”！

但是，到了早上，她对我说：“爸爸，你陪我一块儿去吧。”

我知道，她怕，怕陌生的环境，而且，还怕美国人！

记得刚到的那天，好奇的她走到后门，推开后院的木栅门，正要出去，看到院外有一个美国人，她猛然缩了回来，跑到我面前，指着外面对

我说:“爸爸,美国人！美国人!”就再也不想出去了。

我说:“这儿是美国,当然到处都是美国人。有什么好怕的?”

妻对我说:“要不我把她送到学校去,先在那儿陪她一会儿,看看情况怎么样。”

我说:“现在来美国了,一切得从头开始,你还当在国内的那会儿,什么都让你宠着,惯着,管着,没门儿。现在听我的,让她一开始就学着独立吧。从现在就开始,自己乘校车去上学。”

培养独立的好习惯,一切应当从头开始。

不过,话虽那么说,我心里也是放不下。商量的结果,还是让她自己先乘校车去学校,我到学校前等她下车,再陪她到校门口。

上学第一天,我让她自己乘校车去,是想让她有一种开始新生活的感觉,从此就要像其他孩子一样,独立地做事情。从第一天就开始养成好习惯是很重要的,这比以后再纠正要好得多。

校车要绕好几个地点接学生,我骑自行车,比校车先到了很久。把她从校车上接下来,陪她走到校门口,我正要离去,她又一副愁眉苦脸的可怜相,跑回我身边。我没有心软,一路安慰她,再把她送到校门口,让她自己进校门。她终于哭丧着脸,三步一回头,挥动小手,努着小嘴,轻轻地,不敢出大声地说:“再见,再见。”

想着她那一脸苦相,我心里总在嘀咕:“她没事儿吧?”

她上的是半日制的学前班,中午就放学了。没到午饭时间,我迫不及待地回了家。望着窗外,我看到校车在我们公寓附近停下来,她随着别的孩子嘻嘻哈哈地下车,旁若无人地往家里跑。我开了门,她一头扑到我怀里,没完没了地讲学校里的小事儿。

我的心放了下来,没事儿了。

成功了！培养独立的好习惯,一切从头开始。

3. 创造语言“交流”环境

——爱丽丝漫游仙境

学语言很自然的方法是模仿，儿童学外语可以通过重复模仿以及和交流对象亲密接触的方法。

女儿 5 岁时，靠一盒《爱丽丝漫游仙境》录像带，每天数遍反复看，数百遍后，影片中的每一句对话、每一段音乐她都能倒背如流，一学期下来就学会了基本的英语。这种看似简单的重复模仿的方法，是最快速有效的学习方法，并且为心理学家所推崇。

妻女来美国前，我买了两件“奢侈品”：一台旧彩色电视机和一部录放机。让她们看电视、学英语，不是当时最重要的事吗？为此，我还买了动画片录像带，其中一盘《爱丽丝漫游仙境》，为初到美国的女儿快速学会纯粹的英语起了令人难以置信的作用。

我自己在英文学习上，曾经走过痛苦的弯路。我从初一开始学英语，一看到英语老师就头痛，看到英语课本就畏惧。这个可怕的循环压抑了我很多年。

工作后，那年我们研究所选了十几个人，在外地一个封闭式的环境里强化学习英语。我因为从小畏惧语法理论，就想出了背诵《新概念英语》每篇课文的“笨”方法。我将课文先读几遍，接着，把《新概念英语》

录音带放听无数次，一遍遍校正语音、语调，反复跟读，直到背下来。用这样的方法，一天好几个小时，短期内就收到了明显的效果。一天，我把朗读的课文录在带子上，不动声色地在饭堂里放给学友们听。他们一时竟分不出是原版带还是我朗读的带子。学习结束后，我单独接待了两次外宾，有一次与美国专家在一起工作10天，没有翻译，自己把什么都搞定了。

真是不可思议！困扰了我多年的学英语的阴影，就这么轻易地挥之而去了！

我的这一经验就是“精学一本书、一盒录音（像）带”。

《爱丽丝漫游仙境》是数学家卡尔·刘易斯写的一部家喻户晓的童话故事，它以梦幻般的故事情节吸引了无数孩子的心。故事中的角色充满活力，引人入胜。女儿当时每天只上半天学，回来仅看这一盒录像带，因为当时只有这个能引起她的兴趣。她每天不厌其烦，反复地倒

↓　和爱丽丝“亲密交流”，英语进步快

着看,一天看数遍。看到兴奋处,跟着影片中的情节,模仿影片中的语言对话,和着音乐,手舞足蹈,又喊又叫,一会儿跳到沙发上,一会儿跳到地下。刚开始,吃晚饭时,她常使劲回忆学校里为难了她的几句英语,或者是《爱丽丝漫游仙境》里的几句对话,让我解释。过了个把月,她就不再问有关英语的问题了。不到一个学期,这个看了几百遍的故事已经滚瓜烂熟,她能够记得整个片子里的对话和音乐,一字不漏地背下对白,每段乐曲也都能唱出来。到后来,她常常只是把电视录放机开着当伴奏,随着影带里的角色一起“与带共舞”。

仅仅一个学期的时间,她靠了一盒录像带,就高效率地学到了基本的英语!

语言心理学研究结果证明,学语言最有效的办法就是在“亲密交流”中学习。幼儿学语言是在与大人的日常交流中,通过亲密接触、模仿而学成的。这是最快速有效的学习方法,为心理学家极力推崇。高倩在和录像带“亲密交流”的实践中,也证明是非常有效的。

这个5岁初到美国时学英语的美好经历,给女儿留下了永远的记忆,以至于她11岁时写的英文书《西方到东方》出版后,有记者采访时问她,以一个一句英语也不会说的新移民,来到这个英语国家,她是如何走过学习语言,直到用英文写作并且出版的道路时,她不假思索地说起的就是这个故事。那位记者第二天就在报纸头版上发了一篇题为《〈爱丝漫游仙境〉影响了少年作家》的报道。

语言心理学的研究表明,模仿是高效率地学习语言的有效方法。我的经验是,在学习外语的初始阶段,最好不要涉猎太多,而是用同一种教材,反复进行模仿,不求多但求熟练,通过不断重复巩固,滚瓜烂熟以后,再扩大到面。这时,学生不仅没有心理障碍,而且信心大增,以后可以学得非常顺畅。

4. 让孩子给大人讲故事

利用孩子的自豪感、自信心，调动他们的自我学习能力。让孩子给大人讲故事，比大人给孩子讲故事的效果要好得多。孩子给大人讲故事，精神高度集中，经历了阅读、思考、理解、语言组织和表达的一系列复杂过程，是一种绝妙的综合性训练。

一个学期过去，又一个学期开始，女儿的书包里除了一沓沓的贴画剪纸外，慢慢地多了几本薄薄的书，那是文森太太借给她看的。文森太太的教室里有上百本图书，都是些图文本儿童读物。

从那时开始的很多年里，我们几乎每天要做的事，就是在饭桌上长时间的交谈，常常一谈一两个小时，甚至两三个小时。每天，她告诉我学校里发生的事情，而且每次总是以"爸爸，你知道吗"开始的。

到了我们该收拾饭桌的时候，她就从书包里抽出那些图书读了起来。为了刺激她的学习欲望，增强她的自信，一开始，我装作对她的读书能力表示怀疑，或者根本就不信她能读得懂。我总是问她："你能看懂吗？"

"当然能看懂！"

"你是只能看懂一个一个的单词呢，还是真的看明白了整个故事？"

"当然是看懂了整个故事呀。"

↑ 偶尔对弈

“真的吗?”

“真的!”

我打开书,指着其中一篇。

“你能把这个故事说给我听吗?”我问她。

“当然可以。”接着,她就绘声绘色地讲起了书里的故事。

听完她讲的故事,我带着非常夸张的表情,瞪大眼睛,一会儿看看书,一会儿看看她,一会儿再看看书,一会儿又看看她,说:“真不敢相信!你真能看懂?真看懂了!太了不起了!你怎么能看懂呢?谁教你的呢?”

“我自己看懂的,要不要我接着读下一篇,读完了再讲给你听?”

这正是我想听到的。

她看起来颇为得意,只需稍稍花些工夫,就把爸爸给震了。

为了一再地让我“震惊”,她书读得越来越起劲,专门找难的、字数多的书看，看完一本之后，就给我讲故事。

我在多年以后，看到她写的一篇回忆文章，其中讲到，她为我讲故事，每次得到表扬，都受到很大的激励，就想讲得更多更好。她写道："每次读完一本书，就在家里，苦苦地等着爸爸回来，讲故事给他听。"

可能很多家长都不知道，对孩子的赞赏能够收到这么好的效果。

我就是这么哄着她，让她给我讲了一篇又一篇的故事。她因"上当受骗"而读书上瘾，从此养成了此后十几年不变的阅读兴趣和习惯。

我很幸运，不但没有像许多忙碌的中国家长那样，在承受工作生活的压力之外，还要去找一个又一个故事，自己先读，然后，把孩子拉到桌前，不管他喜欢不喜欢，也不管他是不是打瞌睡，辛辛苦苦讲给孩子听。实际上，那样做，不仅家长太劳累，效果也不一定好。相反的，我偷了懒，还比较轻松地从她那儿"学"到很多，听了许多世界著名的故事。在她讲故事的时候，我所做的事很简单，就是瞪大眼睛，微笑，大笑。当然，我也是真正地享受了女儿的故事。听完了故事，我该做的事就是，提问，再提问，赞扬。

多轻松的事儿，家长们为什么要勉为其难，给自己添麻烦呢？每天辛苦工作，下班回来，理当放松放松，抓紧享受人生，为什么还要自找麻烦，再为教育孩子加一次班？

此后，在女儿 6 岁那年，我给她买了一本厚达 750 页的《麦克米兰儿童词典》，又给她买了麦克米兰公司出版的《366 夜睡前故事》。这本书收集了 366 个世界著名的故事，有家喻户晓的灰姑娘、睡美人、阿拉丁，还有个中国古代故事叫《皇帝的画眉鸟》。书中的故事，短的两三百个字，长的上千字。借助词典，她天天都认真阅读，把这本两百页的书看完了。在那之后的一两年里，是她给我补课，为我讲述许多我从未听过的故事。而当她正正经经地告诉我，这些故事那么有名，"爸爸你是'应该'要知道的呀"时，颇让我汗颜。只是，那时的她哪里知道，她爸爸是大有毛病的教育制度下的产品。

她在我所构筑的这种"学术"气氛下，终于认认真真"诲人不倦"地把那300多个故事讲完了。

应该特别提到的是，女儿读的是英文书，给我讲故事用的是汉语，这中间还经历了一个英译汉的翻译过程。

利用孩子的自豪感，调动孩子的自我学习能力，让孩子给大人讲故事，比大人给孩子讲故事的效果要好得多。

孩子给大人讲故事，精神高度集中，经历了阅读、思考、理解、语言组织和表达等一系列复杂过程，是一种绝佳的综合性训练。

我曾经让来美读高中，寄住在我家的孩子每天讲一篇《时代周刊》的文章，只不过几个月，他的英文水平就大大提高，与父辈学一二十年英语，拿起《时代周刊》好像看天书相比，确实有很多值得思考的地方。

家长在“听故事”的整个过程中，只需老老实实地充当一个认真、忠实的听众，好好地享受孩子的故事给您带来的愉悦和知识。提问，表扬，赞美，这就是您该做的。

何乐而不为呢？

5. 为孩子找好书

我们对所看的书必须做认真选择，因为书，就如埃及国王在他的图书馆上所题的那样，是"灵魂之药"。
——奥利佛·文德尔·荷默斯

培养孩子的自学能力是最重要的，自学能力可以从很小就培养起来。帮助孩子挑选合适的好书，可以事半功倍地达到效果。

一天，我到大学书店里转了转，意外的发现把我乐坏了。我看到了北京语言学院编的 1981 版的《实用汉语课本》。

这套书是编给在中国大学留学的外国学生用的，第一、二册共有 50 课，每册都有 500 多页。所有的课程内容都有英文解释，书中许多中国文化背景的介绍和小故事也全都是英文。对于英文能力已能阅读经典文学原著的女儿，用这套教材自学中文当然最好不过。

我在书店里把这套书认真看了看，得出的结论是，这是一套十分完美的好书。这几本书当年在中国书店的售价总共不过是几元人民币。但是，在美国大学的书店里，每册卖 15 美元。

我认为，好书是无价的，只要从书中真正获益，就绝对值得。书是文化“软件”,不能只有硬件没有软件啊。前几年我去哈佛看女儿,在她的宿舍里看到这一套书还放在她的书架上,就知道它们的价值了。由于选对了教材,她几乎不需要辅导就可以自学。她有时一天看几十页,学两三课,而且每道练习都做,每条解释和每个文化背景故事都读下来。

按一般人的看法,学一门外语,总该有个老师吧。不过,我不这样看,我跑到大学的书店,看了大学生使用的法语和西班牙语课本,随手翻一翻就把这两本书一起买了回来,同时,还买了和这两本书配套使用的习题集,又到大学的语言室录制了几十盘录音带。

对于理解力强的小孩子,学习外语可以直接使用大学的教材。好的大学教材浓缩度高、系统性强、知识点完整,什么内容都包括在里面了,可以解决所有的基础知识问题。对于阅读理解力强的孩子,完全没有必要买专门为孩子写的教材。靠那些儿童课本学外语,要想学到一定的高水平,犹如缘木求鱼!那些简易教材,知识点太离散,学完一本再找下一本,知识点既有重复的,也可能不一定衔接得好,最后可能是买回一大堆书,看着让人头大,信心都没了。

我为女儿小时候学习法语和西班牙语准备的书,是使她成功地学习两种语言的好教材。我选的法文和西班牙文课本,是美国很多名牌大学多年来一直使用的教材。这两本书都是硬封面精装,大开本,小字体,内容丰富。虽然都是从最基本的会话开始,但是课程内容进展很快,覆盖4 500多个词汇,除了语言外,每一章都有文化、历史背景的介绍。这两本书都是编给以英语为母语的人看的,所有的解释都是用英文。美国好的教科书有一个特点:极为详细。只要有一副好头脑,再有一本好书,基本上是可以自学的。这两本书和配套的辅助书都是集培养听、说、读、写4项能力为一体的教材。选择好的教科书,是使孩子能够高效率地学习的保证。

选择那些可能影响思想行为和道德文化修养的书,是家长重要的任务,尤其在孩子童年、少年期,那时候的阅读可能会影响人的一生。

任职美国最高法院陪审法官30年的奥利佛·文德尔·荷默斯以“大反对家”著称于世,他写下了许多灿烂的法律文本,是美国史上资格最老的联邦最高法院法官,离职时年近91岁。他说:“我们对所看的书必须做认真选择,因为书,就如埃及国王在他的图书馆上所题的那样,是‘灵魂之药’。”我在这里犹豫着没有把原文的The medicines of the soul顺口意译为精神食粮而是直译为灵魂之药,是因为试想一下,吃错药,还是吃错灵魂之药,会是多么可怕的事。

美国大书店都有为年轻读者推荐的书目,女儿学校的老师会很负责地推荐许多好书,绝不怕吃错“灵魂药”。中国的家长、教师、教育工作者、作家和书店都有责任为学生们推荐好书。让我很感宽慰的是,1992年我带11岁的女儿回国时,在广州、北京、上海等地的外文书店买了几布袋子英文版的中国文学书籍。幸运的是,我们抢在女儿上小学、初中,学校功课比较轻松的时期,让她读了许多中国文学的精华,使她知道除了曹雪芹之外,还有鲁迅、茅盾、老舍、巴金、丁玲以及其他近现代作家;除了《红楼梦》、《三国演义》、《水浒传》、《西游记》之外,还有《家》、《春》、《秋》、《骆驼祥子》等;认识了宝玉、黛玉,觉新、觉民,甚至林道静等很多中国与她同龄的孩子都不熟悉的名字,使她对中国的社会文化、历史有一点粗浅的印象。

我认为,在孩子尚小的时候,我们做家长的将聪明才智用于为孩子挑选好书就已足够,没有必要自找麻烦,处处挺身而出,一字一句地教孩子。事实上,家长能为孩子挑选好书已经是一件很不容易的事儿了,为了做到这一点,家长就得提高自身的修养和鉴赏水平,具备准确的判断力。家长能为孩子指出方向,引导孩子读名副其实的好书,让孩子独立自学和思考,自己去解决种种问题,足矣!这就迈出了培养成功孩子的一大步。

6. 家长能教什么

教师的任务并不是灌输知识点，而是把将要学的课题放到学生的面前，通过同情心、情感、想象力和耐心唤醒学生永不休止的动力，寻求答案和见解，使其开阔人生视野，并赋之以内涵。

——纳森·普西，哈佛校长 1953~1971

成年人的知识老化和衰退，以及现代社会的高节奏和细分工，使家长们对孩子的教育难以胜任。其实，家长只要能给小孩子提出好的问题就行了，应该让孩子自己寻找答案，培养孩子独立思考和解答问题的能力。

大学城有 1 000 多名中国留学人员及其家属，高倩几乎年年都要在中国联谊会举办的春节晚会上登台表演舞蹈、小品和钢琴独奏等节目，因而小有名气，以至于我只能被人称为“高倩的爸爸”。

有时，在大学校园里，不认识的家长和我打招呼，单刀直入就问：“你是高倩的爸爸？听说你教高倩教得真好！你肯定花了很多时间教她吧？”

也有朋友帮我推销，说："老高就是高倩的爸爸，他很会教孩子，老高花了很多心血教她。对吧，老高？"

我不知道该说什么，常常只是张张嘴，笑笑，什么也没说，算默认了。

我能说什么呢？如果说我根本就没有"教"，那她不成了"天才"？不是要被解读为吹嘘？可是，我清楚，她是极其平常的孩子，5岁以前，除了国内幼儿园的标准化教育，没有任何附加的学习。至于对她进行的"超前"学习训练，也是5岁来美国以后才开始的。不过，对于训练她通过自我学习获得成功，我则是有绝对的自信。

谈起"教"孩子的话题，我想首先要问的是：我们大人到底能教孩子什么？怎么教？我曾经问自己这两个问题，很快就得出了让我沮丧的结论。

其实，我是不能教孩子什么的，无论女儿在中国或是在美国读书，我都没有能力教她。如果她在中国读书，我甚至不能辅导她小学一年级的语文。我的汉语拼音不好，清辅音、浊辅音、前鼻音、后鼻音总是搞不清楚。

我在国内研究所工作时，有几位同事的孩子正在上初中。常有人拿着他们儿女学校里的数学难题，发动群众一起研究。只可惜，中学生的考题有时比科学院、国家课题还要难，难得让当年的名牌大学生，如今的教授、研究员们犯傻，只能无奈地靠着"人多力量大"的办法，解决"教"孩子的问题。

很多家长说，教孩子教得很辛苦。

我曾问过许多家长，你曾否认真想过，你到底能"教"孩子什么？你能教小学生的语文吗？你能教初中生的数学吗？你能教初中、高中的各科目，包括语文、英语、数学、化学、历史、地理、生物、政治、音乐吗？

显然没有几位家长有这种能力。甚至可以毫不客气地说，绝大多数家长没有办法教好孩子的一门功课！

有位朋友向我抱怨说，教孩子很吃力。我不客气地对他说，你这是何苦呢？那年他的孩子在上某初中的“超常班”。他坦承，他的孩子上六年级时，作为高级工程师的他，对于孩子学校里的数学题已无能为力，而要带到办公室去，请大家来“共同研究”。

据我了解，在中国，即使学理工科出身的家长，常常也无法辅导孩子的数理化课程；在美国，大多数理工出身的中国家长，对中小学里的人文课程翻白眼。几十年来，本来就是在那种狭隘的教育观念中熏陶出来的这一辈人，加之世俗社会的影响、现代社会的种种诱惑，还有几个能够静下心来，广泛读书，扩大知识面呢？

现代社会的迅猛发展，加速了成年人的知识老化；高节奏的工作压力，也使家长对孩子的教育越来越力不从心。这是身不由己的。

现在作为中小学生家长的这一代人，自己的学识、思想、素质、能力，都有很大的局限，已经难以应对全球化和激烈竞争环境下孩子们的教育问题。即使是少数获得硕士博士的人和其他不甘示弱、自学自救的精英，也无法幸免由于专业等原因造成的狭隘的知识结构问题。

何况，现代社会是专业化的社会，教育也是一样。

华盛顿邮报资深教育专栏作家杰伊·马蒂斯大学本科和研究生都在哈佛学习，现在每周为邮报的教育专栏写一篇文章。他曾提到，有一次，他和念高中十二年级的女儿一起做美国历史 AP 考试的多项选择题，“她做她的，我做我的，每做一题就对照书后的答案，看谁的答案是对的，15 分钟以后，她比我至少多做对了 7 道题”。由此事例，可以让我们大家都清醒清醒，世上到底有多少家长可以真正称职地当孩子的老师。

从另一个角度来看，有的家长，即使有能力教孩子基本的数学、小学的英语，可曾想到，到了课程逐渐加深，教不了孩子的时候，一手放掉让你“教”(娇)惯了的孩子，将会是个什么局面？这个习惯了家长教的孩子丧失了自学能力，不能独自面对没有“家教”的世界，只好一路走下坡。这是很不明智、很不负责的，对于孩子来说，也是很可悲的。

不过，确实也有极少数有精力、有能力，甘心奉献自我的家长，能够辅导孩子的功课,一路保驾孩子高中毕业到上大学,这是难能可贵的。不过,这是在牺牲自己的前提下做出的。家长也应该享受生活,大可不必“毁灭自己,照亮孩子”。

那些朋友说得不错,对女儿的学习,我是花了心血的。但是,我是把心思花在如何培养孩子自主学习的能力上,激发她的学习热情,引导她自己去扩大知识面,开阔视野。我在学习上对她的帮助,更多的是引导她选择好的学习素材。我相信,作为前人智慧的结晶,各类优秀著作,才是孩子最好的老师。

在孩子从小开始自学的时候,家长只要能给他们提出好的问题就行了。把问题留给孩子,放心地让他们从书中寻找答案,家长可以参与其中,和孩子一起讨论问题。用这样的方法培养出来的孩子,能够具备高度独立思考和解答问题的能力。

我非常赞同哈佛老校长纳森·普西曾经说过的话:“教师的任务并不是灌输知识点,而是把将要学的课题放到学生的面前,通过同情心、情感、想象力和耐心,唤醒学生永不休止的动力,寻求答案和见解,使其开阔人生视野,并且赋之以内涵。”

虽然普西校长这里指的也许是大学教师而不是中学教师不要给学生“灌输”知识的问题。对于中小学生该怎么办呢?我认为,研究出一些不必“灌输”、不必填鸭的方法,从小培养孩子的自学和独力思考能力,家长参与讨论,可以让孩子学得更好,是应该提倡的素质教育方法。

7. 9 岁背 SAT/GRE 单词

没有哪个成人会认为背单词是件轻松、快乐的事情。利用幼童不知难、不怕难和好胜的心理，我设计了这种背单词的方法，让女儿 9 岁的时候在她自愿、快乐的心情下，轻松、有效地背下了 3 000 多个艰深的单词。

美国中小学老师一般没有独立的办公室，老师的办公桌就在教室里，老师的教室是固定的，学生却是流动的。每个教室里都有老师收藏的一二百甚至三五百本书，这些书通常都是老师推荐的好书，与这位老师所教的学生的阅读水准相当或略高。到了期末，女儿差不多就把老师的书全都看完，其间还不时要到学校图书馆去借一些书。

放学回家，她的书包里总是装着不止一本课外书。有好几次，我把她的书包打开，都翻出三四本书来。我问她："你借这么多书，怎么看？为什么不一本一本借回来？"

"一天看一本怎么够？"她带着既得意又嘲讽的口气说；"这几本书，我一天就能看完。"

她的阅读速度很快，读书已经到了痴迷的程度，据说，在乘校车来回一个多小时的路程中，她总是抓紧时间阅读。

一天能看几本书，说明所看的书必是难度不大的一些闲书吧。我想,该是给她加大阅读难度的时候了。我希望她开始有意识地只读经典文学名著。

现代流行的通俗作品虽然让人感染到时代的气息,跟上潮流的步伐,但不朽的经典名著凝聚了世代人类思想艺术的精华,可以陶冶思想情操,给人以深沉的思维空间。从小读经典名著,加以思考,对孩子的人格塑造有很大的好处。孩子通过这些不朽的文学作品而认识、感悟到的世界,对真善美、假恶丑的认识和理解,对人生哲理潜移默化的接受,比我们大人肤浅的说教要深刻得多、有效得多。我从女儿和我谈到的名著里的人物、故事已能感受到这一点。她每看完一两本名著,好像就长大一些。

经典名著中自然流淌着的历史、社会、政治、经济、哲学、伦理知识和思想等,正是作为一个好律师必须具备的知识基础。

阅读经典名著是有难度的。词汇是个大问题,小说中常会碰上现代生活中少见的难词。美国大学入学考试 SAT 和研究生入学考试 GRE 里,常考的就有这些较难的词汇。这些词汇即使对一般美国大学生来说,也是必须认真面对的课题。

在阅读时,如果不断碰上不认识的词,就无法理解作品的意义,其连锁反应是很快失去阅读兴趣,甚至造成长期无法释解的心理障碍,也许从此再也不愿接触名著,转而只看通俗作品,以至在阅读欣赏和情感智慧上,上不了较高的层次。很多人尽管以后获得了高学位,但是,在思想情感上往往不够深沉,没有受过名著等精神产品的陶冶可能是原因之一。所以,我认为,从小培养阅读名著的爱好,对一个孩子的成长,对人的一生都是很重要的。

为了扫除阅读中的词汇障碍,只有一个“笨”办法,就是把那些难词集中在短时间内背下来,待单词熟悉了以后才开始阅读。因为没有生词的阻碍,读起来比较流畅,阅读兴趣会大大提高。

暑假前,我到几个书店转了转,买回一本 SAT/GRE 英英词典。这本 200 多页的小词典有 3 000 多个单词,每个单词有注音、解释和例句。

我给女儿布置了这个暑期的任务:把这本词典背下来! 那是1990年5月,当时她还不到9岁。我很幸运,女儿翻了翻词典,不用我费太多口舌,就接受了这一任务。不是因为我说的道理,也不是迫于我的压力,而是她认为:“这有什么难,才200多页。你看,我读的这几本书,都是200多页一本,我不用一天就看完了。整个暑假就只背这一本?”她问我。

说得很轻松。为了减轻她的精神压力,我还是把这个小词典拆成了7小本。

↓ 9岁背SAT/GRE词汇,把小词典拆成7小本,减少精神压力

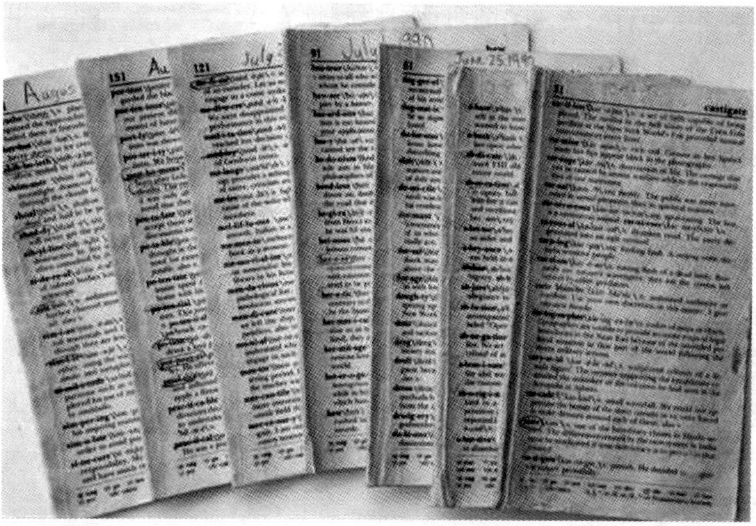

“不过,要按我的要求”,我得寸进尺,“你要把每个单词念出来,有的单词一词多义,要记住每一个词义。如果注解是句子,也要背出整个句子。”

“No problem(没问题)!”她说,把词典拿过去,查了查页数,再数一数每页的单词数,对我说:“爸爸,这里一共有211页,每页十五六个单词。我明天开始每天背3页四十几个单词,一个暑假就背完了。”

我又给她定了三条规则。

第一，在每天开始背的那一页上方注明日期，这样做的目的一是为今后留下记录，供调整学习计划做参考，二是可以起监督、促进的作用。我知道她是一个好强的孩子，她做出每天背3页的承诺就一定会实现，记录每天的起始页数对她自己就起了提醒、自我监督和促进的作用。

第二个规则是，第二天要复习第一天背过的词汇，而且也要达到熟练背出单词和词义解释的水平。

我拿出一盒空白录音带，宣布第三个规则：将每个单词读出，录在录音带上，每两个单词中间留出一定的时间间隔，这个间隔大约是背出词义解释的时间。

当自己认为已经背得熟练时，合上词典，打开录音机，播出一个单词，背出词义或长句。待到录音机播出下一个单词后，再接着往下背。

这样做的目的，一是为了提高熟练程度，因为如果不熟练，就要不断地开开关关录音机，她的性格很好强，我深深了解她，她承受不了这样的"耻辱"；第二个目的，我不用坐下来面对面地测验她。我认为，如果那样做会给她造成压力，有被动的感觉。她会认为，每天努力背单词，是为了晚上的测验，久而久之，难免产生抵触情绪。我不希望造成这种不快的心理状态，而是让她形成一种面对自己的、主动的心态，让她感到每天学习是为了满足自己的成就感。如果是为了通过晚上爸爸的测验，那么这种学习自然就是被动的"应试教育"。

面对自己，打开录音机，一个个单词地通过，这不是跟打电脑游戏一样吗？如果卡在哪个单词上，就Game over(游戏结束)了。如果一次性通过，就得分，明天继续升级，进入下一轮"游戏"——下3页新的几十个单词。她被调整到这样的心态，很快进入了面对自我、自我欣赏、自我陶醉的状态。

这种状态很像她从舞蹈老师那儿学来一支舞，忙着要表演给我们看一样。她6岁开始学芭蕾舞和民族舞，并带回老师给的舞蹈配乐带，一到家，急不可待地把带子放进录音机，让我们坐好，表演给我们看。

她常常跳一遍不过瘾，让我把音乐带翻录成可以连续播放四五遍的带子，这样她就可以一个舞蹈连续跳四五遍，而不必停下来倒带，影响兴致。她经常这样不停地连着跳十几遍，累得满头是汗。她，就是这么个拼命的性格。

那年夏天，每天我一下班，她就叫着："爸爸，我 ready（准备好）啦！ready 啦！"接着就迫不及待地打开录音机，开始表演。机子里播出一个单词，她就复读单词、拼出单词、背出词义或一整个长句；停一两秒，又换一个单词……周而复始，直到最后一个单词。

在这期间，我到厨房，打开煤气炉，淘一罐米放进锅里，走到沙发前躺下，拿起报纸扫两眼，再朝倩倩那儿看一看，偶尔张张嘴、点点头、竖起拇指，再微笑几下，表示赞赏。

不过，也不能太夸张。她很专注，很凝神，我应该不打断、不出声地看完"表演"才是。

"表演"结束，我冲过去把她抱起来，亲几下，再把她提起来，两腿腾空，上上下下地甩，一时间，屋里嘻嘻哈哈已闹成一片。

她乐滋滋的，找到了良好的自我感觉，得到了爱，受到了赞赏，兴致更高。我也欣欣然，收到了预期的效果。

这样当爹，真轻松。我们有时看看女儿，再想想许多劳碌的中国父母，为什么要不辞辛苦地"陪读"、"陪学"，还搞得成天愁眉不展，没有好心情呢？

8. 音乐教育的意义

音乐对智力发展有益，音乐教育不是赶时髦，“它给了我艺术形式上的自我认识，它需要勤奋、耐心和奉献的精神，这一切在任何环境下都是极其重要的”。

——高倩给哈佛大学的申请材料

对我们那一代人来说，钢琴是高不可攀的。从小热爱音乐的我，即使在梦里也从未想过能够拥有一台钢琴。中国父母，自己得不到的，就特别想为儿女争取到，把希望寄托在孩子身上，也算给自己一点心灵慰藉。我是凡人，自然不能免俗。

女儿来美才四五个月，我迫不及待地为她买了钢琴，请了老师，从此开始每周两次的钢琴课，还买了一台键盘力度敏感的高级电子合成器，为的是晚上练琴不影响邻居。几年下来，她已能演奏奏鸣曲，在这个有上千名中国留学生的大学里，她的钢琴独奏甚至成了年年春节联欢晚会的保留节目，使她在华人圈里成了家喻户晓的名人，也因此让她十分自信。

有机会“出风头”，学琴当然就很主动，根本用不着我们操心。

1991 年秋季，女儿上五年级，有一门选修课：交响乐。初中交响乐课的内容，教的是小提琴、中提琴、大提琴还有低音提琴。到交响乐的

← 17 岁成为交响乐团主席，该团包括三个弦乐交响乐团和一个管弦乐交响乐团

↑ 地区初中交响乐团在富丽堂皇的音乐厅演出

世界去熏陶一下挺好。她想选小提琴。我自己学过琴,知道小提琴拉不好比鬼叫还难听。我想,让她学学也不错,知道世界上还有难事,免得太轻狂。我当年下乡,买了一本《红色娘子军》总谱带去琢磨,深知交响乐和一般的流行音乐是多么不一样,这是没有欣赏过交响乐的人所难以体会的。

小提琴那么难学,她能从中得到什么呢?

学了一年多以后,想不到,女儿考上了初中段的地区交响乐团,而且还是第一小提琴的第六把席位。

被录取的学生,每人拿到一份几十页、四五十分钟长的交响乐谱,回到各校,由老师指导,自己勤练,几个月后,按约定的时间,集中在贝勒大学,在富丽堂皇的音乐厅中开演奏会。

演奏会那天,这些来自各校的乐手,8 点钟集合在一起,由一位音乐指导指挥，从早到晚，只经过八九个小时的排练，晚上7点，一场有条不紊、长达一个半小时的交响乐演奏会就登场了。真是不得不佩服，只花一天的时间，一群来自方圆几百里的“乌合之众”就井然有序地完成了一场壮美、严谨的交响音乐会。

这些学生需要怎样的基础和协作精神，才能完成这一环环相扣的演出？单这一点，就可以知道，从交响乐团学到的，不仅仅是音乐！

学习音乐可以为孩子带来音乐以外的很多东西，这是没有身临其境的父母所不知道、不会理解的。女儿在给哈佛大学的申请材料里，谈到音乐对她的影响时写道：

我6岁的时候开始上钢琴课，爸爸认为如果我能演奏某种乐器，就算具有较高的文化修养，所以在我小时候，他就把我带进了音乐的殿堂。从那最早的钢琴课开始，我意识到，音乐可以让我逃避老套的日常生活。因此，当有人向我介绍学校的交响乐课程时，我做出了无怨无悔的决定，迫不及待地加入。

刚开始，我们的交响乐团规模很小，效果也不好。然而，如今，我们已经发展成了三个弦乐交响乐团和一个管弦乐交响乐团。乐团每个星期都要彩排，每周5天，天天上一堂交响乐课，还要加上每星期两次额外的排练。有了学校里的常规功课与活动，交响乐团的活动让我的日常负荷加重，但是，我从没有把它看作累赘和负担，相反的视为享受。因为它给了我艺术形式上的自我认识，它需要勤奋、耐心和奉献的精神，这一切，在任何环境下都是极其重要的。

今年，我们乐团应邀到中国北京演出，这是一个盼望已久的机会，我们的激情不断高涨。当然，中国之旅要面对筹款等许多麻烦，要解决很多问题。然而，我们的焦点都不在这上面，我们更关注于分享两国的音乐和文化。我们的节目中有几个精品，最好的是德沃夏克的杰作《新世界交响曲》。那不仅仅是由于这个交响曲符合我们的欣赏品味，更因为它意味深长的内涵符合我们的目的。从

← 音乐给了我艺术形式上的自我认识，它需要勤奋、耐心和奉献的精神，这一切，在任何环境下都是极为重要的

新世界，我们出访那个“古老”的国度，并且与“东方”分享德沃夏克多年前创作的音乐。所以，这份期盼与音乐所带给我的其他许多东西一起，使我有能力和许多人一起合作，瞄准目标并且去完成它。

她的自述也许可以说明一些道理，音乐学习不仅仅提高了艺术修养和演奏某种乐器的技能，同时也给了孩子在另一种形式上的自我肯定，培养勤奋、耐心和奉献，也培养团队合作的精神，专注和努力追求目标等一系列优良素质。

女儿学校交响乐团课的教学方法别具一格。学生交作业、老师批改作业都是通过录音带来传递，学生们将他们演奏的曲目录制在录音带上，老师对学生演奏的详细指导意见就口述录制在学生交来的录音带的后半部。这样的教学方法，要求学生具有较高的领悟力和认真的自我学习、研究的精神。

上高中，到了十一年级以后，荣誉班的学生要求学期结束之前，必须写两三篇关于古典音乐作品的评论文，两三人或者三五人合作举办一次专场演奏会；还要观看专业和业余的音乐演出各两场，并且写出每场演出的观感和评论。这样的音乐学习，不仅仅只是学习某种乐器的演奏技巧，而且是让学生进入对文化艺术的高层次的认识和理解，培养对高雅艺术的热爱，陶冶高尚的情操。特别要指出的是，这样的荣誉学生在女儿所上的高中，一个年级400多名学生中不是只有一两个，而是有三五十人。

现代人的生活离不开音乐，音乐已成为人类日常文化生活中不可或缺的部分。很多孩子小时候不喜欢学琴、学音乐，这是事实，就像很多孩子从小不喜欢上学，不喜欢做功课一样。有人认为勉强小孩学琴、学音乐很荒谬，但是并没有多少人认为强迫孩子上学念书是荒谬的。他们认为，上学念书是学文化知识，学音乐学琴是闹着玩儿的，或者只是为了家长的面子和虚荣。实际上，这也是一种文化认知上的差异，音乐地地道道是文化的一种重要形式！只要家长耐心引导启发，孩子对音乐的热爱是可以培养起来的。生活中的音响，或古典，或现代，或者干脆是某种噪音，都被人当成了音乐。孩子的脑袋里，一种艺术形式不去占领，另一种就会乘虚而入，无形中构成了情趣和层次的差别。

学音乐，特别是学古典音乐可以培养人细腻的作风和情感，古典音乐是需要耐心地慢慢去欣赏品味的，了解古典音乐的奥妙和艺术上的价值也需要人们认真地思索。

研究表明，音乐可以开发儿童的智力，甚至植物在优美的音乐环境中也会生长得更好。据说，哈佛大学50%以上的本科学生在中小学时期认真地学过音乐，或者练过至少一种乐器。根据哈佛大学官方报纸《哈佛大学公报》2004年4月公布的情况，在这年录取的新生中，有26%的学生致力于音乐活动。女儿高中毕业那一年，全美300万高中生争夺的美国国家荣誉学者，只有7 600人入围决赛，女儿所在学校440名应届毕业生中有12名成为最终的决胜者，其中6人就是高中管弦乐交响乐团的成员。

看来，音乐艺术在人生的成长过程中，的确起到了某种不可忽视的（事实上，是常被忽视的）、潜移默化的浸润作用。

9.“放羊”和“开小灶”
——中西合璧

学校宽松的教育环境,为孩子提供了自由发展的空间。对于我来说,不盲目欣赏美国小学“放羊”式的教育,而是乘机开“小灶”。

我既赞赏美国小学教育的开放、宽松和自主,也珍惜、发扬中国传统教育的优点。适当的题海训练,具备较好的“应试”本领是不可忽视的,“应试”本领从某种意义上说,也是一种很重要的素质。利用开发智力和创造性思维最宝贵的童年时期,抓紧时间,率先“起跑”,这种“中西合璧”的方法是成功的妙方。

女儿常对我说,美国的学校比中国的好,因为上学都是玩,不像中国的幼儿园要学很多东西,学不好还要受罚。

美国的学校与中国的大不一样,韦恩太太从不难为孩子们,她在课堂上让大家轻轻松松地玩儿。比如,让孩子们用彩纸剪出各种各样的形状。可以剪一朵花,再写上或画上孩子们认为好玩的东西,把它们贴到大张的纸上,旁边写上 flower(花),bird(鸟)等,并写上自己的名字,就算是完成一份作业。有趣的是,那些图案不管像什么,像不像,韦恩太太总是在边上贴个小星星。女儿告诉我,这就表示 good。有趣的是,用一张黄纸剪成一个圆,贴到纸上,无论注明是 sun, 还是 moon,都给贴个星。美国老师可真逗，不管怎样，先鼓励再说。不过，如果在那圆球边上再加上几条向外发散的线条，注明 sun，表示太阳比月亮更亮，就会多得一个星。韦恩太太就是用星星的个数来表示她的满意程度，女儿常常为了多得到的一两个星星而兴奋不已。

除了剪纸之外，从学校里学的另一项技能就是用蜡笔涂色。孩子们在韦恩太太发的印好各种图案的纸上用蜡笔涂上色彩，至于涂什么颜色，随各人发挥自己的想象力。每天放学回家，女儿都要把书包里的东西翻出来给我们看。里面除了有剪刀、蜡笔外，就是一沓一沓剪纸贴画和还未上彩的图画。妻子看了，不禁担忧地直嘀咕："这学校真是放羊了，好像什么也不教。中国的孩子，3 岁就开始背'床前明月光'了，这么大的孩子，早该学两位数加减法了。"我的看法则不然：你看她几个月下来，英语已经说得挺流利，嘴里不时冒出一连串句子，让你发好一会儿愣才反应过来呢。再说剪纸，看起来好像没有"学"到什么，实际上培养了小孩的观察力和创造性。孩子们剪的花鸟或其他动物的形状都不是老师教的，是自己观察或想出来的。你说树叶是尖的，有的小孩说某种树的叶子是圆的。你说松鼠的尾巴总是往上翘，但有的小孩说，他家后院的松鼠生气时是拖着下垂的尾巴跑走的。大家都说坦克应该是绿色的伪装色，高倩把坦克涂成金黄色的。她说，她涂的色彩，表现的是落日前的坦克，不信，你出去看看，夕阳照耀下的汽车是不是金黄色的。

我对这样的教育方法倒是挺欣赏的。它培养了孩子的观察力，充分发挥了孩子的想象力和创造力，比背几句诗词要好。虽然老师不教两位数加减，甚至都没正经教数学，但是几个月下来，女儿翻着那一沓沓剪纸贴画和蜡笔上色的图画，翻来覆去地数着韦恩太太贴在上面的小星星，还是自己琢磨着把那个数目给"算"了出来。

这样没有课本、没有教学目标的"放羊"，居然也收到了挺好的效果。更令我高兴的是，女儿对学校的感情日益加深。她每天总是巴望着去上学。放学一到家，就往我的办公室挂电话，而且总是这样开始：

“爸爸，你知道吗？”接着，津津乐道地报告学校里发生的一件件小事，学校成了她快乐的源泉。

不过，如果我盲目欣赏这种“放羊”式的教育，女儿一定不会取得今天的成果。在美国的小学甚至初中阶段，基本的、面对大众的普及教育的要求并不高，许多学生和家长没有认识到，仅仅达到这些学校的基本教育程度，绝对不足以应对日益加剧的竞争。不少对美国教育不甚了解的华人家长，被孩子轻轻松松拿回来的一个又一个“A”所迷惑，直到十年八年以后，才大梦初醒，可惜为时已晚。

我在既赞赏美国小学教育的宽松、开放和自主的同时，也珍惜发扬中国传统教育的经验，对女儿进行过不少重复性、熟练性的训练，比如说大量练习解数学题。我把这种思维叫作“中西合璧”的教育模式。

在欣赏美国教育方式时完全否定中国传统教育的优点是很不科学的。相反的，应该将中国与美国教育的经验和特点结合起来。

从数学来说，熟练、勤练几乎是在基础数学学习阶段的唯一办法，虽然我并不认为这种数学训练的办法培养了所谓的逻辑思维，但是，适当的题海训练，对帮助孩子练就在一定的压力下，具备较好的“应试”本领是不可忽视的，从某种意义上说，“应试”本领也是一种很重要的素质。必须承认，我女儿早期数学学习完全采用中国式的题海战术。她上小学、初中时参加地区数学比赛曾得过第一、二名，上高中的头两年，还五次获得州数学比赛的一至四名。这些都是得益于题海战术的训练，练到很多题目都见过，根本不必思考就能答题。后来，她的数学比一般学生超前好几年，到高中十一年级就学完微积分并通过全国“统考”，相当于大学两学期的课程，以至上大学时免修数学。

美国面向七八年级学生的最高级别的数学比赛是“数学大赛”（MATHCOUNTS），由美国专业工程师协会和美国数学教师委员会发起举办。我提早一年为她订购了一箱子 10 年来的“比赛真题”。“数学大赛”有地区赛、州赛和全国赛，每年的实际赛题都超过 100 页，题解也有近百页。她参加了 4 人组成的校队，获得克萨斯州团体第二名。据统计，每年参加全美"数学大赛"决赛的 250 人中约有 1/3 是华人！他们中到底有多少人是由于华人的"数学天分"而成功的？还有多少人不是由于中国式的"题海战术"而成功的呢？

我深信，许多中国孩子在美国的成功，大部分得益于他们家庭的东方文化的影响，得益于在中国接受基础教育的家长根深蒂固的教育思维的潜移默化。中国传统教育中目前正在广受批判的某些方面，其实正是在美华人子女获得成功的方法。不承认这一点是不公正的，放弃这个"祖传"至宝是不明智的。至少，以我自己的经验和观察，我女儿和其他华人孩子早期教育的成功，正是这种中国式教育方法在崇尚美国教育的中国家长不知不觉的运用下起了决定性的作用。

10. 不要让学校干扰教育

> 我从来不让学校教育干扰我的教育。
>
> ——马克·吐温

不能达到自己教育目标的学校教育，就不是好的教育。无论是“好”学校还是“差”学校，都存在或多或少的干扰实现自己教育目标的现象。学校教育如果不能满足自己的教育期望即人生目标，反而干扰自己实现这个目标，就要设法改变它，终止它或者远离它。我们应该根据自己的具体情况，自己的教育目标，把教育的主动权掌握在自己手里。千万不要让学校教育干扰了自己的教育。

人的兴趣爱好、特长和能力常常是在小学、中学阶段培养起来的，如果在这个阶段思想被禁锢，各方面的特质没有得到充分发展，长大以后再塑就困难多了。

马克·吐温说过一句话：“我从来不让学校教育干扰我的教育。”他说的“学校教育”显然指的是在学校老师的教学范围和压力下，为不感兴趣的科目，为成绩而被动学习涉及面较窄的知识，“我的教育”指的则是自我教育和人生的教育。

他认为，“我的教育”所学到的知识，远远胜过从学校里学到的知识。

我认为，教育，就应该是完整的教育，是包括方方面面的，不应该局限于教科书上有限的知识。

很多人认为，在美国教育的小学阶段，学校里并没有教多少有用的知识。他们在对美国“基础教育”失望和无奈之余，不知如何应对，虽然有的家长，喜忧参半地让他们的孩子走了跳级的路，但是一个孩子一生中能跳几级呢？以我之见，许多华人孩子即使跳两三级之后，他们的数学还是可以领先的。那么，接下来呢？难道还要不断地跳？

我倒对人们常常抱怨美国学校“不教”什么东西的现象不以为然。中国的数理化基础看起来很强，奥林匹克竞赛遍地开花，相形之下美国数学教育很差，可是为什么美国的数学家并不比中国少呢？

我想，学习的问题在于自己，我认为，美国小学里“缓慢”的教学进度反而是可喜可贺的，它给了孩子们充足的空间，让孩子获取更多各自感兴趣的东西，做自己喜欢做的事情，拥有一个自我发展的机会。如果学校里的功课极为繁忙，孩子还怎么会有时间和精力做自己爱做的事情，开发自身的思维和潜力呢？怎么能够为自己特定的人生目标，学习和培养某些特定的知识、能力和技能呢？学校宽松的气氛反而给了自身发展以条件，让孩子可以自由挥洒，开发自己感兴趣的领域。这实际上是“坏事”变好事。

家长应该抓紧孩子的这一阶段，探索孩子的兴趣志向，根据孩子的特点，有意识地培养他们的兴趣爱好，为孩子安排各种学习和活动。千万不要荒费这个大好时机！我就是从女儿的学前班开始，直到五六年级这一段最宽松、最重要、最宝贵的时间里，培养了对她产生终生影响的爱好、良好的学习和生活习惯，锻炼了独立的和较成熟的思维。

我的办法是，在这个阶段给她大开“小灶”，安排很多课外自学计划，参加校外活动项目。比如，解数学题、练打字、学芭蕾和民族舞蹈、学钢琴、学游泳、大量阅读课外读物、练写作、学习法语西班牙语、背SAT/GRE单词，等等。当然，这都是要好好计划，想办法让孩子在愉快的状态下接受的。

广泛的涉猎，有意培养的兴趣爱好，良好的学习生活习惯，课外学习打下的坚实知识基础，融会贯通成了她的品格，使她从小养成勤奋自主的习惯。从六七年级开始，她自主学习、独立思维的意识就非常强，遇事很有主见。进入大学，考入法学院，直至找到最好的工作机会，都是依靠她自己谋划、自主思考、自我决定的，一路走来，坦坦荡荡。

绝大多数孩子，包括后来很成功的孩子都不是“天才”，我女儿亦然。如果把她放到中国的重点中学里，在几百人一致的训练环境下，不要说脱颖而出，恐怕保住中游都不易，哪能涉猎广泛的知识和掌握许多技能？她之所以能够全面发展，具备广阔的知识和能力，就是因为在她关键的童年、少年成长期，拥有自己的空间，进行了早期的人生设计，并非由于所谓的聪明和“天赋”。

教育和学习应该是有意义、有目标的，应该围绕人生理想来进行。如果学校的教育无法实现自己的教育和人生目标，就是干扰了自己的教育，就不是好的教育，就要想办法改变它、终止它或者远离它。

美国有一些家长认为有的学校干扰了他们孩子的教育，于是就不让孩子上学校，而让他们“在家上学”，叫作Home schooling。根据美国教育部公布的2003年的统计数据，美国有110万名5至17岁的学生是“在家上学”，占全美学生人数的2.2%。家长决定让孩子在家上学的原因各种各样，其中48.9%的父母认为，家里具有比学校更好的学习条件。这些家长认为，让孩子在家上学，达到了令自己满意的教育目标。有位家住加州，名叫莉莲的女生，就是一位全美有名的在家上学的优秀学生。小时因为数学很好，学校没有好的数学老师，加上学校的课程使她没有足够的时间拉小提琴，母亲决定让她在家上学，自己当老师。她4岁学琴，9岁开始在专业演奏会上表演，母亲教她到16岁。此后，她到附近的社区大学上课，18 岁时已经修满 100 个大学学分（一般大学毕业需要 130 学分）。她是专业四重奏的首席小提琴，时以独奏小提琴手的身份与交响乐团协奏，到欧洲巡回演出。1998 年她被《今日美国报》评为全美最优秀的 10 名高中毕业生之一，普林斯顿大学根据她 3 页长的简历和她妈妈写的推荐信录取了她。2001 年，《今日美国报》从全美各大学推荐出的 682 名大学生中，将她评为全美最杰出的 20 名大学生之一。她在普林斯顿大学学数学，4 年总成绩 4.0，没有一个 B，2002 年毕业时，获得全美大学毕业生的最高荣誉——罗德学者，到牛津大学攻读数学专业研究生。这是无数不让学校教育干扰自己教育的典型的成功案例之一。

有的学校虽然很“好”，但是，并不适合每一个人，好学校不可能对每个人都提供最合适的教育。相反的，有时候正是“好”学校干扰了学生的教育，干扰了学生真正应该接受的多姿多彩的教育。

有一位驻纽约的中国外派人员，听了我的建议，把他的孩子送到一所教育要求比较低的高中，使他的孩子能够不受学校课程的“干扰”，集中精力，在短时间内准备“高考”，终于考出了较好的“高考”SAT 成绩。国内有位教育界朋友的孩子，目标是进军美国名校，我分析了他的情况，认为他上重点学校不但没有好处，而且一定有害。因为学校的高压教育、应试教育会干扰他的全面发展，其结果一定与美国名校的价值观相悖，难以达到他既定的留学目标。他最后退出了全市第一的重点中学，转到一般的学校，终于被几所美国著名大学录取。

很多非常“好”的学校，由于全校整齐划一的课程，加上高强度的训练，使学生没有自由发挥特长的空间，创造性和学习自主性受到强烈的压抑，这样的教育实际上起了“干扰教育”的作用。

学校如果不能满足家庭和孩子自己的教育期望即人生目标，反而干扰孩子实现这个目标，就要设法改变它，终止它或者离开它。不能达到自己教育目标的学校教育，就不是好的教育。无论是“好”学校还是

“差”学校，都存在或多或少的干扰实现自己教育目标的现象，这种情况在美国有，在中国也有。我们应该根据自己的具体情况、自己的教育目标，进行具体分析，采取措施，把教育的主动权掌握在自己手里，让孩子成为全面的人才。

千万不要让学校教育干扰了自己的教育。

11. 从小写简历，产生巨大内动力

写简历的过程是一个不断反思、不断接受新挑战、不断完善自我、不断成长的过程。个人简历也可以让人入迷，它能够频频更新“升级”。从小写简历，可以产生巨大的内动力，激励孩子自我奋斗，频频萌发迎接新挑战的强烈欲望。其对孩子的影响是深远、积极的。

我写第一份简历，是过了而立之年。

女儿写第一份简历，刚过12周岁。

我当年为了联系出国，没完没了打磨了两三个月，才勉强写成一页简历和一封联系信，当时为自己这么没出息感到十分沮丧。好在材料寄出后，不过10天时间，就有位教授托人挂来越洋电话，邀请我去美国工作，确实非常令人意外。这事给我一个经验，只要把事情做到最好，就一定会得到回报。当时虽然出国手续很繁琐，但是，只用了4个多月，我就落地美国。这个“神话”故事，在我工作的研究所里流传了好几年。

女儿记住了我的故事，读六年级那年，要我找出那份老简历，她只花一天时间，就自行“研制成功”她自己的第一份简历。她写这份简历，是为了申请约翰斯·霍普金斯大学“天才少年中心”一份2 000多美元的奖学金，飞到马里兰州巴尔的摩参加为时3星期的夏令营。

中国孩子常常在数学比赛中得奖，学钢琴、提琴，等等，我认为，这些成就一般都不会成为很大的亮点。

她的简历表明了她在那个年纪，是一个学习超前，具有较深刻思考能力，积极参加社会活动，外向型，全面发展的学生：10 周岁半就参加 SAT“高考”，数学相当于全美高中生的前 22%，英文优于 29%的高中生，可以说明智商较高；获选参加数理及工程强化班夏令营，说明是个数理科优秀的学生，在女生中尤为难得；读古典文学、使用大学教材自学，说明已经进入高一层次的水平；参加大学国际学生会活动并获得表彰，说明是个性情活泼、社会活动能力强的孩子；获得美国大学妇女联合会的奖学金，参加专门为六年级女生举办的职业讨论会，同样说明这个问题。这个讨论会邀请成功的职业女性、名人为学生们举办讲座，解答有关职业与教育的问题，培养学生的职业意识，她所在学校只有一个名额。

全美 600 人竞争 25 份“天才少年中心”的奖学金，最后，她成了“幸运儿”。

其实，只要看了这份简历，就不觉得意外。

这份简历，成了她人生的里程碑。

这次成功大大鼓舞了她，从此，她再接再厉，更加发奋学习，积极参加活动和比赛，为更新自己的简历创造更多“亮点”。这看起来好像很功利，但是，很多人的成功不都是这样“刻意设计”出来的吗？

六年级以后，她有了不断更新简历的习惯：得一个奖，把简历更新一次；参加一个活动，也更新一次；担任了新职务，又更新一次。她上八年级时的简历就比六年级的第一份简历多了 11 个奖项。到高中毕业时，已经有了几十上百种版本、多种格式的简历。这些简历用于参加社会上的，全州乃至全美的评奖、论文比赛，申请各种活动、奖学金、夏令营，找工作，等等，直至最后申请大学，都发挥了显著的作用。

在美国，写简历不仅是一种很重要的技能，而且是一个表达自己的重要方式，各种机构的负责人对一个人的主要评价和判断几乎都来自于各人自己写的简历。好的简历在求学、求职、寻求种种机会时常常起到影响成败的关键作用。

很多人以为，写简历主要是为了申请进入大学、找工作。其实不然。在美国，精明的学生刚进入高中，甚至从初中开始就有简历了。

从小写简历有很多好处，可以对自己取得的成绩和不足及时总结，激励自己参加更多活动，取得更大“成就”。趁着资料还在手边，近期活动记忆清晰时，及时更新、记录相关信息，既准确也省时间。

一两页简历看起来容易，真正写起来很花时间。在办事讲效率的美国，读简历的人，几秒钟之内就会决定是否继续读下去，不到一分钟就可能形成判断，做出决定。

一份好的简历要做到在很短的时间内抓住读者的心，就要用词简练准确、表意清楚、格式规范、美观大方。最重要的，还是必须有足以吸引人的内容。实际上，不要说大、中学生，就是很多专业人士，都用许多时间不断完善、修改，不断更新自己的简历，以使读简历的人能够在最短的时间里，得到最好的印象。一份能够打动人的简历不是一天两天就能够“制作”出来的。女儿六年级的这份简历，谈不上有多好，只是在她那个年纪，如果其他人没有简历，如果其他人没有在简历中表达出相似的成绩和成就，就有了她脱颖而出的机会。

在以后的几年中，她不断更新改进简历，到了高中毕业时，她的简历用英文 10 号小字体写了满满两页，共有 100 多行。这份简历分为 8 大项目：教育背景及考试成绩、工作经历、出版物、社会活动、获得奖项、社区活动、自愿者经历和语言能力。其中社会活动又细分为交响乐团、西班牙语学会、数学科学校队、演讲比赛队等 9 项；获奖项目细分为演讲、法语、模拟法庭、数学、写作、小提琴、钢琴、选美等 8 个小项目。

有人看过后对我说，这份简历令人印象深刻。很多人在申请大学时对着申请材料发呆、哭鼻子，写简历时理不清头绪，自己做过什么都记不清，就是因为从来没有积累写简历的素材，也不知从何下手。还有不少大学生临到毕业还不会写简历，更不要说写得有多好。有的绞尽脑汁凑不足一页，就是因为从未认识到，除了学校的学习之外，还有很多社会活动、社会实践是必须参加的，还有很多必要的技术技能是必须具备的。

一份好的简历常常不是几天几个月的时间可以写出来的，写简历的过程是一个不断反思、不断接受新挑战、不断完善自我、不断成长的过程。

电脑游戏让很多孩子入迷，最让人痴迷的是网络升级游戏，因为可以与世界上的游戏高手比武，刺激了很多有“竞争意识”的孩子去“拼搏”，因此贻误了不少人。

个人简历同样可以让人入迷，它能够频频更新“升级”，也要拿到社会上与人比拼。所不同的是，从小写简历，可以产生巨大的内动力，激励孩子自我奋斗，不断萌发迎接新挑战的强烈欲望。其对孩子的影响

↓ 六年级的第一份简历

Qian Gao

Address : 154C Meadowland
College Station, TX 77840
(409)846-7186

Birthdate : August 4, 1981

Education : 6th Grade
9/91-present Oakwood Middle School
College Station, Texas 77840
9/87-6/91 College Hills Elementary School
College Station, Texas 77840

SAT Score : 940
Math 580 Verbal 360
Exam Taken April, 1992

Awards and Merits

1. First Place of General Math, UIL Competition (University Interscholastic League) at Sam Rayburn Middle School Invitational Tournament, March 6, 1993
2. First Place of Individual Math, Huntsville Junior High Mathematics\Science Tournament, February 6, 1993
3. First Place of Team Math, Huntsville Junior High Mathematics\Science Tournament, February 6, 1993
4. Selected for TAMUPREP, five-week math, science, and engineering enrichment program, sponsored by Dow Chemical U.S.A., U.S. Department of Energy, and Texas A&M University, May 31-July 2, 1993
5. Scholarship of American Association for University Women for "A Career Conference for 6th Grade Young Women", Bryan\College Station Branch, March 1993
6 Certificate Awarded for "Devoted and Invaluable Services rendered to International Student Association" at Texas A&M University, issued by ISA at TAMU, October 17, 1992
7. Certificate of "Award of Appreciation" and a letter from ISA at TAMU stating "Miss Gao as an active volunteer and made a great contribution to ISA during the year of 1992-1993"
8. 6th - 8th Grade All-Region Orchestra, 1st Violin, 6th Chair, 1992-93
9. Third Place of Spelling Bee at Oakwood Middle School, (5th, 6th Grade), January, 1992
10. Presidential Academic Fitness Award, issued by president of United States, 1990-91

please turn over.

Recent Studies & Interests

1. Math - College Algebra (TAMU textbook, Math 102)
2. French - French In Action (Texas A&M University textbook, French 101-102)
Themes and Variations (TAMU textbook, French 101-102)
3. Spanish - Que tal? (TAMU textbook, Spanish 101-102)
4. Chinese - Practical Chinese Reader, Book 3 (TAMU textbook, Chinese 489)
5. Piano - Hanon, Czerny 849, Invention and Sinfonias by Bach, Sonatines & Sonates
6. English Literature - classics and novels such as Anna Karenin, Les Miserables, Robinsoe Crusoe, The Swiss Family Robinson

References

Teachers from Oakwood Middle School (409)764-5530
Mrs. Linda Williams - Math Teacher and Coach
Mr. Dennis Averitt - Language Arts
Mrs. Mollie Guin - Science
Mrs. Debbie Robertson - Social Studies
Mrs. Lisa Burns - Gifted and Talented
Mrs. Tami Peterson - Orchestra
Mrs. Ann Heuberger - Librarian
Dr. Susan Bolch - Professor offering scholarship (409)693-7116
Dr. Xin Li - Assistant Professor of Mathematics, University of Nevada at Las Vegas (702)739-3416

是深远的、积极的。其力量之巨大，不是家长唠唠叨叨的说教所能起到的。

六年级的第一份简历

姓名：高倩

教育背景：六年级。

1991年9月至今：橡木学校。

1987年9月~1991年6月：学院山小学。

SAT成绩：940

数学：580，语文：360。

考试时间：1992年4月。

获奖与荣誉：

普通数学第一名，UIL校际数学邀请赛，1993年3月6日。

数学个人第一名，数学/科学地区比赛，1993年2月6日。

数学团体第一名（成员），数学/科学地区比赛，1993年2月6日。

获选参加TAMUPREP夏令营，五星期的数学、科学及工程强化训练班，由美国陶氏化学公司、美国能源部、得克萨斯A&M大学赞助。1993年5月31日至7月2日。

获美国大学妇女联合会奖学金，参加"六年级青年女性职业讨论会"，布赖恩/大学城分部，1993年3月。

获颁"投身并对国际学生会给予无价的服务"证书，得克萨斯A&M大学国际学生联合会颁发，1992年10月17日。

获得州A&M大学国际学生联合会颁发"致谢状"及致谢信，信中提及"高小姐在1992至1993年学年，作为一个活跃的志愿者，为国际学生联合会做出了巨大贡献"。

地区交响乐团（六至八年级组），第一小提琴，第六席位，1992

年至 1993 年。

拼字比赛第三名，橡木学校（五、六年级），1992 年 6 月。

总统学业优秀奖，由美国总统签发，1990~1991 学年。

目前学习内容与兴趣：

数学：《大学代数》（得州 A&M 大学课本，课号：数学 102）。

法语：*French in Action*（A&M 大学课本，课号：法语 101 ~102）*Themes and Variation*（A&M 大学课本，课号：法语 101 ~102）。

西班牙语：*Que tal?*（A&M 大学课本，课号：西班牙语 101 ~102）。

汉语：《实用汉语课本》（A&M 大学课本，课号：汉语 489）。

钢琴：哈农，车尔尼 849，巴哈创意与交响曲，小奏鸣曲，奏鸣曲。

文学作品：经典及小说，例如《安娜·卡列琳娜》、《悲惨世界》、《鲁宾逊漂流记》、《瑞士人鲁宾逊》。

证明人：

学校教师：数学、语言艺术、科学、社会科学、天才教育、交响乐等 6 位教师，图书馆员 1 人。

大学教授 2 人。

四 "超前"是成功的基础

Chaoqian Shi Chenggong De Jichu

1. 起跑早就开始了
2. 让孩子忙起来
3. "超前"带来自信
4. 10岁自学两门大学外语
5. 人人都是外语"天才"
6. 该出手时才出手
7. 助长不拔苗

1. 起跑早就开始了

美国顶尖大学空间有限，申请者每年持续上升，竞争日益激烈。美国的中小学里，不乏小小年纪的先行者，他们幼小的身影，已经自觉不自觉地悄悄投入到竞争行列中。高中低年级学生参加 AP 大学课程考试，进入更高一个层次思维训练的已经不乏其人。

起跑早就开始了！

五年级上了不到 1 个月，女儿告诉她妈，从现在开始，不在学校餐厅买午饭，自己每天从家里带午饭去。我问为什么，女儿说，不能为了排队买饭而误了午餐桌上的热闹谈话。

原来，开学几个星期，一群爱说话的朋友们结成了帮，吃午饭时围坐在固定的餐桌旁，逮着个话题就侃起来，各人发挥自己的聪明才智与口才，赢得别人的尊敬与佩服。女儿说，她那一桌热闹得不得了，多数都是"天才"班的学生。

有一天，女儿回来告诉我，这个暑假要去上高中的代数，她的计划是在初中阶段上四五门高中的必修课，到了高中就可以把有限的课时利用来上高年级的课程，以后才有机会多上 AP 课。

那是我第一次听到 AP 这个词。后来才明白 AP 是 Advanced Placement 的缩写，意思是超前定位，在中学时超前选修大学课程，有人称之为大学先修课。女儿说，初中时赶着修高中的课，到了高中就能提早完成必修课，可以接着上 AP 课程了。高中毕业前，如果有好几门 AP 的成绩，申请大学就很有优势。

我知道学习上超前，在老师还没有教、别人还没有学之前"超前"自学，对增强孩子的自信心大有好处，只是当时还不十分清楚，超前最终有什么目标。现在，她自己找到了答案。

女儿周围总有一群充满激情与抱负的同学，在一起切磋前途、展望未来。都说物以类聚，人以群分，绝对不假；和什么人在一起，操的就是什么心。她们在饭桌上不仅侃大山，也在传播与学习、未来、前途有关的信息。她得到什么新信息，总要回来告诉我们。每天晚上，我们家饭桌上总有她学校里的新闻。

我在女儿上七年级，也就是她进入高中的前两年，安排她同时选修了法语和西班牙语。这两门课都算高中学分，这是不跳级的跳级！

上越多的课，就累积越多的学分，对一个高中生来说，有效的高中学分能说明这个学生的学业能力。她的学校规定，荣誉毕业要修 24 个学分。不过无论你何时何地修了学校承认的学分，都可以记入高中学分。完成了高中学分，就可以修大学的 AP 课程。

这几年网络发展很快，信息畅通，留美的中国家长和孩子对这些修课技巧多少都了解一些。不过，在十几年前，绝大多数中国家庭对这些情况不大了解，等到明白过来，已经晚了一步。高倩得到这些信息，立即行动起来，规划她的修课计划。

立了志向、有了理想的孩子，学习上就能够自主把握。她早有进军哈佛、上著名法学院、当律师的志向，她常常到处打探，怎样才能顺利迈向法学院。虽然那时才十二三岁，但她没有把构想仅仅挂在嘴上，而是早做计划，把高中的课尽量提到初中上，提到暑假上，使得她在高中十一年级就可以上 5 门 AP 课，十二年级又上 3 门。除此之外，暑假还在 A&M 大学上课，拿大学的学分。有的 AP 课一门要上两个学期，相当于大学的两门课。到高中毕业，她已经累积了四五十个大学学分。一般大学修满130个学分就可以毕业了。

当时，她修的AP课在她学校同年级的学生里是最多的，这一点曾经让她十分自得。不过，这个纪录随后就被打破。有位朋友的儿子2003年16岁时以年级第一名的总成绩毕业，被加州理工等校录取，他除了考12门AP外，还在大学修了常微分方程、线性代数等大学高年级的数学课。他的妹妹一进入高中九年级，就选修微积分。

还有几个朋友的孩子，近两年都是从九年级开始参加AP考试的。从美国大学理事会的报告可以看出，2003年5月有超过100万高中生参加了全国统一的大学课程AP考试，其中有7 508位九年级学生和122 778位十年级的学生。这个数字，呈逐年增长的趋势，已经不容忽视。

美国顶尖高等学府已经不比一二十年前那么宽松，面对每年持续上升的申请者，空间有限的顶尖大学竞争日益严酷。在美国，很多有抱负、求上进的孩子已经早早地加入到这个竞争激烈的长跑之中。

美国的中小学里，不乏小小年纪的先行者，他们幼小的身影，已经自觉不自觉地投入到竞争行列中。

当有的中学生在津津有味地把时间消磨在解怪题、难题时，已有数以万计的美国高中低年级学生进入了更高一个层次的思维训练。面对全球化的竞争，中国的学生、家长和教育界对此应该要有清醒的认识。

起跑早就开始了！你还等什么?!

2. 让孩子忙起来

从小就让孩子忙起来是人生设计很重要的一部分，是培养孩子习惯于高效率、快节奏的学习和生活的关键。这个从小培养起来的习惯也是对抗电脑网络诱惑的有效措施，它将深远地影响孩子的兴趣爱好和行事风格。

常常有人问我："你们家高倩整天关在家里干什么？"

我回答："在做她的事儿，她有很多事儿干。"

我虽答得清清楚楚，问者仍然疑虑重重。

我知道，问者纳闷："几岁的孩子，能有什么事儿可做呢？"

美国教育尤其是小学教育比较注重小孩个性的培养、自主能力以及创造性的发展，不太强调中国学校注重的深度的数理化教育。这样的教育理念使得小学阶段比较轻松，很少有中国教育体制下的那一类考试，家庭作业也不多，有的州甚至硬性规定每天家庭作业不应超过半小时或一小时。所以可以说，绝大多数美国小学生放学后都很清闲。

因为我有一个让女儿上哈佛、当律师的梦，而且我心里明白，女儿不是什么天才，想脱颖而出，必须从小努力，另开小灶。所以，我在女儿课外时间，颇费苦心地为她提前渗入影响她一生的学习、活动内容。

女儿上二年级，我让她读《366夜故事》，每晚睡前，用中文给我复述一两遍,这件“事儿”让她不仅读了很多世界各国的经典故事,提高了英文阅读能力,还锻炼了英译中和语言的组织表达能力。

来美国后的第二年,我让她花一年多时间把一本200多页的数学习题集做完;上三年级时开始自学代数;高中十一年级,她已经把大学微积分学完,上大学时免修数学。

从小学一年级开始,我就鼓励她在课外进行大量的阅读,打下了一定的英文基础。到了三年级的那年夏天,我又安排她背了近4 000个高难度的英文单词,为她阅读经典文学原著扫清了道路。她坚实的英文基础使她读高中时很轻松地选修大学程度的英美文学课。

我还“连哄带骗”地让她在课外自学汉语。从四年级结束的那个暑假开始,我让她做的最不寻常的“事儿”,就是自学法语和西班牙语。

为女儿设计的这些课外学习的内容,在美国的学校里称之为“学业”。不过,我也为她在课外增加了许多不是“学业”的活动,比如学游泳、上芭蕾舞课、学习中国民族舞蹈、上钢琴课、学小提琴与交响乐等,事儿可真多。这些课上完后,回到家里也要做“功课”,要抽时间练习,还要准备登台表演。所以,一个孩子的业余时间可以安排得很紧,孩子也是可以很忙的。学业上的遥遥领先和登台表演的经历都让她具有领导才能,这种自我意识和自信使她在竞选社团组织的干部时频频胜出。学习音乐和舞蹈,令她有很多机会登台表演。从6岁开始,她就登上A&M大学奢华的大剧场舞台,从小得到了在公众场合表演的锻炼。这种锻炼为她以后参加各种比赛都不怯场打下了基础。

有意识地为她安排的学习和活动使女儿从小习惯了紧张的学习和生活方式。我对她的学习、生活习惯和性格的培养主要是在5岁到12岁之间,这是一个很重要的时期,人的学习、生活习惯都是在这个时期形成的。12岁以后,她就像一个上紧了发条的钟,自己摆动了起来。而后,她各种各样的学习和繁忙的社会活动完全是她自己想方设法去安排、设计并且争取的,根本用不着大人操什么心。我在很大程度上扮演的只是顾问、评论员和啦啦队的角色。

从小就忙碌的她，七、八年级以后已经完全习惯了紧张的生活方式，过不惯轻松的生活。她总是想方设法地把自己的课外时间安排得满满当当、丰富多彩。她的日程几乎到了体力和精力的极限。从七年级开始，她每学期都备有一本活动日程备忘录，记录下每天的活动内容。

一年暑假，女儿在北京新东方学校教书。她告诉我，她真不明白，在中关村附近的网吧里，为什么有那么多孩子长时间泡在那里玩。她非常感慨地对我说，实在无法理解这些孩子怎么会这样，也不知道他们的家长怎么就能不管孩子？她自己从来没有体验过，也不知道网络竟会那么“好玩”。其实，我认为，问题在于那些孩子的父母没有很好地、有艺术地引导孩子，没有让他们从小树立人生目标，没有让他们知道世界上还有比电脑网络和游戏更精彩、更有意义、更“好玩”的东西。如果父母指引得好，学习、读书和上面提到的其他有意义的活动也会让孩子痴迷的。

↓ 每学期都有一本活动日程备忘录

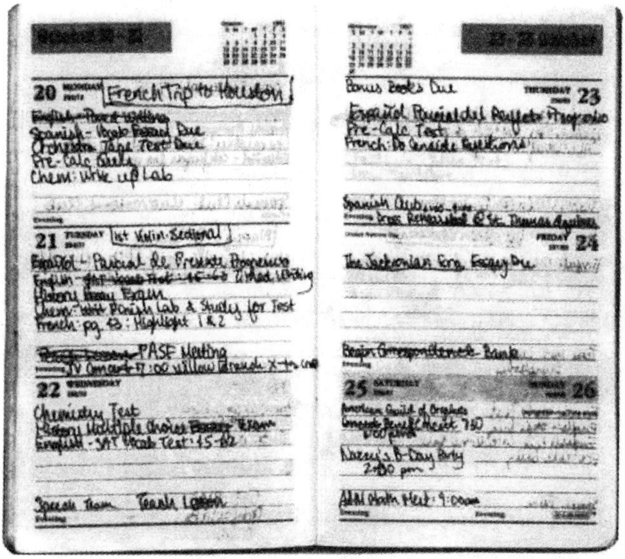

我们家早就“电脑化”了。1991 年装备了第一台电脑,几年后,有了 3 台电脑,1995 年底开始拨号上网。女儿上网是为了查资料、发邮件,都是有目的、匆匆而为的事,没事极少在网上浏览、漫游,主要的原因是她觉得有意义的“事儿”太多,没有可以随便浪费的时间。自己有了奋斗目标,离目标还有很大距离,许多有意思的“正事儿”待办,哪儿还有时间在网上流连呢?

世上哪有不爱玩的孩子?买第一台电脑后,我装了游戏软件,并和她抢着玩了一两天。后来,她还是觉得做其他事情比较有意义。因为她觉得无论是学习、练琴、读书,每天都会有所进展,很有成就感,和电脑游戏比起来,有意思多了。电脑游戏玩了几天就厌倦,她就收摊了。她小的时候,我极少给她买玩具,我也特别反感孩子迷上电子游戏。

迷上电子游戏的孩子,不爱阅读,不爱思考,不温柔,不细腻,没感情。染上了那毛病,就成了全家的噩梦。十几年前,“任天堂”游戏机风靡世界,不少父母为孩子配备一个,成了孩子每天的娱乐。女儿知道我是绝对不会为她买的,所以从未向我提出过这个要求。10 岁生日那天,为了给她一个惊喜,也为了不留下没有给孩子美好童年的“历史罪名”,我买了一台“任天堂”给她。当我把礼物当着她朋友们的面打开时,差点把她乐疯了。但是,很让我意外的是,当晚,生日派对结束,朋友们一走,她就把“任天堂”拆下,装箱收了起来,说是留到第二年的生日派对再用。这个“任天堂”此后一共只用过几次。因为,她的心里还惦记着很多其他的“事儿”。

从小让孩子忙起来,巧妙地把为她安排的学习和活动内容转化成孩子自己的兴趣,使女儿养成了珍惜时间的习惯。有那么多的孩子迷恋电脑,整天泡在网上下不来,对于这一点,我感到不可理解;她也很纳闷,认为无法想象。她觉得世上有很多比电脑游戏,比网络上的东西更有意思的事情。

从小让孩子忙起来,是人生设计很重要的一部分,是培养孩子习惯于高效率、快节奏的学习和生活的关键。适当的安排和设计可以让孩

↓ 10岁生日礼物——“任天堂”把她乐疯了

子培养有益的兴趣。这些好习惯也是对抗电脑网络诱惑的有效措施，它将深远地影响孩子的兴趣爱好和行事风格。

从小为孩子订一个目标，让孩子有理想，有目标，做有意义的事情。孩子培养了好的兴趣，有了美好的目标，习惯了紧张忙碌的节奏，就像上了一部发动起来朝向香格里拉的汽车，只知道加大油门向前跑，根本就无暇顾盼路边小村的诱惑。

3.“超前”带来自信

被动学习常常使孩子走神，效果不好。“超前”自学可以刺激孩子的积极性，训练自学能力，树立学习信心。因为“超前”学习是主动的，自主学习容易引起兴趣、产生成就感。

我读中学时，老师对我们说，福州三中之所以优秀，是由于独创并实行了“超前”学习。那时校园的墙上随处可见的是用醒目的大字“超前”为标题的大幅张贴文章。所谓的“超前”学习运动，是鼓励学生自学，在学习进度上超到老师的教学进度前面。那时在福州三中，“超前”这个词代表了这种学习模式。同学间谈话，常常说起的是“你超前了吗？”“你超前多少？”

老师鼓励人人都超前。在那个“超前”运动的大环境下，“超前”的学生很荣耀。

“超前”其实很简单，在老师教课之前，把尚未教的章节看一看，再把该章节的练习题做了，就算是“超前”到某章节了。我一般“超前”五六节课的内容，有的同学“超前”大半个学期的课程。

当时有位高一的学生，因为大大地“超前”，提前毕业保送上了中国科技大学，他的大照片和有关他“又红又专”的事迹，挂在学校专门开辟的“光荣室”的墙上，供学弟学妹们景仰，他就是被称为继爱因斯坦之后最伟大的理论物理学家史蒂芬·霍金的学生吴忠超。他近年把霍金的《时间简史》等著作译成中文出版,介绍给中国的读者。还有一位校友高一时“超前”学完了高中课程,高二跳级上了北京大学数学力学系,后来到美国加州大学攻读高能物理,1993年主持开通中国第一条国际互联网专线,设立中国第一台网络服务器,他就是后来被媒体称为中国网络之父的许榕生。另一位“超人”,念到高一不但把高中的课程都“超”了,还“超”了大学的微积分。他就是曾获中科院自然科学一等奖的中科院院士林惠民。他们都是当时福州三中轰轰烈烈的“超前”学习运动中出现的典型“超人”,是我们这些学弟学妹们崇拜的偶像。他们以后的成功也印证了“超前”学习确实有助于成才。

超前的学生在老师教课之前已经先自学了课本。为了掌握内容,他们不得不把课本中的例题、解题方法搞得清清楚楚。由于自学过程中完全靠独立思考,所以对知识点的理解和记忆也较深刻与透彻。

传统的灌输教育法是老师在课堂上满堂灌,学生还未完全理解,或者似懂非懂的时候,下课铃响时间到。回到家里,要是还回不过神来,下次上课仍带着没有解决的问题,效果当然不会好。超前的学生就没有这个问题,因为超前学习到某个章节,如果遇到疑难问题,有很大的缓冲时间去思考和解决。在老师教课时,对超前中发现的疑难点就会更加注意。

超前自学既训练了自主学习的能力,又可以刺激孩子的积极性和自信心。记得当年我在福州三中时,就是因为数学“超”了“前”,在课堂上抢答老师的演算过程,被老师鼓励得飘飘然,学习情绪被高度调动了起来,以至数学成了我的最爱。

超前是主动的,跟着老师讲的课学是被动的。主动学习容易激发兴趣,产生成就感;被动学习常常使孩子走神,效果不好。记得当时班上的同学,只要是“超前”的学生,就学得轻松自在;没有“超前”的就比较被动。可以说,在当时的福州三中,好学生没有一个不是“超前”的。

美国学校里最好的学生在高中毕业时,都已经“超前”了很多门大学课程。顶尖大学录取的学生中，很多人在进入大学前都已修了三五十个的大学学分，相当于整个大学课时的1/4以上。

目前在中国，有一些学校的部分学生也在超前学习。不过，他们较少超出高中课程的范围，因为一切为了高考。尽管上初一初二就开始“超”，“赶超”了好几年，也还是没有超出高中的水平和高考的范围，不像美国学生“超前”到大学课程。这不是因为中国学生水平低，而是因为“学校的教育干扰了教育”，学习和“超前”都是为了高考，而不是为了掌握广阔深邃的知识。

我中学时代“超前”学习的思想给了我很大启示，从女儿五六岁开始，我就为她制订了超前学习计划，并且有所发展，不单在数学上，还有英语、文学、法语、西班牙语、阅读和写作，等等。后来发现，超前学习确实对她在学校取得很大的成功极有帮助，既培养了很好的自学能力，也增强了自信心，使她认为什么都能学会，什么事都不难。而且，这个自信心起了滚雪球般的效应，具有深远的意义。

4. 10岁自学两门大学外语

——几岁开始学外语好

学习语言的年龄越小越好，而且未必需要老师教。在童年时代较宽松的学习环境下，可以为孩子安排自学外语的计划。

不懂法语、西班牙语的我早在女儿四年级时就成功地同时“教”女儿学习这两门大学外语课程。具备很强的阅读能力和自学能力的小孩，有了好的方法，再依靠好的教材，是能够自如地自学外语的。

美国的小学普遍在“放羊”，没有“学”很多东西，孩子很轻松。很高兴学校提供了这样的空间，我决定好好利用它，让女儿试着自学法语和西班牙语，而且是同时开始！

西班牙语仅次于英语和汉语，是世界第三大语种。西班牙语通行于除巴西以外的整个中南美洲和非洲，有20多个国家将近4亿人讲西班牙语，是流行于世界的一大语种。它是欧洲联盟、联合国教科文组织、世界贸易组织等的重要官方语种之一，也是很多国际政治会议的最重要语种之一。目前在美国有4 000万人说西班牙语。

法文不仅是一种美丽、浪漫的语言，更是一种精密的语言，几个世纪以来，法文一直是世界外交语言之一，因为法文可以精确地表达外交官所欲表达的细微的意蕴。法文非常精密与富有逻辑性，所以掌握法文者,必须具备缜密的文思,学习法语使人进入一种“精密、准确”的训练环境。“精密”和“准确”不正是律师最重要的一种素质吗?

在当时,学习法语和西班牙语并不是她自发的兴趣和爱好,但是,在孩子的朦胧期,大人应当高瞻远瞩,引导、规划他们的学习。

为了让学习成果能在短期内见成效,以增强信心,我把同时学习两门外语的起始期定在1991年5月底的暑期开始。那时,女儿刚上完小学五年级。美国暑假长达近3个月,孩子全天放假在家,可以自主支配的时间很多。刚开始学习一门外语,是要注入很多时间的,更何况是同时学两门外语。如果在短期内收到好的学习效果,就会增强信心。反之,如果在上课期间利用课余时间学,时间断断续续,学习进度缓慢,效果不明显,可能使她失去信心。因此,短期高密度高强度的训练也是成功的重要因素之一。

那年女儿不到10周岁,这个年龄的孩子是没有什么逆反心理的。据说,马克·吐温说过,孩子7岁的时候认为爸爸是英雄,14岁的时候认为爸爸是笨蛋,到了21岁才又发现爸爸是真正的英雄。那时,我在她眼里正处于“英雄”期,所以她还肯听话。她数学已经学到几何、代数,做了几千道题,在学校里算个数学“天才”,其他科目的成绩也很好,使她很有自信。我告诉她,法语是可以自学的,西班牙语也是可以自学的,法语和西班牙语就像几何、代数一样,凡是识字读书的人,只要按着书上说的认真学,一定能学会。她也自信地认为:没有什么事情是办不到的,没有什么东西是学不会的。她对我这个特别的安排不仅丝毫没有感到压力,反而很开心。她又可以胜人一筹了。这种思想一直是她具有内动力的重要原因。很多孩子都是因为在某一学科或某一活动中取得了好成绩,受到成功的鼓舞以后产生了更大的兴趣,以后就越学越爱学。

实际上,长期以来,我在她心中点燃的追求成功的火焰,一直让她处于非常亢奋的自我追求、自我奋斗的状态。只有这种来源于内心的动力,才能产生超乎寻常的能量。

我为她挑选的西班牙文课本由著名的 McGrew-Hill 出版，是畅销的大学教材，正文 400 多页，覆盖 4 600 多个词汇，除了西班牙语言外，每一章都有文化历史背景的介绍。因为书是编给以英语为母语的人看的，所以所有的解释都是用英文。

法文书更厚，也是大学课本，有的注释字体极小，连附录在内共有 640 多页，重达 2 公斤。为了让女儿心理压力小一点，我毫不心疼地把这本硬皮精装的书拆成几部分，每 100 多页重新装订成一本，再专门买了厚纸皮，为每本"新"书做个封面。我想，对于 10 岁的孩子，600 多页、几斤重的书会形成心理压力，有学不完的感觉。把书拆小了，既便于翻阅，又容易"学完"，就会比较有信心。

另外，我还给她买了一套耶鲁大学编的书 French in Action，有位朋友借给我配合这本书的整套录像带，共有几十盒。

暑期开始，我每天带着女儿去 A&M 大学，把她送到图书馆里，我再去上班。女儿带着那装满法语和西班牙语课本、配套习题集和笔记本的书包，每天在大学庞大的图书馆里，从早上学到傍晚。她告诉我，有时累了，就伏在桌上睡一会儿。

↓ 把法文书拆成 3 本，将法文译成英文（左下），看着英文稿"朗读"法文，练习"同步翻译"

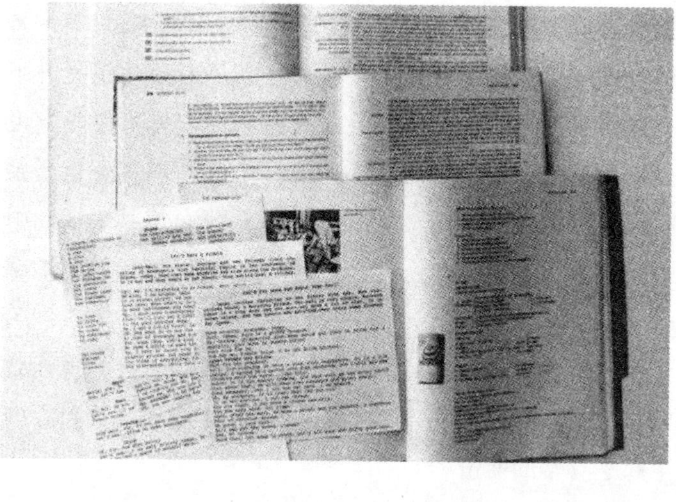

她每天一字不漏地按进度看课本,根据课本里的音标自己学习发音,记忆单词,并反复默念发音练习里的每一个单词,这个学习量是非常大的。在法语课本里,有时一页的发音练习就有几百个单词,她一天要看好几页,接着,再看有关文化背景的英文介绍,理解语法与课文。遇上难记的单词,她用醒目的黄色荧光笔画上记号。

晚上回到家里,她把耶鲁的那一套课本作为听力教材,打开录音机,听一听与课本配套的录音带,看看她根据书本的注音发的音是不是很准确。因为白天不便把录音机带到图书馆里,她就把这个校对发音的工作留到晚上做。然后,再把当天学的课文念给我听。

听她念课文的时候,我故伎重施,对她能够完全靠自学掌握两门外语表示怀疑、惊奇、激动,接着,就是毫无保留、夸张、充满激情地给予高度赞扬。这一点,每位家长都可以轻松地做到!

每逢这时,她总是对我说:“我知道我什么事都能办到!”

她对自己的学习能力非常有信心,对同时自学两门外语并不觉得有什么压力和困难,完全成了自觉自愿乐在其中的日常性活动,感到这些充实了她的暑假生活,“要不然,暑假干什么呢?”她说。

那时她年龄小,还没有逆反心理,所以比较听大人的安排,到了爸爸变成“笨蛋”的时候,就不会当乖乖女,任人摆布了。所以,抓紧小时候很重要,十三四岁以后,就不一定“管”得住了。另外,小孩子“初生牛犊不怕虎”,记忆力好,对外语没有畏惧感;年龄越大,对学外语的畏惧心理也越强。这个道理很简单,动员五六十岁、三四十岁的人,还是十岁八岁的人学外语,哪一个难呢?

我看她课文念得稔熟,就对她说,你知道,高水平的翻译人员或是外交官,只要一听到或者一看到英文就能反应出外文,你现在能够熟读课文,但不能表明你能快速互译法文或西班牙文。如果你一看到英文就能快速准确地说出法文和西班牙文,或者反过来,那才算是真正学好了这两门语言。这个要求对成年学外语的人不是一件轻而易举的事,但是,“无知无畏”的孩子就不会认为有多难。

她又是一番跃跃欲试。根据我的建议，她把法文和西班牙文的课文翻译成英文，用电脑打印出来。从此以后，每当她把某一课的课文读熟了以后，就不再看课文了，而是看着自己的英译本，熟练地"读"出法文或西班牙文，一直练到滚瓜烂熟为止。

3个月以后，暑期结束了。她在完全自学的情况下，将这两本书各自学了约1/4，各掌握了约1 000个单词。学校开学以后，她仍然利用空余时间持续学习。一直到第二年的暑假开始，她又如法炮制，每天和我一起到图书馆，同时学习这两门语言。

这个年纪的小孩子，尤其在意别人对她的看法，她在图书馆里独自学习时，常常碰到中国留学生。留学生们看她那么小年纪，整天待在图书馆里，不免产生好奇心，有时就去和她搭讪两句，看到她自学两门外语，更是吓一大跳，无不表现出不可思议的神情，大加赞扬。她每遇到这样的眼光和赞扬，回来总要给我比说一番，表现出志得意满的神情。那些不知名的留学生们无意中流露的眼光和赞扬都是女儿学习成功的动力之一，他们大大激励了她的热情，是父母赞扬鼓励之外的补充，使她更加愉快地、发自内心地努力学习。

通过这一年多的外文自学，她对这两种外语的感觉很好，以至到了七年级，规定可以开始"超前"选有高中学分的课程时，她同时选了法语和西班牙语课。当时同届的400多名学生，只有她一人同时选修两门外语。到她上高中时，也只有她一人两门外语都连续学了6年，从高中课程一直学到大学水平的文学课程，其中，4年高中课程、2年大学课程。她高中的法语老师是法国人，西班牙语老师母语是西班牙语，学到第三年的时候，上课已经全部用西班牙语和法语讲课。高中的外文课，每年都要求阅读几本厚厚的法文或西班牙文的文学原著，并且还要写分析评论文章。在这样的高要求下，到高中毕业时，她已经可以讲英、法、西、汉四门语言。

5. 人人都是外语“天才”

语言本身决定人的基本思维。

——本杰明·沃夫

具备多语言能力的人被认为具有多维的思考能力和广阔的视野。他们将在未来社会受到极大的欢迎。随着经济的高速发展和全球化的趋势，具有高水平的外语能力必将水涨船高地成为参与竞争教育机会和优越工作机会的先决条件，

多语言的能力并不是只有那些有语言“天分”的人才具有的，而是许许多多平常人与生俱来的，只是还没有被人们广泛认识，也少有人去开发这种人类普遍存在的外语和多语种潜能。

女儿在不同时期、用于不同目的的简历，内容不断在更新，也随着她的受教育经历、社会经验的变化而改变。翻看她各个时期不同版本的简历很有意思，有初中、高中、大学期间的，还有申请各种活动、申请奖学金、申请大学，一直到申请法学院、申请律师事务所工作的简历。我发现，英、法、西、汉四门语言能力这一项，在她的简历中，成为突出的强项，总是保留在她每一个版本的简历里。毋庸置疑，这四门语言的能力，是她求学、求职时个人背景的一大亮点，成为她永远的知识财富和

资本。

有位朋友对我说，你女儿除了汉语、英语都流利之外，还能同时学习两门外语，不但学习效率高，也没有在几种语言中造成混乱，说明她具有一般孩子无法相比的、超乎寻常的语言天赋。

以前，我对这种看法抱持基本认同的态度。对于因为我一时异想天开，在有语言“天赋”的女儿身上实验成功而颇感洋洋得意。

后来，我研究了神经生理学和行为心理学的有关文献，才知道这种语言“天赋”，即多语言的能力并不是少数人独有的，而是“天生”于许许多多人，是人们与生俱来的能力，只是还没有被广泛认识，也没有多少人去认真开发这种人类普遍存在的外语或多语种的潜能。我当年在女儿身上实验成功，不是她有什么特别的“天赋”，而是人人都有这个潜能。

美国得州大学休斯敦医疗中心具有全世界最有影响的语言研究专家和设施，该中心的西蒙斯等科学家使用探测大脑神经活动的脑磁图，研究两种语言在人的大脑中的活动情况，从科学的角度解释了“人人都有多语言天赋”。他们在美国《神经外科》杂志上发表了有关双语脑神经活动的论文，实验对象包括各年龄层的人。在实验过程中，让实验对象交替地听、说英语和西班牙语。他们的测试表明：在听、说不同语言时，实验对象大脑皮层的不同区域分别被激活，也就是说，英语和西班牙语分别使用人脑的不同区域。

他们的发现非常有意义。我推想，这个研究结论也许可以说明，为什么双语和多语种可以同时学习，并且可以同时存在于一个人的大脑而不至于造成混乱——因为他们使用大脑的不同部位。

我宁可相信这个研究结论以及这个推论，而不愿相信没有科学根据的关于女儿具有语言天分的说法。这个科学的研究结论具有很大的意义，它可能彻底地颠覆以往传统的外语教育思想，使外语教育走入一个新的认知阶段：外语教育也许可以从小与母语学习同时开始，多语种学习并非只是具有语言“天赋”的人的专利。

随着中国经济的高速发展和国际化的趋势，大量外企和涉外工作机会涌进中国，海外对中国人才的渴求以及企业、国家对外派人员的大量需求，具有高水平的外语能力成为参与竞争的基本条件，也成为人们收入提高以后日益普及的留学教育的基本条件，而且必将水涨船高。是否具备高水平的外语能力，注定成为求学求职中的高楼、平地之分，是争夺教育机会和优越工作机会的先决条件。

著名语言学家本杰明·沃夫早在20世纪50年代就提出了语言决定论的假想，就是著名的沃夫假说——“语言本身决定人的基本思维”，他认为个人的语言决定了其对世界的认识。那种认为外语或语言只是工具的看法是陈腐过时的。在中国，如果对老一代人来说，外语曾经只是工具，对新一代人来说，外语还应该过渡到文化的层面，是面向国际化的必要条件，而不仅仅是工具而已。

不仅如此，学习一种语言的同时还学习了一种文化和一种思维。在中国，目前的外语教育基本上只是停留在语言教育本身。在美国大学，外语专业的学习不仅仅只关注语言本身如词汇、语法和文章结构、翻译等，而是把语言作为切入点，进一步研究该国的文化、文学、艺术、政治、历史、宗教、社会和经济等。高倩在高中学习法语和西班牙语时，每学期老师都要求阅读法国和西班牙文学原著，上课讨论，课外写论文，就是为了达到广泛深入地了解外国文化的目的。学习多种语言，就应该学习多个国家民族的丰富知识，这也是作为一个律师必备的知识基础。

在这个逐步国际化的社会里，具备多语言能力的人被认为具有多元化的视野和思维，是国际化社会所青睐的人才。他们在未来的职场中将受到极大的欢迎。

既然外语在人生发展中非常重要，我们又知道了每个孩子本来都具有多语种“天赋”，就应当帮助他们及早开发，不要把这一宝贵资源浪费了。

6. 该出手时才出手
——跳级不跳级

9岁的高倩已经开始自学代数，成天捧读的是英美经典文学原著。看到别家的孩子跳了级，我也蠢蠢欲动，想让她为我们“争光”。然而，当我把跳级的手续办完了以后，反而心事重重。最后，把申请撤回来，才算松了一口气。该出手时才能出手。

美国中小学依照各州法律均有很宽松的跳级制度。当时得克萨斯州的小学跳级规定很松，只要学生参加高一个年级的数学、英文考试，每门都达到70分以上，就可以跳一级。如果参加连续两个年级的考试，成绩都达到这个标准，就可以连跳两级。

看到邻居孩子跳了级，我心中不平，想想看，女儿英文不用说了，成天捧读的是英美经典文学原著，有时还帮我的朋友改作文；数学已自学到代数，这些内容在学校里至少两三年以后才开始学。

我不禁动了让女儿去参加跳级考试的念头。

在国内，在我们那个年代，跳级是多么荣耀、多么稀罕的事。大家都记得家喻户晓的少年班“神童”们的神话故事。女儿为自己争光，虽做不到家喻户晓，也是可以向国内的亲友们炫耀一下的。

手续简单到只需到独立教区填个表，再交100多美元考试费就行了。独立教区接到出试卷的部门寄来的试卷后再安排考试。

事情就是这么简单,在美国成为“天才”很容易,难怪大家都说美国机会多多。

开车回办公室的路上,兴奋的头脑慢慢开始降温,我想到了很多令人烦恼的问题。考试通过,她将跳过四年级,直接升入五年级。从此她要搭乘不同的校车去上学,插到一个年龄都比她大的学生群里去,这些同学各有自己的圈子,也许把她看成他们“帮派”以外的人,可能不想和她一起玩。而且,很显然的,她不可能成为他们的领袖,因为她比他们“小得多”。

我们一直引以为傲的“超前”也就不那么“超前”了,毕竟跳了一级,以前“超前”的内容要打一年折扣。也许还失去什么,至少失去一年的童年时光,这是不可复得的。虽然,一年的童年时光在人生的长河里微不足道,但却是一去不复返的。我们做主剥夺她的童年时光是为了什么?为了让她成为“神童”?为了我们的荣耀?为了让她得到更好的教育?提前一年毕业真的能说明什么?

我们完全可以想办法,让她在有余力的现状下继续“超前”,但又不脱离她的圈子。“不行!这级不能跳!”

心事重重地度过了大半天,我终于抓起电话,取消了跳级考试。挂完电话,我感觉非常轻松。我差一点做了个一定会后悔的决定。

真正让我认识到跳级可能是培养孩子过程中最大失误的还是几年以后的事。后来,我才知道,美国大学在招学生时并不在意学生是不是比其他孩子年轻几岁的“超常天才”。在美国,跳级的历史几乎不会给孩子增添任何光辉,像哈佛、耶鲁这样的超级名校,对“低龄”学生根本就不感兴趣,他们不想开大学学前班。有位曾经轰动全美国、IQ 超过 200 的韩裔天才少年,是真正的天才,2001 年 9 岁时就由妈妈陪着上大学,但只上了芝加哥一所全国排名 100 多位的大学,因为没有哪所名校对他感兴趣。

况且,美国大学的申请材料上也很难看出跳级的“光荣历史”。美国大学,特别是顶尖大学看重的是,一个学生在高中毕业时所取得的成绩和成就:修过多少课,都是些什么等级的课,是普通课、荣誉课、还是AP课? 取得了什么成绩? 参加了多少社会活动? 有什么社会经验和社会经历? 领导才能如何? 一般而言,年龄小的孩子在以上各个方面都会稍显劣势。

如果你是年纪小再加上个头小的跳级生,大孩子们根本就看不上你,不愿选你当干部。美国孩子6岁上一年级,跳了一两级以后,16岁或者不到16岁高中就毕业了。由于16岁以上才能合法参加正式的工作、领到驾驶执照,跳两级的学生,没有工作经历,甚至连开车也不行。少了一两年时间,可能要失去很多生活内容,高中最后的两年本来就是最精彩的。

如果功课上得很轻松,只跳课程不跳年级,多出来的时间能上多少门高级的课程? 到了毕业时,会多修多少门AP课! 那才是真正让大学招生人员傻眼的呢。在上小学、初中的时候,可以采取“跳课不跳级”的办法:“行政级别”不变,仍然保留在原来的年级,“实际级别”提高,选修高年级的课程。等到上了高中,一进入九年级,就可以尽早选修大学AP课,这样,高中毕业时,成绩单上有很多门傲人的AP成绩,马上就脱颖而出了。

美国大学理事会公布,2003年5月有2 157人因为参加8门以上的大学课程AP考试,而且平均成绩都达到4分以上,被授予AP国家学者奖这一最高荣誉! 这2 000多人都是绝顶聪明的人,是可以跳好几个年级的学生,然而,他们不动声色地蹲在学校里,安心扮演着卧虎藏龙的角色,到了该出手时才出手!

我一直很庆幸自己没有犯这个无法挽回的错误。否则,不仅把苦心经营的“超前”成果全给“冲零”复位了,还可能影响女儿申请著名大学的成败。

7. 助长不拔苗

帮孩子"助长"是应该的，只是，不应该"拔苗"。在"助长"的时候，要考虑到孩子生理、心理和体力上的承受能力。对于年幼的孩子，理当让他在主动的环境下自主地学习，而不是在无法自我掌握的过大的外界环境的压力下被动地拔擢。

美国小学数学的教学进度十分缓慢，打从女儿可以独立阅读开始，我就陆续买了一些数学参考书给她，到了三年级，已做了几本几百页共计几千道数学题。那些练习题，她已练到不费劲就能解出来。对此，我其实也没什么特别好的感觉。中国孩子，数学不好还算个啥？搞题海战术是祖传，从小重复性地训练，什么题型都做过了，能不熟练吗？没啥了不起。

我准备给她更大的挑战，打算在三年级结束的那个夏天，送她"上大学"。那年，她不到9岁。

我有位朋友，当时在数学系读博士学位，他的一位美国同学，那个夏天执教一门"大学代数"，我们讲好让女儿在他班上听课，所有进度都和大学生一样，一起上课，一样按教学进度交作业、参加考试。

我与女儿一直有个默契，我们谈论学校里发生的种种小事，但是，学习上的具体问题，比如说某一道题怎么解等，一般是不讨论的。我总是让她自己找答案，通过仔细研究书上的例题，再进一步独立思考，就能够举一反三，大大提高她独立思考和解决问题的能力。

第一次送她到教室，确实引起了一片轰动，我也很有面子。我们中国人是最讲面子的。

矮小细瘦的东方女孩，背个大书包，来到一个挤满比她高两个头的美国大学生的教室里。中国人数学好，这在美国是人尽皆知的，但是，教室里来了这么小的一个"天才"，想必还是让很多人心理上承受不了。那些天，女儿在教室里接受了许多奇异、钦佩的眼光，她一定很得意，我当然也是啦。

后来，看到她写的这一笔记，让我读来至今仍感不安。

爸爸为了使我强过其他孩子，总是让我超前学习。在上小学的时候，要我一本一本地做中学的数学，二年级的时候看古典小说。这是他让我远远超过同龄孩子的全盘计划中的一部分。

东部长途旅行回来之后，他设计精明的想法浮出了水面。他和数学系的朋友李先生商量，让我到 A&M 大学去上数学课。我也希望自己能多学点数学。

我要上的是大学代数，作为一个刚读完小学三年级的学生，代数对我是个新课题。第一天上课，我心情不安地来到前一天爸爸预先带我来看过的那座楼。当我上楼的时候，很多人向我行注目礼。我挺不自在地走进教室，拘谨地坐在一张课桌前。虽然我努力装作十分自信的样子，但实际上很害怕。真不知道我怎么可能坐到这个全是大学生的教室里，这些大学生至少都比我大 10 岁。他们对我轻蔑的注视让我害怕。最后，终于看到坐在我旁边的一位女生对我微笑。

没过多久，老师来了，他认出了我，并且对我善意地微笑了一下，我都不敢对他报以微笑。

一开始上课，他就让我们跳过书的头几页。除了我以外，其他人跟上他的进度看起来没有问题，然而，我却大有困难。因为我已经习惯于老师对全班都是二三年级小学生的慢速清晰的讲解。我真不敢相信老师讲得那么快，就像复习一样。而且这个班很大，不像我所习惯的小学的小班。这种种状况进一步困扰着我，让我更加难以集中精力于课堂上的内容。

上完第一节课，我走出教室，几位大学生陪着我一起走，两女一男忍不住和我讲起话来。他们出于好奇心，问了我好几个问题，比如说几岁啦，为什么要来这儿上课啦，等等。我腼腆地一一回答，然后赶快溜走。

我们上课的楼和我爸爸上班的办公楼只隔几个路口，我紧走着朝他的办公楼而去，冲进他的办公室。看出来我有点害怕，他只不过笑笑，并不了解我刚才的苦境。他不顾我要打退堂鼓的想法，要我继续跟班学下去。

拉着我的手，他把我带到了大学的图书馆。图书馆就在他的办公楼后面。进到图书馆四楼，他为我挑了一张小书桌，安排我在那儿看书做作业，接着就回办公室去了。

我努力把精力集中在我眼前的这本大厚书上，但是，精神不知跑到哪儿去了。环顾四周，五六个大学生埋头看书写作，我的眼前，一座座书架像高墙一样耸立在我的头顶四周。

感觉待的非常不是地方，精神上也有压抑感，我真想回家，但没人带我回去。我想，学习也许会让我的思绪从恐慌中摆脱出来，我开始专心学习。只过了20分钟，我就觉得需要上洗手间。我从座位上起来，开始在图书馆四楼徘徊，既羞怯又不好意思问别人，我决定自己找。最终，在电梯和楼梯旁边找到了洗手间，我在里面碰到一个年轻妇女，她用奇怪的眼光看着我，我没理她，径直走进一个马桶间。为了避免她注视的目光，我决定待在马桶间里，直到她离去才出来。然而，她待了很长时间，又是梳头，又是化妆，接着，又对着镜子自我欣赏了好一会儿。终于，总算看她走出了洗手间，我才叹口气，钻了出来，回到桌前，继续学习。

我盯着书，把这一课重看了一遍，就开始做题了。每隔两三分钟，我就看看时间，每分钟就像是过了一个小时似的。终于，到爸爸该来接我的时候了。

我坐在椅子上，把书小心地装进书包，再拉上拉链，开始等他。过了约定的时间10分钟，爸爸慢慢步入我模糊的视野。他快步走过来，擦掉我的眼泪，问我为什么哭。

“你……你说你12点来的，你晚了10分钟！”我一边说，一边抽噎。

爸爸止住笑，认真地对我说：“我办公室有点事，啊？我们现在可以回家了。”

带着回家的期望，我抹去眼泪。作为一个孩子，我很快就忘掉了今天这个创伤性的经历，我迈大步子，快步跟上了爸爸的大踏步。

午饭过后，我待在家里继续学习，还要做爸爸给我布置的其他作业。这个不寻常的日程持续到了第二个星期。尽管每天都去上课，我还是不习惯那个教室和其他学生异样的目光。每天早上，我总想找个借口不去上课，但是我总是被拖起来去那个教室。

其实，一开始对我来说课程本身并不难，那些内容大部分我都能明白，因为我已经开始学基本的代数了，而且也学得不错。然而，第二星期以后，课程更深了。这是大学的课，课程进度非常快，再加上这又是暑期班，上课的进度要比正常学期还要快得多。虽然暑期时间短，但是也要学完同样课程的量。因此，慢慢地，我落伍了。由于没有足够的时间弄懂前一天学的内容，第二天学起来就更难了。这样，好像多米诺效应一样，我一天一天地落了下来。终于，有一次，在每天例行的课堂小测验上，我考了个不及格。这回，我不得不叫爸爸来辅导。到了月底，我们得到晚上一两点才能睡觉。

有一天，我起来觉得胃很不舒服，没法去上课了。一整天胃不停地痛，爸爸带我去看医生。他对医生说了我的症状。检查之后，医生问了我的起居活动等问题。最后，她做出了轻度胃溃疡的初步诊断。

“为什么会得这个毛病呢？”爸爸焦急地问。

“心情焦虑、睡眠不足都可能引起胃溃疡，通常只有成年人或大孩子才会得这病。不过，我觉得，你这个孩子在这个年纪是太忙了，她应该获得足够的休息。我希望你能让她长大以后再上大学的课程，目前得先让她做个小孩子。”

爸爸当时窘得赶紧一口答应，把我带出医院。他对我的健康很担心，一直大声唠叨着，说我的病况到底有多严重。我不得不几百次地安慰他，只要吃药，我一定会很快好的。

我的病并没有很大的麻烦，不过，它也确实让爸爸停掉了我在大学的学习，他相信我需要更多的休息。其实，就我来说，当时我还是为我不能继续参加学习而感到十分沮丧。

在那两星期愉快的日子里，我被允许出去和我的朋友们一起玩。这比什么药都有效，很快，我就什么事都没有了。

然而，在我爸爸看来，两星期的休息似乎是足够了。我又被他拉回家。这一回，他给我布置另一个任务，在我初看来，这甚至是比上一个更难的任务。然而，他认为这并不是什么难题，因为，这不是去大学上课啊。

每次读女儿的这一段文字，总有隐隐的歉意，挥之不去。但是，我没有后悔。

作为一个来到美国的中国孩子，既非天才，又不能指望撞上什么好运，要出人头地，还能靠什么？这是很无奈的！

有人以为，美国是天堂，什么都很容易得到。依我看，只有对“天才”和幸运儿来说，这种看法有时可能是对的。我在女儿教育中的这个曲折经历并不是一无所获的失败。这个经验得出的结论不是不应该超前学习，也不是不应该给孩子“助长”，而是不应该“拔苗”，在“助长”的时候，要考虑到孩子生理、心理和体力上的承受能力。对于年幼的孩子，应该在主动和能够自主掌握进度的环境下学习，而不是在无法左右的外界环境的压力下被动地拔擢。

五 家长该当什么角色

Jiazhang Gai Dang Shenme Juese

1. 怎么当“两面派”
2. 全家克制爱好
3. 该牺牲就牺牲
4. “合理”的高标准要求
5. 为孩子创造机会
6. 珍惜、欣赏孩子的成果
7. 教孩子感恩
8. 让孩子体验艰苦
9. 当好啦啦队

1. 怎么当"两面派"

即使年幼的孩子，也能分辨出大人言辞的真伪。同样的，孩子也非常了解大人的思想行为和内心世界。父母的言行时刻影响着孩子，父母的"两面派"做法更是直接影响孩子的成长。

我在A&M大学中文学校当过两年多校长。无论是教师、学生还是家长，都一口一个高校长的叫我。有的家长把孩子拉到我面前说，这位高校长的女儿如何如何，你要如何如何，云云。

有一天，一位刚从外州搬来的家长，带着四五岁的男孩来见我，母亲和我说话时，孩子不断打岔，手脚忙个不停，末了，莫名其妙地冲到我面前，对着我的小腿踢了两脚。孩子的母亲见了，一边道歉，一边笑着连连对我说："我这孩子啊，真是拿他没办法，一点儿办法都没有，男孩子就是这样，我实在管不了，没办法。"母亲的脸上充满慈爱，笑得挺自然，甚至还为孩子的恶作剧颇感得意。

母亲总是当着孩子的面说"没办法"，其他人当然更没办法。这个孩子后来没少给他父母惹麻烦。其实，这都是家长一手造成的。孩子有了"管不了"的问题，肯定不是一天造成的，家长在孩子面前一再地声称"管不了"，无异于助长不良行为，让孩子知道无论自己做了什么，父母都不会管，都"管不了"。实际上，这个孩子的家长平时也是唠唠叨叨地“管”孩子，但是，孩子最听得进去的，还是妈妈的那句“没办法”和“管不了”。我看，家长即使觉得“管不了”孩子，也千万不要那么“坦诚相见”，宁可当个“两面派”，做出管到底的姿态，好好研究一下，到底该怎么办，才“管得了”。

我当校长时有过刻骨铭心的尴尬。中文学校借用大学一座大楼里的房间作教室，大学校长办公室也在这座楼里。孩子们课间在楼道上追逐、打闹，上下开电梯玩，把这楼当迪斯尼乐园。为此，我几次接到校方的警告信，要终止出借教室。我一面表示立即改正，一面要求家长严厉管教自己的孩子。哪知不少家长对我说，他们对孩子不是没有管，而是“管不了”，“实在是没法管”。

一天，一个家长当着孩子的面对我说：“你看，我这孩子是个笨蛋，大笨蛋。”我知道，家长所说多少有点玩笑的成分，但是依然令人惊骇。孩子是不是笨蛋，姑且慢说，如果孩子真的不幸成了笨蛋，我看多半也是家长的责任，家长大可不必当着孩子的面羞辱他们，应该找找自己的原因。

有一次，我在中文报纸上看到一篇配发照片的文章，报道一位获奖的优秀女孩，忍不住向女儿推荐。过不多久，女儿去参加一个荣誉学生夏令营，回来后对我说，真巧，她和那位女孩是夏令营的同学。女儿认出她来，对她说“我爸爸非常欣赏你。”哪知，这位女孩满腔怨言地说，那都是她妈妈的“Bullshit”（胡说）。她说，记者采访时，她妈妈一再“抢答”，加入很多夸张不实之词，她在旁边不好意思插嘴，也不想让妈妈下不了台。报纸对她的极尽赞美，基本来自母亲的“自我介绍”。实际上，母亲平时总是唠唠叨叨的，对她很不满意，给她很大的压力。妈妈的“两面派”表现，换来女儿一连串的 totally bullshit（一派胡言）的评价，实在可悲。

我曾听说某孩子作文得了什么奖，还有文章发表在报纸杂志上。可是，和孩子一见面，发现这个孩子并没有什么思想，后来才发现，原来很多作品，在发表或参赛之前，都已经得到了父母老师的“指导”，作品根本不代表孩子的思想和水平。

有的家长一手包办，帮孩子搞课题，拿出成果去领奖。也有的孩子写篇小文章，家长老师一起上阵，改得如花似锦之后，再找路子发表。接着，家长和学校又到处张扬，把成绩都归功于孩子。这种方法对孩子的成长实在无益，既有损父母老师在孩子心中的诚信和人格形象，对培养孩子独立的人格、自我思考能力和提高学业水平也无益。可叹这种现象并不少见，似乎还成为“正常化”。

高倩的《西方到东方》一书出版后，有的家长问我，你有没有帮着写？其中多少是你写的？20%？30%？可见，这种想法和做法，在一些人心里很是普遍。

《今日美国报》曾经报道说，不少儿童教育专家主张以“棒极了！”“了不起！”等夸张的赞美来教育孩子，以提高他们的自尊。实际上，即使年幼的孩子，也能分辨出大人言辞的真伪。

过分夸张的赞扬对孩子的培养是有害的，家长“贪得无厌”的过高要求，也会造成不良后果。家长对孩子的成就和表现应以客观的赞扬、准确的批评相结合。我在孩子的童年教育阶段，对她的赞美和批评既不含蓄，也不“两面派”，完全是以我设定的高标准，毫不含糊地表达我的看法。对孩子取得的“成就”和“成功”，给予无保留的赞美；有不足或者没有达到我的期望值，绝对是拉下脸，不绕弯子地狠批。

有位学生告诉我，很多父母都以为他们最了解自己的孩子。其实，孩子了解父母要超过父母了解孩子。正如上面说到的，即使年幼的孩子，也能分辨出大人言辞的真伪。同样的，孩子也非常了解大人的思想行为和内心世界。父母的言行时刻影响着孩子，父母的“两面派”做法更是直接影响孩子的成长。

在孩子的成长过程中，有时不得不当“两面派”，有时不能当“两面派”，怎么当，如何掌握，真得靠家长的智慧和个人修养。家长们一定要认识到，无论你扮演什么角色，都将产生相应的后果。

2. 全家克制爱好

初到美国，我常与电视为伴，对女儿的学习难免造成影响。为了实现她的人生规划，不使计划的系统性遭到干扰，我只有克制爱好，忍痛割爱，“戒”掉了天天看电视的习惯，此后10年间基本不看电视。要成功就要合理使用时间，舍弃爱好。为了孩子，全家都要克制爱好。

1986年我来美国以前，很少有机会看到美国的影视节目，记得像《教父》这样的著名大片还是在外语学习班里，作为内部教学片看的。来美国后，看电视自然成了我的一大享受。

我们都相信，要想了解美国，要提高英语能力，最好的办法就是多看电视。刚来美国时，我每晚与电视相伴，当时正热播安吉拉·南斯伯利主演的系列侦探片《书写谋杀》，这个系列片极为罕见地制作了200集，从1984年开始，不间断地播出了近15年。我在来美最初的那一两年间成了这个系列片的俘虏，几乎一集不漏地看下来。

那时我们住的是单卧室带客厅的公寓，电视机和录像机放在客厅里，女儿的书桌放在卧室内，客厅和卧室间只有一道门。只要客厅的电视机一打开，女儿就从卧室里钻了出来。这个片子我是鼓励她看的，因为我认为看侦探片有助思维，能开发智力。那时她虽然只有七八岁，逐渐地已经能够和我讨论分析剧中的案情。和小女一起看电视，还能展开讨论，个中的乐趣真是无以言表。她小时候，我鼓励她长大学法律、当律师，看侦探片对于培养逻辑分析及推理能力很有帮助，就如立志长大当科学家、工程师的，多看科教片、科学家传记一样。

不过，我对电视节目的兴趣不仅在于此，我是什么节目都看，而她显然也是爱好广泛。这就形成了一种局面：只要电视机一打开，卧室的门就像是被遥控似的，跟着自动打开。接着，她从门缝里悄悄钻出来，"没商量"地看起来。虽然看电视并没有很大害处，不过，我对她的人生可是有规划的，对她的时间可是有计划性和系统性安排的呀。所以我总是劝她回到卧室里，回到她的书桌边去。我说："进去吧，进去做你的事儿去吧。"她总是说："等一会儿，再等一会儿吧。"催急了，她会退到门边，手掩着门，眼珠子盯着电视机，眼皮都不眨，口里还是说着"再过一会儿，就一会儿啦！"

真是没办法。我知道，只要客厅里的电视机开着，女儿就没有办法集中精神做她的"事儿"。我已经为她规划了让她做不完的事儿。为了让她集中精神，我只能忍痛割爱，舍弃看电视的爱好。

要成事，必须要下决心，有坚忍的自制力！

我毅然决定，除了对她确实有意义的节目，我们大家一起看以外，绝大部分时间家里的电视都不开。实际上，后来可能是一两个星期才开一次。我也逐渐把兴趣转到读报纸和杂志上来。

这样的规矩一直持续了两三年，直到我母亲从中国来看望我们时才打破。我们相聚在美国，一家子过得很温馨，我也把给女儿安排的所有"事儿"都暂停了。

高倩对奶奶的感情非常深，虽然5岁来到美国，5年过去，她对奶奶的依恋不变。我想，这除了她继承了我的多愁善感和浪漫温情以外，和她读过很多高雅的经典名著有关。我相信名著对人的情操和人品的熏陶作用。

奶奶来到美国，白天一人闷在家里，到了晚上，一家子边吃饭边聊天。女儿是核心人物，聊起来没个完，一顿饭常常吃上两个钟头。

吃完了饭，再接着聊，她还喜欢拿奶奶开心，把奶奶当小孩子逗着玩。到了晚上八九点，往录像机里装入一盘连续剧，全家乐融融地围着电视机看起来。高倩从小精神就特别足，晚上故意和奶奶挤在一张单人沙发上，一看就是好几集，过半夜才睡觉。

没过多久，我母亲开始不安起来，她总是对我们说，她来了以后把我们的生活全搅乱了，特别是影响了高倩，让她没法安心学习。我母亲望孙女成凤之心比我更切。她不安和内疚的心情与日俱增，每天都唠叨着："不行，不行，我得回去（中国），我在这儿对倩倩影响太大了，我在这儿，她什么事儿都做不成。"她也知道，孙女有很多"事儿"要做。

我母亲因为担心对高倩的学习造成影响，加之挂念还留在国内的我的父亲，在美国只住了一个多月就执意要走。她一再说："只有我回去了，倩倩才能静下心来，过正常的生活，好好做她该做的'事儿'。"

我母亲是个思维清晰、深明大义的人，很多对孩子教育非常挂心的父母都没能像她那样，保持理智的头脑，明白为了子孙自己该做什么样的牺牲。

奶奶走后，我们的电视机就再没有开起来过，我在此后的多年里一个月都难得开一次电视机。女儿也看出了我的决心，好好地回到她的书桌上做她的"事儿"去了。女儿来美后的最初几年里，她所做的那些"事儿"对她以后成长的影响是极其深远的。

在一位朋友的家里，我曾经受他的诚恳要求，介绍我的家教经验。那位朋友对孩子不专心学习十分无奈。但是，这位朋友自己每天都离不开电视，回家第一件事就是开电视，之后接着上网，即使是"虚心"向我求教的时候，他家的电视机仍然还开着，眼睛不时瞄到屏幕上。我对他的唯一忠告是，只有当他自己有毅力把痴迷电视的习惯戒掉的时候，才有资格对孩子的学习习惯进行评说。他终于没能做到这一点，最后的结果也就可想而知。不过，对他孩子遗憾的结局，他总有一大套解释：人是不同的个体，每个孩子都是不一样的嘛。

很多人以为在美国只有多看电视，才能了解美国文化和社会，这种认识很偏颇。十几年前从报上读到,美国华裔劳工部长赵小兰自述,她就是在不开电视的家庭里成长起来的,最后上了哈佛,成了白宫学者,30 多岁就当上了交通部副部长,至今已连任两届劳工部长。了解文化和社会知识有很多方式和方法,电视上了解到的有时还是有限的,是经过过滤的信息。

成天在网上浏览的父母,别指望用大道理让孩子远离电脑、不痴迷网络和电脑游戏;常常待在电视机前的家长和坐在牌桌旁的父母,他们的孩子无所事事、没有生活目标是很自然的。家长的榜样是重要的。为了孩子的教育,家长应该检点自己,要有顽强的自制力,对自己的爱好应有所选择,而且全家老少都要一以贯之。

3. 该牺牲就牺牲

家长不能把自己的愿望强加在孩子身上，孩子应该享受快乐的童年。这个新的“皇帝新衣论”如今堂而皇之地在各种媒介上一统天下。可惜，多数家长正在实践的，既合情合理合法，又利国利民利己的“望子成龙”思想几乎噤声。

大人不引导孩子选择并走向成功，难道应该漫无目标、放任自流？大人难道有权为孩子选择失败？！

部分地“牺牲”童年的快乐并不可悲，可悲的是整个儿地耽误了宝贵的童年，浪费了童年的时光去做无谓和无用的事情。

“牺牲”童年短暂的“快乐”，获得一生的辉煌；还是享受“快乐的童年”，牺牲未来？您的选择是什么？您长大成人后的孩子更希望您早年为他们作何选择？如果明明知道，孩子走上的是牺牲未来的道路，不如“牺牲”一时，去换取一生。

为了一生长久的快乐，该牺牲的就牺牲。

有人认为，孩子应该好好享受一去不复返的童年快乐时光，而不是整天关在家里学习。女儿小时候，因为常被我关在家里而成为人们的笑料。

女儿当时写的一篇日记，记录了那一段从“野孩子”到被关在家里的“郁闷”。

我的朋友们经常跑上门来，叫我出去陪她们玩，爸爸却因为她们的干扰而总是不那么高兴。不过，因为我是爸爸的小宝贝女儿，我总是能说服他，让我出去和小朋友们玩一会儿。那时候，琳娜、金子和我都不过六七岁，我们三个人都有顽皮好强的特质，经常玩一些小孩子的把戏，比如说去敲人家的门，然后跑掉，或者躲在一个地方吓一吓过路的人。

我们那一伙有三个女孩和三个男孩，在一块儿玩得很融洽。每天放学后、周末午饭后总能看到我们在公寓楼路口的大草地上打球，这成了我们定点定时的活动。

我念三年级的时候，约翰从中国来了，我常笑他文静得像女孩，相反的，我自己却像个恐怖的女孩，经常折腾出一些麻烦事来。那时，我的很多朋友都有自行车，我也想有一部。然而，我的父母是很节俭的，（我的孩子：那是为了节省吗？）他们认为我并不需要自行车。为了买车的事我发了很多脾气，举出种种理由，其中一个是，约翰刚来美国就有了，而我至今还没有。我又是乞求，又是争辩。后来，我又提出，只要买一部旧的，他们还是摇头说“不”。

有一天，约翰对我说，他妈妈已经帮他买了一部崭新的自行车，他可以把旧车给我用。我为得到一部可以骑着到处跑的自行车而高兴得不得了。我们这一帮人组成了一个车队，从此整个住宅区的人们都能看到我们吵吵闹闹，疯狂地骑着车，绕着住宅区冲来撞去，就像一群野孩子。

没几个月，爸爸对我更严了，我一星期只能到外面玩一次。我的心简直都碎了。不仅如此，爸爸还给我布置数学作业。接着，又开始一个又一个的新计划，让我实在厌烦。

我不甘于这种现状，总是想办法出去。但是，爸爸一直在监视我，他是我的狱卒。我无事可干，只能忧郁地待在家里按他的指示办事。由于对没完没了的作业反感，我找到了另一种形式的娱乐，做我真心喜欢的事：读书。

从很小的时候开始，父母就鼓励我看书。当我还在一年级的时候，老师就给我们订了一个阅读计划，我总是让爸爸看我读的那些书，他也总是想办法鼓励我，一再问我书里的详细情节，如果发现我读得很懂了，他总要露出十分惊奇的样子。

因此，我常常在家里苦苦地等着他，然后读书给他听。

他这种鼓励方式大大刺激了我的阅读欲望，使我远远超出老师的要求，每天都要到图书馆去借书。很快的，我看完了图书馆里每一本书。没多久，我阅读的水平在班上已经是无人能比了。那时，我也许是少有的七八岁就开始阅读《傲慢与偏见》、《简·爱》等名著的小孩。对阅读的挚爱使我忘掉了不让我和朋友们一起玩的苦恼。我开始以一种无法想象的一天一本书的快节奏看起来。

朋友们常常来敲我的门，我总是对他们摇头说不。我知道，用不着问，因为不问也知道爸爸会说什么。过不了多久，谁都知道我是个不让离家的孩子。朋友们慢慢地也不再来了。

有一天，我终于憋不住了，要求爸爸妈妈让我出去，我甚至已经有很长时间没有呼吸到新鲜的空气了。妈妈似乎对我尴尬的处境感到挺歉疚，她说服爸爸让我出去走走。

那天天气真好，有的家长也跑出来和孩子们一起玩。索亚的妈妈向我走过来，接着就开起我的玩笑。我知道她是个女强人，有时还很烦人，我有点怕和她讲话。不过，这会儿，躲也躲不开了。

“咦，高倩，你爸爸总算把你从监牢里放出来啦？”她笑着逗我。

我觉得很不自在，装作不在意地回答她：

“监牢？啊？我不知道你在说什么？”

“我是说，你整天被关在家里啊！”她说。

“喔，没有啊”，我说，“我不是被关在家里啊，我有好多事情要做，为了以后的成功，我现在就要开始努力。”

她一时说不出什么话来反驳我，就走了。虽然我不喜欢每天留在家里，但我觉得，还是有必要捍卫爸爸的决定。我要让别人认为是我自己愿意待在家里，而不是被迫关在家里，所以我就脱口而出，说了一通爸爸一再给我说的那些大道理。

在那一段时间里，爸爸妈妈由于把我紧紧地关在家里而成为别人嘲笑的对象。每家人都笑我父母，因为他们认为孩子应该有他们快乐的童年，而不应该整天被关在家里学习。我父母也知道别人笑他们，但他们却从来不反驳什么。

爸爸总是笑着对我说：“你瞧着吧。”

没过几个月，我发现情况真的有了变化。现在只能看到极少的孩子在户外。学着我爸爸的样子，一家家都收紧了他们的绳索，孩子们被带回去严管了起来。

笑看着这个变化，爸爸又一次对我说，他的做法总是对的。

令我感动并且觉得很可爱的是，她在被“牺牲”了童年快乐的时候，还能理解那些“大道理”，还知道有必要捍卫爸爸的决定。

许多人虽然身在美国，对美国的教育还是了解得很皮毛。他们认为，美国学校学业轻松，华人孩子很容易脱颖而出。这种看法至今还在麻痹着生活在美国和其他国家的很多华人，使他们自我陶醉，对孩子没有很高的要求，不好好“管”孩子，最终形成大人孩子都感到遗憾的结局。人们普遍认为，美国父母对孩子不管不顾，任其自由发展，享受快乐童年，孩子也发展得很好。也许很多美国家庭确实是这样的，但并不全都这样。其实，就我所知，美国父母，特别是很多中产阶级上层以上家庭的父母，对孩子也有很严厉的。

美国学校每年都有开放日，那一天，家长可以到学校，挨个与任课老师谈话，了解情况。我注意到，女儿好友贝迪的爸爸每到这一天，都带着纸和笔，一个个教室地转。他可能并不和每位老师谈话，但是，他要到教室门口，认真地看墙上贴着的，按学生社会安全号为代号的成绩表，不但把他女儿的成绩抄下来，还抄下每个班上的最高成绩。贝迪说，他爸爸就是根据抄下来的成绩，和她“算账”的。她爸爸是毕业于斯坦福的博士，对女儿有很高的要求。

女儿考上哈佛以后，我太太的一个美国同事心理很不平衡。当时她已预感到自己孩子的前途不妙，非常焦虑。在这种微妙的心态下，她见到我太太总是很冷淡，但是，还是旁敲侧击地向她了解我们的一些“秘密”。不久，她下狠心卖掉住了多年的房子，从邻城布赖恩搬到我们住的大学城，租了个公寓，让孩子上了我女儿读的那所学校。美国的公立学校是按住址划分学区的，如同国内的划片招生。她为了孩子教育，下决心搬到比较好的学区，算个有心的美国“孟母”。后来，又听说他们家“发了疯”，把 3 台电视机全卖了！只留下 1 台收音机听新闻。全家铁了心，不看电视，奋力一搏。

美国人也这样？好像不可思议。下这么大的狠心，就是为了让孩子考上好大学！3 年后，有一天下班，她站在公司门口等着我太太，热情地和我太太打招呼、拥抱，很诚恳地道歉说：“过去很对不起。我要离开这里了，准备搬去加州住。我女儿高中这几年成绩很好，SAT 考了 1 500 分，她准备申请斯坦福大学。我确确实实要想对你说的是，谢谢你，是你们一家让我们学到了重要的东西。”

太太回来说这事，我一时感动得眼泪差点流出来，天下父母心都是一样的！

这个孩子后来如愿以偿地上了斯坦福，这件事也成了他们公司一直流传的、人人喝彩的经典故事。多亏她妈妈醒悟得早，决心下得也够大，和有些事后懊悔万分的家长比起来，他们是幸运的。

家长的抉择常常决定了孩子的前途和未来。在人生的重要关头，父母的决策可能影响孩子的一生。

在一次宴会上，我见到一位以前共事多年的老同事，他的 3 个孩子和我女儿年龄相若，从小在一起长大。久别重逢，我们都很兴奋。问起他的两个大孩子，多少岁了？一个 19，一个 21。我说，都该上大学了，在哪儿读书？不想，他吞吞吐吐道："哦，还没有，该上了，是该上了。"一时涨得满脸通红，十分尴尬。他是一位典型的提倡孩子应该自由发展、不该牺牲童年快乐的人。他曾经以自己的亲身经历告诉我，父母没有管，自己也能成才。他出身于纽约的贫寒家庭，父母没有受过大学教育，他完全靠自己一步步努力，拿到博士学位。他可能还记得我们之间的争论，所以觉得挺尴尬。

一位美国朋友回宾州的高中参加毕业 10 周年校友聚会，回来后最大的感触就是，高中时代最"酷"的人，现在都不"爽"了。在美国高中，最酷、最讨女孩子喜欢的是那些能够赢得掌声的运动员。仅仅过去 10 年，当年能够呼风唤雨的英雄，如今在校友聚会上备受冷落；那些认真读书的人，现在却志得意满地侃侃而谈。当年的啦啦队员们，现在也都"移情别恋"，围着"书呆子"们转。10 年时间，斗转星移，世道全变了。这是那位朋友发出的深深的感叹。

无论中国人还是美国人，天下父母心都是一样的！孩子要不要管，每个家长都可以根据自己的判断来决定。无论在美国还是在中国，享受童年的快乐是应该的，个人自由绝对是需要的。不过，社会上的游戏规则也是存在的、公平的。孩子今后在这个规则下能不能顺利玩下去，很大程度取决于家长。家长如果糊涂了、疏忽了，可能就"牺牲"了孩子的未来。

不少孩子长大成人以后，对父母没有培养他们的职业意识深感无奈。其中，最遗憾的是小时候父母没能有效地"管"好他们。我接触不少来美读书的留学生，他们都很感激父母在关键时刻"管"了他们，才使他们有了今天的骄傲。

家长不能把自己的愿望强加给孩子，孩子应该享受快乐的童年。这个新的"皇帝新衣论"如今堂而皇之地在各种媒介上一统天下。可惜，多数家长正在实践的，既合情合理合法，又利国利民利己的"望子成龙"思想几乎噤声。

送四五岁的孩子上幼儿园，送六七岁的孩子上小学，要求孩子读中学，希望孩子上大学，都是父母把自己的愿望“强加”在孩子身上，“牺牲”孩子童年“快乐”的强制行为。

很多人对“童年的快乐”和对“人性化”的认识与文明社会的基本要求相悖，和现代社会的基本规范相违，在全球化的高端竞争中远远落伍。

美国各州的“义务教育法”规定，6 至 16 岁的孩子必须到学校上学，或者有计划地“在家上学”，接受同等学力教育。如果没有上学，父母要被起诉，这些立法都是完全“不尊重”孩子的个人意愿，强行剥夺孩子“童年快乐”的体现。它并不考虑很多孩子根本就不喜欢上学、不愿意读书学习、不喜欢吃苦的本性。但是，这些“粗暴”的“强制”行为都被文明社会认为是合理合法的；甚而至于，不如此实行却是不文明、不合理和非法的。可见，强迫孩子接受大人的愿望，把大人的意志强加在孩子身上，并不都是落后的、不文明的和不人道的行为。相反的，如果明明知道孩子“不作为”的“快乐童年”将要导致终生的压抑和失败，要导致未来个人、家庭的长期痛苦，要导致社会整体素质降低，要导致社会不稳定，乃至对社会产生危害，为什么还要任其满足童年短暂的“快乐”呢？

大人不指导孩子选择并走向成功，难道应该并且有权为孩子选择失败？！

“牺牲”了童年的快乐并不可悲，可悲的是整个儿地牺牲了宝贵的童年，去做无谓和无用的事情！

“牺牲”童年短暂的“快乐”，获得一生的辉煌；还是享受“快乐的童年”，牺牲未来？您的选择是什么？您长大成人后的孩子更希望您早年为他们做何选择？如果明明知道，孩子走的是“牺牲”未来的道路，不如“牺牲”一时，去换取一生。

为了一生长久的快乐，该牺牲的就要牺牲。

4. “合理”的高标准要求

要知道孩子在想什么、干什么，否则对孩子的教育是谈不上的。了解孩子的思想行为，随时调整要求，使之更切合实际。对孩子严格要求的同时也要给孩子一定的活动空间。对孩子的要求应该合理，不合理的牢狱式的管教只能束缚孩子的身体却不能束缚他们的思想，相反的，他们会以不当的方式进行对抗。

有一段时间，我发现女儿的书包里总有几本流行小说，我对女儿说，你还是少看那些东西吧，那些书看了没什么用，从现在开始，你只能看经典作品，因为看通俗作品对提高思维能力、英文水平意义不大。以后不允许书包里再出现那些书，只能是名著。

这是我定下的规矩，她勉强答应，不过，看起来不服气，后来，她这样写道：

爸爸似乎什么都要从我手里夺走。他开始不让我看书，总是想给我布置别的什么任务。我很沮丧。我天生就有一种反叛的性格，我认定，我没有理由听他不合情理的指令。

我开始假装做数学作业，而实际上是在读书。我坐在卧室的书桌前，爸爸通常坐在客厅的沙发上看报纸。我总是在书桌的抽屉里放一本书，然后偷偷摸摸地打开抽屉看书，只要听到外面有什么动静，就急忙关上抽屉，装作是在做数学题。

这个骗局一直演到我上三年级的那个夏天，虽然发生了几次他进屋来我正好把抽屉关上的惊险场面，却从来没有在“现行”时被捉获。

使我的这一骗局能够一直上演的唯一理由是因为我总是能按时完成数学作业。我约束自己，只要看了20页书，就一定要做十几道数学题。这样，我学会了快速地解数学题。爸爸从未发现我能那么快地做题，因为我仍然装作还是以前的速度。这样，剩下的时间就是我自己的了。

暑假来临，我高兴至极，我知道，这意味着我将有足够的时间阅读。我更容易耍爸爸啦，因为他早8点上班，晚5点下班。在这一段时间，我大可轻易地看一整天书。

爸爸早上8点一走，我就起床。不过，我总是暗示他，我可能会起得比较晚，这样我又有了多下来的几个小时可以看书。虽然爸爸妈妈认为我很懒，睡得太多了，我无所谓，也不想说明，因为我实在觉得看书比改变他们对我的歧见重要得多。

我对这种不诚实感到内疚，但还是不能摆脱。我只是想，至少要能够做一件自己最喜欢的事情。我对于要被人看管感到非常难受。在那一段时间里，我也感到很奇怪，为什么这个骗局一直没有被揭穿。因为一直以来，只要我做错了什么事，爸爸总是会发现并指出的。

后来，也就是几年前，我才发现，其实爸爸对我的这个小诡计了如指掌。事实上他早就开始侦察我。因为他猜我一定有什么事瞒着他。那时，他什么也不说，他知道我的反叛心理。如果我知道他让我看书，我也许会中断看书的热情。

一直到了几年前，当我告诉他那些年的往事时，他才说出真相。他听我说起那些诡计时，笑着对我说，他早已什么都知道了。我想到这么多年来一直被蒙在鼓里就觉得好生气。只有中国的父母才会策划出这样的勾当。在好的美国家庭里，父母认为诚实是父母与孩子关系的重要因素。

如果对孩子的要求过分、不切实际、不合情理，孩子就难免做出不诚实的表现，这也是我发现以后自我反省并立即纠正的原因。

记得我小时候，父亲也常逼我多练数学习题，他给我准备了练习本，要求我每次做练习前写上当天的日期以备他检查。我父母周末外出时把我搁在家里，给我布置的任务还是做数学题。我常常不按他的要求做，而是在页首写上日期，将以前做过的数学题随便抄下几页，就去邻居家里玩，估算时间差不多，赶在他们到家以前躺到床上装睡。

那天，是个周末，我外出前，看到女儿正在做代数练习。也不知怎么了，我走到停车场上就站住了，心想女儿会不会也像我小时那样蒙她爸。我坐进车里，开车绕了一小圈，又回到原处，下了车走回自己的公寓楼下。

我住的是二楼。通往二楼的楼梯上方有一块水泥板。我上了几层楼梯，双手抓住这块水泥板，一个引体向上，跳了上去，再侧身翻过一堵隔墙，就上了我家二楼的阳台。我透过百叶窗的缝隙，往屋里望，高倩正悠然地看着小说。我观察了一会儿，不发一点儿动静，悄悄地循原路撤离阳台，轻轻地跳回地面，再“噔噔噔”踏上楼梯，到了家门口，敲着门高叫：“高倩，开门。”等了一会儿她把门打开，面色略显尴尬。我告诉她忘了带东西才折回来，闭口不问她刚才在干什么。

她又坐回到书桌前认真地做起了数学习题，好像什么都没有发生过似的。我也装作若无其事的样子，随便拿一样东西离家出门。

傍晚回家后，我仔细检查她的习题本，发现她倒是规规矩矩地按书中的习题顺序一直做下来，没有像她老爸小时候那样投机取巧。看来为了能看她自己想看的书，她很注意效率。

这件事使我反思我对女儿的要求是否适当。其实当我在阳台的窗缝里看到她在看书时，随着瞬间的震惊，接着就是一阵忏悔。

我一直以为我和女儿的思想交流很充分，她是乐意只看经典文学作品的。我忽略了她毕竟还是八九岁的孩子，有她的朋友圈子，圈里的话题当然不会是古典文学。她们之间的话题自然是电视、电影、影星、歌星、名人名流，还有男孩女孩。让她与流行图书隔绝无异于让她和朋友没了共同语言。

高倩自己从小有很高的抱负，然而，阅读通俗读物无论如何都是符合儿童的心理需要，是合情合理的。她的愿望被我制止，成为硬性的不合理规定，她就只好秘密对抗。

我很庆幸有这个“知”她的机会，我也是从小长大的，自己的经历帮我悟到孩子的心理。

几天以后我借机和她谈起看书的事情。我说：“其实爸爸以前说只许看经典文学是不对的，现代文学作品里也有很多是可以看的。现代作品离现实更近，描述的就是身边发生的事情，读起来有如身临其境，与同学们可以交流的话题也更多。”

我只字不提对她的突击“侦察”。好多年以后，我才告诉她，笑她的诡计早已被我识破，只是没有揭穿而已，气得她直捶我的背。

通过这事使我感悟到家长对孩子高标准、严要求的同时，也要给他们一定的活动空间。对孩子的要求应该合理，不合理的牢狱式的管教只能束缚孩子的身体却不能束缚他们的思想。相反的，他们会以谎言欺骗和其他不当的方式对抗。

在孩子的教育过程中，很重要的是要知道孩子在想什么，在干什么。如果不清楚孩子的动向，对孩子有针对性的教育是谈不上的。了解孩子的思想行为，随时进行合理的调整，使之更切合实际，是很重要的。

5. 为孩子创造机会

一学期的中文学校结业了，我自己编印的中文学校校刊让学生们和女儿写的中文文章有了发表的地方。我创造的这个机会对孩子学中文起到了很大的促进作用。

1992年大学城的留学生们创办了一个中文学校，这可能是中国留美学生办的最早的中文学校之一。次年，我应邀当上了校长。我决定扩大招生，另加舞蹈班、美术班和竞赛数学班。大学城里人才资源丰富，我没费什么劲就找齐了教师，其中不乏正在攻读博士、硕士学位者。他们个个都表示不在乎报酬，其淳朴真挚，让我感觉回到了雷锋时代。

教美术的女老师已获艺术硕士，教舞蹈的老师曾在体育院校学艺术体操，"讲故事"班的老师是北大毕业的博士生。我还请了声望非常高的施教授，让他教授"竞赛数学"。

施教授来美前是浙江大学数学系的教授，1978年起就与"数学竞赛圈"打交道，1990年第31届国际数学奥林匹克竞赛在北京举行，他应邀为中国国家集训队办讲座、选拔选手，并为该竞赛命题以及做竞赛期间的裁判。我请他教五至七年级学生的数学，只"一顾茅庐"，他就欣然出马。这个班最多时共有14个孩子，其中有两位后来在全美数学比赛中进入前100名。当年这个班里的学生，后来不乏上哈佛、斯坦福、麻省理工、加州理工的。有的大学毕业后到麻省理工、哥伦比亚、伯克利、普林斯顿大学读博士,还有在华尔街投资银行工作的。

中文学校暑期班开张了一个多月,我就忙着张罗举办一个结业典礼和出一本校刊。这本校刊可能也是祖国大陆旅美学人办的最早的中文学校校刊。

我布置各班老师请学生给校刊投稿,学生们听说自己的"作品"能够"出版",兴致和热情非常高。你写一篇,我写一篇。家长也不甘自己的孩子示弱,极力鼓励孩子参与,这也算是中国特色吧。学生、家长通力合作,没几天时间,我就收集到了足够编一本校刊的稿件。我又四处征集广告,凑够了印刷费用。接着,请美术老师设计封面、封底,我自己设计了所有的版面。孩子们的错别字和语法错误都保留了原样,这样可以真实地反映他们学习的过程。每篇作品旁边还配了作者的照片,显得很生动。

女儿嫌手写中文麻烦,用中文软件打字,以《我亲爱的中文学校》为题,写了一篇文章发表在这期校刊上。到了秋季班结业,她特意手写了另一篇文章,以《另一个可爱的地方》为题,发表在第二期校刊上。中文学校为孩子学习汉语言文学创造了条件,我创办的校刊对孩子们使用中文起到了一定的促进作用,也刺激了女儿学中文的积极性。

另一个可爱的地方

我这学期只上一节课，上什么呢？上数学课啊。我听说有文章比赛的时候我马上就想，要写什么呢？再写中文学校多好吗？那可能不行吧。如果你没看我上学期写的文章，那就对不起了。但是如果你问看到的人，他们肯定会说特别好。Just Kidding!

我最后想了一想就决定另写一个经验，就写我在约翰霍普金斯大学(The Johns Hopkins University)的经验吧！我是五年级就听说有一个program叫CTY(Center for Talented Youth)，但是我那个时候已经太晚了。我那年就誓六年级一定要去。所以今年四月，我就申请了。申请的时候，我还寄去一封信，一篇论文，一份简历，SAT成绩单和老师的推荐信。

六月份我收到回信，我录取了，而且他们给我一个全额奖学金，包括飞机票，学费和所有的费用。那几天都是我去开信箱。拿到信的时候，我高兴的要死。在信箱旁边，我就开始大叫起来，接着就大喊大叫的冲进家里。然后就在地上滚来滚去，爬来爬去，把我爸爸吓坏了。后来，爸爸看了信以后，他也跟我一起叫，一起爬。

一九九三年七月，我坐上飞机飞到Baltimore。那三个礼拜里，我交了很多朋友，也学了不少东西。每天早上，我们去上课，跟星期天中文学校上课时间差不多。我们每天就只上数学。我们的课是叫Math Reasoning.

从早上上到下午，下课以后我们可以作很多事情：游泳，跳舞，打球，练乐器，还做其他事情。娱乐期间就是交朋友的时候，晚上非要我们九点半就关灯睡觉。

有一天早上，上完课，走在路上，我碰到一个中国教育代表团来访问。很有意思的就是，他们一边走，一边问我问题，最后还问了我的名字。那时，我不知道为什么他们想知道我的名字。那天晚上，老师叫我去楼下。我还以为出了什么事，原来是他们想让我跟他们吃饭。我下去跟他们一起吃了饭，还聊了天。

我最伤心的就是离开朋友们的时候。那天是我最高兴也是最伤心的一天。我想，你已经知道了，除了中文学校以外，CTY是另一个可爱的地方。

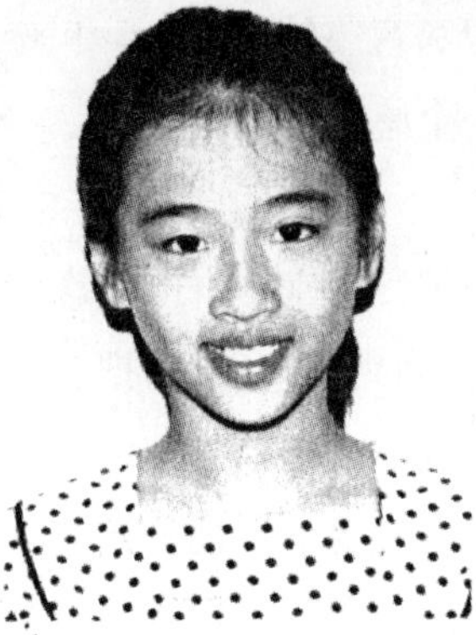

高倩

↑　发表在中文学校校刊上的作文（12 岁）

6. 珍惜、欣赏孩子的成果
——从日记到出书

高倩根据中国40天寻根之旅的见闻感想，写出了300页的文稿。我珍惜她的劳动结晶，把文稿装订成“书”给朋友们分享，并设法正式出版。这大大激励了她的写作热情，对她进一步奋发努力起了重要的促进作用。

1992年底，我们出国6年之后，酝酿第一次回国探亲。

对高倩来说，这是热望已久的寻根之旅。她出国时还只有5岁，来美这6年间，在我们有意识的反复提醒下，她对中国故乡还保留不少认识和童年的记忆。6年来，我对她在文学艺术方面的培养，已使她成为一个感情丰富的女孩。

一谈起回国，高倩总是兴奋不已、迫不及待。我利用她这种急切的心情，跟她讲条件：这次回中国，一路上要写日记，把每天的活动都记下来，回到美国以后，把它整理成文，打印装订成册，留做永久纪念。我们达成了“协议”，回美国后，要写个长达三五十页的总结报告出来。

我要求她把日记整理成文，既是为了让她了解中国，也是为了锻炼她的思考和写作能力。

她显得非常兴奋，写作对她来说不是一件难事。文学作品的熏陶、童年记忆中的亲人、寻根的渴望和对祖国的向往，交织成她炽热的激情——只要能够去中国，她就很高兴！我把她的胃口吊得高高的。

那时候，笔记本电脑还很稀罕，我毫不犹豫地为她买了一台，让她带在路上写作。

回到美国后，她一开始写作，就一发不可收。通常是每天开始写作之前，先看看她的笔记本，有时查一查资料，甚至到图书馆借书参考，接着就在电脑上劈里啪啦打个不停。她写前面几页的时候，打印出来还让我看，我读了以后不断地鼓励她，也和她讨论其中的内容。不过，几天以后，她就不让我看了。她认为，在写作过程中，如果有人对她写的东西说三道四，会产生干扰。她认为，应该自由地按照自己的思想、感觉和风格来写，那才能真正体现出自己。她的性格是既开放活泼又十分倔强的，在这个问题上绝不肯让步。无可奈何，我只好按捺住好奇心，耐心等待。

终于，有一天她说可以让我看了，打印出来有 80 多页。那个晚上，我一口气读完，兴奋得睡不着觉，凌晨两三点钟翻身起来，找出我在这趟旅行中拍摄的三四十卷照片，从中挑出与她所写内容相关的，又把她写的日记打印出两份，凌晨三四点出门，开车往 24 小时服务的复印中心而去。到了复印中心，我把照片插到相应的章节中，再配上一张高倩站在圆明园废墟上的照片作封面，装订起来，很像是本"书"。

回到家时天已快亮，第二天早上，送一本到我的朋友小陈家，另外带一本到办公室，给我的同事彼康博士和桑坦德博士看。

两三天之后小陈跑来，进门就喊："出版，出版，快出版！"他是学海洋气象的博士生。他把稿子给一个美国学生看，那学生虽然学的是海洋科学，却在一边写博士论文一边写小说。据说他把那册子一口气看完，就对着小陈大喊："出版，出版，够出版水平了！"难怪小陈进了我的家门就喊。高倩在一旁微笑，她说在中国的时候，就想到要出版自己的日记。

有几位中国留学生告诉我，这本小册子他们是彻夜不眠地读完的。

当时互联网还没有普及，留学生出国几年没有回国，通过高倩的日记，渴望从一个侧面了解当时的中国。

在美国出版女儿的英文日记，多遥远的事！我没有多大的信心。可是，高倩每天放学一回家，就聚精会神地在电脑前写作，到了 1993 年底，她已经打出了 300 页的文稿。如果不能出版，肯定会打击她的积极性。

我到书店买回几本有关出版的书，《如何快乐出书》、《作家市场》等。不看不知道，一看心情就沉重了。原来美国出书不容易。在美国想出书的人成千上万，《作家市场》里列出的 4 000 多家出版社中，书稿的接受率大多只有 10%多一点。

我要求高倩把稿子再润色一下，可是她说，不能再改了，如果年复一年地改，感觉就不一样了，就不是十一二岁人的思想了。她说得也蛮有道理。到了 1994 年初，抱着碰碰运气的想法，我给在旧金山的中国书刊社（China Books & Periodicals, Inc.）挂电话。

接电话的王编辑是个中国人！他让我把全稿寄过去。我赶忙回家打印出书稿，用快递寄往旧金山。想不到，第二天下午两点，王编辑就挂电话来："我们已决定出版高倩的书，你什么时候来签合同都行。"

真是不可思议！我迫不及待地买了机票。

旧金山和休斯敦有两小时时差，到达旧金山机场时，天还未亮。6 月初夏，旧金山凉意沁人。我躺在宽敞冷清的候机厅椅子上，等着天亮以后乘车去出版社。身着单衣的身体贴在冰冷的椅子上，不禁打了好几个哆嗦。这个窘境不知怎么地，就让我想起了以前初中语文课本里学过的那篇《梁生宝买稻种》。与我现在的处境比起来，梁生宝进城还能"吃一碗汤面，再喝两碗面汤"，实在奢侈。

从旧金山回到大学城，整个晚上的话题都是有关出版社、出版社的创办人亨利诺依斯和他写的自传《生于中国》，以及我从出版社带回来的很多有关中国的英文书。以后好几天，高倩还刨根问底地向我了解种种细节。这次出书的经历确实让她很受鼓舞，对她以后的成长影响深远。

《西方到东方》出版后不久，休斯敦最大的英文报纸《休斯敦纪事报》在它的周刊 Yo! HOUSTON 里把高倩作为封面人物介绍。她的照片显著地登在当天《休斯敦纪事报》头版右上角的报眼上。照片旁边的黑体字写着："亚洲之根，小得州佬高倩计划写她第二本有关中国的书。"这份周刊封面以《青年作家在中国寻根》为大标题，用整整两个版面来介绍，内文的大标题是《传播她的根》，意思是传播她的中国文化传统。

高倩上了大学以后，她自己对这本书总是抱有羞于见人的想法，从不对人谈起她写过书。有一次我们和她的几位哈佛同学在北京的友谊商店里逛，有位同学在店里偶然发现了这本书，刚拿起来，高倩打个岔，一把就将那位同学拉到其他地方去。

我珍惜和欣赏孩子的成果，在高倩写作和出书的过程中，我花费了很多时间、精力。图书的出版，大大激励了女儿的写作热情，成了她进一步奋发向上的助推器。

7. 教孩子感恩

——给老师们“发奖”

教师对社会、对每个家庭的贡献影响深远。他们是社会上的一个伟大群体,这些陪伴孩子走过人生重要路程的人所做出的奉献,值得我们永远感激和感恩!

有感动就要感恩,教孩子知恩、感恩很有意义,这对培养他们的情感和品德至关重要。

1993年初夏,高倩即将从橡木学校六年级毕业。回顾她这两年的学习生活,我们非常愉快,也十分满意。

她在橡木中学遇到了几位很好的老师。有的老师对孩子简直就是过分放纵。在万圣节时,为了筹集学生的活动费用,学校到外面租来一头猪,女教师当着学生的面亲吻猪,为的是让学生捐几美元,如果多捐20美元,还可以请女教师拍一张和猪亲吻的合影,让学生把放大的照片带回家,挂在墙上,有的学生因为喜欢看老师“出丑”,才花钱买这个照片。募集的这些钱,都是用于学生的活动,真难为了这些老师。

有一次,英文课要写一个长篇,女儿告诉我,她写的是侦探小说,打印出来有二三十页。看她写得兴致勃勃的,我忍不住拿来读了一下。悬念设计得倒是满精彩,只是故事的主角和她老师同名同姓,是个荡妇加谋害亲夫的杀手。我一时愕然，问她，怎么把老师的名字拿来胡写。她笑说，就因为这样，学生们才喜欢写。因为五六年级一般不要求写那么长的文章，老师让大家这样做，就是为了刺激学生的写作热情。学生们觉得把老师描述成丑陋不堪、无可救药的大坏蛋是非常好玩的事。老师想出这个点子，把自己的名字作为反面人物，刺激学生写作的激情。老师把稿子收上去后，看到写得好的，还要在课堂上念一段，给学生消遣。据说，她在课堂上把女儿写的故事朗诵给大家听，时而扮鬼脸，时而大笑，学生的情绪很高，想必是收到了她所期望的教学效果。这位教师，真是具有令人钦佩的自我牺牲精神。

女儿还谈起有位西班牙裔教 GT 课的女教师。GT 是 Gifted and Talent 的简称，就是“天才和智慧”的意思。GT 课的内容非常广泛，有社会、政治、伦理、法律以及科普等。这门课没有课本，老师每天上课提出一串问题让学生们讨论、争辩，老师仅仅加以引导，介绍有关的理论根据和思维方式。这是一堂天天上的课，我常从女儿那里听到很多事情。谈起这门课，自然也谈起老师。这位老师从小在纽约的贫民区长大，上的是个风气不好的公立学校，在那里，好学生是要挨坏学生揍的，有时甚至还要挨刀子。因此，她常常不得不把作业写得差一些，以减少麻烦。

大学毕业以后，她来到了这个文化气息浓厚的大学城任教，决定献身于这儿的教育。然而，教师的待遇是不高的，她经常过着捉襟见肘的日子。与学生打成一片的她有时对学生说：“唉，还要两天才发工资，我只剩下几块钱了，这两天我只能靠吃炸薯片过日子，要熬到发工资才有饭吃。”对于刚步入教师生涯的年轻教师，他们的收入除了付房租、汽车贷款和偿还大学期间的教育贷款外，当然是所剩无几。再加之年轻人花起钱来计划性差，可以想象她的窘况。但是她以这样清贫的生活水准为孩子们提供了高质量的教学，让我非常感动。

另一位老师琳达·威廉姆斯太太教高倩的数学，是“天才”项目的指导老师，还是数学竞赛的教练。她对高倩疼爱有加。那一年，她带着

← 获得地区数学比赛第一名后和数学教练威廉太太合影

学校数学比赛队去参加地区数学竞赛,高倩拿到第一名的奖杯。那一次,我专门开车赶到150公里外的赛场去助威,为她们拍了一张高倩手捧奖杯的合影。后来,高倩申请约翰斯·霍普金斯大学天才少年中心的奖学金时,她为高倩写了非常有力的推荐信。

幸运的女儿生活在这么好的环境里,有这么好的老师,不但生活快乐,还学到许多书本上学不到的丰富知识,老师的献身精神以及对孩子真挚的爱实在令人感动。

高倩说,离开学校我很高兴,说明我长大了;但是,离开这些老师,我很难过。她在计划着,要给老师们每人送一张感谢卡,写上她的真挚谢意,写上她的依依告别辞。

我说:"慢,这还不够。"

我任中文学校校长时,曾为优秀教师颁发奖牌。所有获奖者都是人生第一次领到具有西方风格的精美奖牌,个个兴奋异常。

我决定以高倩的名义给老师们每人订制一面"奖牌",我把想法对高倩说了,她很高兴但又略有迟疑。我知道她一定在考虑,这要花不少的钱,我们平时是很节省的。我说,教育是人生中最重要的一环,你在这儿受到这么好的教育,我深深为这些老师感动。我们离开了,他们还在这里年复一年地做着平凡的事,我们怎么感谢都无法偿还他们的付出。高倩看我主意既定,激动地抓着我,大叫:"Daddy,我好 exciting(激动）啊！老师们一定会非常高兴！”

离学期结束只有几天的时间了，我赶到专门制作奖牌的公司加急定制。8块“奖牌”于学期结束的前一天按时取到。

学期的最后一天是同学老师们互相道别、互赠小礼品的日子。高倩提着一个装满“奖牌”的提包穿梭于几个教室之间。收到意外礼物的老师们既感动又兴奋。有位老师对她说，我当了这么多年的教师，还从来没得过奖，这是我得到的第一个Award，我要把它挂在最显眼的地方。

给威廉姆斯太太的那个“奖牌”略有不同的是在奖牌上方嵌上了高倩手持奖杯和老师的合影。照片下方的金属牌上刻着：

> 亲爱的威廉姆斯太太：
> 谢谢您为我所做的一切，
> 我会永远记住您的献身教育的精神！
> ——倩

威廉姆斯太太拥抱着她，对她说：“我要永远把它挂在我的教室里，我要告诉学生们关于你的故事。”

多年以后，高倩回母校去看望她，这块“奖牌”仍然挂在教室的墙上。老师见到她，总是指着这块牌子对在场的学生说：“这就是倩，就是我给你们说过的那个倩。”

无论在美国还是中国，中小学老师都是一个低收入、大工作量的群体。他们对社会、对每个家庭的贡献影响深远。他们是社会上的一个伟大群体，他们为基础教育所做的贡献是非凡的。不过，仅有感动是不够的，我们应该永远感激他们的奉献，感激这些陪伴孩子走过人生重要旅程的人。应该永远、永远地感激和感恩！学生们不但要常回家看看父母，还要常回学校看看老师。

有感动就要感恩。从小培养孩子懂得感恩，是塑造孩子优秀品格的重要一环。

8. 让孩子体验艰苦
——一起“拓荒”，盖房子

在大学城买一块地，在这块土地上自己动手，和孩子一起伐木、造房。这对她来说是人生独特的一课，是书本知识无法替代的。在这方面，我从不吝啬她的时间，不担心因此影响她的学习。她也很理解我传输给她的“靠自己的努力去获得优越的生活条件”的人生启示。

做父母者可以竭尽所能地为孩子提供最好的学习和拓展人生的条件，但是，却未必要，甚至一定不要为他们的孩子提供最优越的生活条件。

让孩子从小多了解社会，体验艰苦，他们才会变得成熟、坚强。

大学城的文化氛围和工作环境使我决定在此定居。1992 年，我们打算盖一座房子。我有自己动手的癖好，所以，一家人商量后，决定自己动手盖房子。我们买了一块地，实际上是一片小树林，一日之间从无产者变成了美国“地主”。

走进这块长着 100 多棵大小橡树的小树林，犹如走进小小的童话世界，不禁想起女儿小时看得如醉如痴的《小木屋》系列小说。罗兰·英格斯怀德在美国南北战争结束后出生于威斯康星州，从小随父母驾着马车四处迁移寻找垦地，先后住过威斯康星州的大森林、堪萨斯州的大草原、明尼苏达州的梅溪畔等。到了65岁时，罗兰花了10年时间把她早年的经历写成了9本书的《小木屋》系列。她住过的小木屋如今已成为著名的观光景点，许多家长带着孩子去那里凭吊，感受先人们当年艰辛的垦荒生活。

小时的女儿多次读过这一系列小说，读到高兴处，常常左手提着书，右手比划挥舞着，围着我踱来踱去，带着饱满的感情大声朗读给我听，“逼”我和她一起分享这新奇有趣而又惊险艰辛的故事。这部不朽之作不仅让很多少年儿童了解到美国早期的自然生态、生活情景，书中对于父母、手足亲情、世间温暖人情的描述以及对家庭教育的重视，还能使孩子受到潜移默化的影响。我强烈感受到女儿从这部小说中得到了深刻的人生感悟以及由此而生的成熟思想。

这就是书的力量！这就是为什么我极力推崇孩子们从小就大量阅读著名文学作品的原因。这个系列故事让人们既对前途充满希望，又体会到人生常常不得不面对不可预知的危险与挑战。

如今，我带着太太和女儿在美国的土地上“拓荒”，我们将要动手建设自己的家园。不同的是，我们建造的不是原木屋，而是现代化的舒适的别墅大房子。

女儿一会儿采个野果，一会儿摘片树叶，蹦蹦跳跳地和松鼠追逐，她还没有想到，我们将要面对的是怎样的挑战、是怎样的辛劳。

我要做的头几件事就是测量土地，设计房子的图纸，规划房子的坐落，再把房子位置上的树砍掉，把房子以外的树尽可能多地保留下来，好让房子周围环绕着树木。我们开着刚买来的卡车，带着长皮尺，先把这块土地丈量了一下，再与土地资料核对，找到了深深埋藏在土地四周、代表地界的铁棒。女儿高兴地奔跑着帮忙。

女儿一直是我的耐心助手。一开始，我们每天下班或周末都带她到工地上来看看。她和我一样，每次来到这儿总有一种浪漫的垦荒者的骄傲。我觉得，这对她来说是人生美好的重要的一课，这堂课是很多书本知识无法替代的。

↑ “拓荒者”又伐倒了一棵树

所以,在那些日子里,我早“忘”了给她安排的“事儿”,从不吝啬她的时间,从不担心我们“拓荒”、盖房会影响她的学习。

她对这块地总是抱着浓厚的兴趣。这个小树林子里的树,红色的野果,上蹿下跳奔跑追逐的小松鼠,多像是童话里的场景。对于喜欢文学、思想感情浪漫的女儿,这一块小林地似乎有很多的蕴涵,她对这一切很陶醉。我从心里感到非常高兴,高兴的是女儿和我一样,对于我们家自己动手盖房子的理解不是仅局限于省下了多少钱,而是有很多无可言喻的内涵。不过,在整个盖房过程中,她并不都是处于轻松兴奋的状态,我偶尔也让她做一些不那么浪漫的活儿,比如,抬钢筋、挖土,这些没有人会打心里喜欢干的苦活儿。

我常想,盖房子的经历一定会成为女儿人生旅途中最强烈的记忆。多姿多彩的人生不正是无尽知识的来源吗?

我准备好自己充当盖房子所需要的几乎所有角色,包括建筑商、设计师、采购员、木工、电工、内装修工、油漆工、水暖工、搬运工和清洁工。这个想法看起来很疯狂,不过,我已经作了很多技术上的准备,买了一些与盖房有关的书,有如何当建筑商的,有关法律的、电工的、木工的,等等。

我自己设计、绘制蓝图。我把女儿的卧室设计在客厅后面的走廊的最尽头,与主卧室和饭厅、厨房远隔近 20 米,为的是让她的房间与客厅和饭厅保有最大的距离,有最安静的环境。设计的时候,房子每一处的位置朝向、每一间的大小我们都要反复推敲;而且,常常为了一点异议而争论不休。关于我们在房子设计上的争论,女儿后来还写成了一篇大学申请论文,有位大学校长甚至亲自在来信中表示,她的文章写得很有意思。在卧室的设计上,我刻意把女儿的房间面积设计成最小的,室内的衣柜也是最小的。虽然和其他房间相比只是略小一点,但是这个敏感的鬼灵精从我正在绘制的图纸中马上就发现了,她既谅解,也很理解我的用意。

她对我说:"That's OK,我有个朋友家里很有钱,大豪宅里大多数家具都很高级。不过,他的房间很小,里面的家具全都是旧货。他爸爸对他说,你应该靠自己的努力去获得优越的生活条件。"

实际上这不正是我苦心对她的暗示吗?我认为,做父母者可以竭尽所能地为孩子提供最好的学习和拓展人生的条件,但是,却未必要,甚至一定不要为他们的孩子提供最优越的生活条件。

女儿幼时有几位亲密的美国朋友,有的家庭非常富裕,有的很艰难。有位叫雪莉的女孩,父母都以建筑为生,他们家维持生计的手段就是盖房子、卖房子。听起来好像挺浪漫,其实不然。他们靠着有限的积蓄买材料,两口子自己动手盖,盖好了以后自己先搬进去住,同时一边找买主,有了买主后,全家搬出去租套公寓住,接着再盖下一座房子。

有一次，我送女儿去她家参加派对，几个小朋友晚上在她家过夜。雪莉对朋友们说，她很高兴今年的生日正好碰上他们家有房子住，能开一个像样的派对。不过，她们很快就要搬出这座房子了，因为房子已经有买主了。她没法预知第二年的生日会在哪里过，因为她不知道她们家什么时候可以盖好一座房子，更不知道什么时候可以卖掉房子。从她记事起，他们家就是这样过着居无定所的日子，永远不知道哪里是归宿。虽然她要搬出这个舒适的房子，觉得很伤感，但是，她们也很高兴，因为这正是他们家的希望所在，是他们家庭唯一赖以生存的方式。

雪莉家除了父母之外还有 3 个姐妹和 1 个弟弟，这么个大家庭仍然过着不安定的日子，让我不禁为这个家庭令人伤感的故事唏嘘不已。不过，雪莉没有因为家庭生活的艰辛而自卑，而是坦诚相见地对知心朋友讲述自己实实在在的故事。他们特殊的人生经历给了处于两种文化夹缝中的女儿深刻的人生启迪。

女儿对我说，她毫不怀疑雪莉今后会过上很好的生活，因为雪莉是个很聪明的孩子，学习刻苦努力，上了好几门荣誉课。女儿对我说，一个人只有受到良好的教育，才有可能过上好的生活，一般来说，一个人受到的教育程度越高，生活待遇就越高。雪莉家艰难的生活使她更知道应该怎样去奋斗。

那时候，高倩才读三四年级，我很高兴她在这么小的年龄就能从自己的经历中悟出这个道理。也许，这正是为什么她有发自内心深处的动力，自觉努力地去奋斗的原因之一。这也是为什么我要带着她一起拓荒，让她尝尝人生苦涩的原因。让孩子从小了解社会，体验艰苦，他才会成熟、坚强，才知道如何为自己的人生未来去努力奋斗。

历经 1 年半的艰苦劳动，由我们自己动手建造的房子终于落成。这座房子现在成了大学城里的一个“观光景点”，年复一年地，有很多中国人由别人领着，开车来到我们住的房子前面，指指点点地述说着哈佛爸爸、哈佛妈妈当年带着矢志当律师的女儿，自己动手盖房子的传奇故事。

9. 当好啦啦队

对孩子的各项活动,家长既要参与,也要当好啦啦队。热心参与,适当赞扬,真正发自内心地欣赏孩子,会换来比空洞的口头鼓励强得多的好效果。

有一天,我在图书馆碰到女儿的好朋友,正在得州 A&M 大学就读的阿波莉,听说她参加选美,当天晚上是决赛,我对她说:"我去为你助威,顺便拍几张照片。"

开赛前,她母亲拿着一摞预先买好的票等在剧场门口,分发给前来捧场的朋友。进了剧场,看到他们一家父母兄弟姐妹 8 人全部到场。表演中,大家使足劲儿为她加油。她母亲静静地端着一个本子,像个专业裁判似的,认真地为女儿逐个细小项目"打分"。那晚,阿波莉如愿以偿摘取桂冠。

选美赛后,在一个狂欢的大厅里,我边看欢歌狂舞,边和阿波莉的父亲聊起了家常。阿波莉的父亲毕业于乔治敦大学,修刑事犯罪管理学,曾任一座联邦女子监狱的监狱长。政府的工作收入不高,他还领养两个孤儿,供养 3 个大学生和两个中学生,生活不易。为了增加收入,他加入预备役。"9·11"事件后,他应召到军事基地工作。为了参加女儿这场选美,他专门请假 3 天,赶回来当啦啦队。从新墨西哥州的军事基地开车过来，单程就要12个小时。这个慈父笑着对我说，半夜过后，派对结束，回去睡四五个小时，天不亮就得起来赶回基地。他一脸幸福，一副满不在乎的样子，让我有说不出的感动。来回24小时枯燥的长途驾驶，就为了参加一场女儿在大学里的选美比赛！

很多人都说，只有中国人、中国家长最爱孩子，最重视孩子的教育。从这个父亲的身上，我感受到了未必能从很多中国家长身上看到的感动和震撼。以前孩子外出参加的各种比赛，多数在300公里、来回六七个小时车程的范围内，有的美国家长会专程开车去助威，为的只是鼓励孩子，并参加最后的颁奖；有的家长每场必到。回想我自己，女儿上初中、高中的6年时间里，专程开车赴外地为她捧场当啦啦队的经历不上10次。即便如此，在很多华人眼里，我已经是模范父亲，常常被人作为“望女成凤”的谈资。

有人以为只有中国人培养孩子才肯花精力，实际上，美国人在孩子的教育上不但肯花精力，很多人还特别喜欢亲自投身其中。我的同事尼尔博士就是这样，他有3个上中小学的孩子，他利用每天下班后和周末的时间，到他孩子的学校充当足球教练。每天下午5点绝对准时下班，匆匆赶到停车场，开车直驱学校球场，天天滚在孩子堆里，带他们练球、比赛，忙得不亦乐乎。我刚来美国时对这一文化现象不了解，一直以为他是有报酬的“兼差”，后来才知道，他十年如一日地当个“义工”，和孩子们在一起只不过是“玩玩”。

女儿高中的交响乐团也有很多家长参与，每年都选出由家长组成的“乐团之友”委员会。那年为了去中国访问演出，家长们还多成立了几个委员会，筹款委员会由一位物理教授主持，公关委员会由一位大学新闻系主任负责，我成为中国总联络。筹款委员会负责向外地的机构筹款，公关委员会设计宣传材料、写文章、联系媒体。几位当法官、律师、医生的家长也踊跃报名随团去中国，以便协助解决可能发生的问题。交响乐团共有138个乐手，光大提琴就有25把，低音提琴6把，还有低音号、大鼓等，体积很大，都不可能随身带上飞机，几位家长承担了加工几十个托运用的大木箱的任务。

有的人不但能欣赏自己孩子取得的成就，还能够欣赏别人孩子的成果，以行动对别人孩子的成就给予极大的鼓励，是极其难能可贵的。有时，其他人对孩子的鼓励，能够起到家长和老师所起不到的作用，对孩子的成长有很大的帮助。

女儿的书出版以后，出版社安排在休斯敦的书店举行签名售书仪式，由于时间紧迫，没有合适的机票，出版社总裁诺依斯先生一个人开车，从旧金山赶来休斯敦。旧金山与休斯敦相隔 3 000 多公里，开车单程将近 40 个小时，为了参加仅仅为期半天的签名售书仪式，他要来回 6 天耗在大荒漠上。为了不让我过意不去，他认真地对我说："其实，我喜欢开车。"

中国驻休斯敦总领事丘胜云和副总领事夫妇，以及文化、教育领事七八人都到场参加签名售书。丘总领事致辞时表示，高倩的作品对于

↓　中国驻休斯敦总领事丘胜云先生参加新书发布及签名售书，中国书刊社总裁诺依斯先生赶来当"啦啦队"

美国同龄人了解中国有很大帮助，称她是中国在美国的亲善大使。这对她都是很大的鼓励。

美国国家工学院院士哈里斯博士曾代表世界银行和联合国开发项目去中国，多次受到邓小平等国家领导人的接见。他和太太伊丽莎白访问中国30多次，在高倩还没有出版《西方到东方》一书时读了日记的初稿，给高倩寄来一张卡片，写了不少勉励的话，进而催促出版这本书。书一出版，他就买了20本送给他的朋友们。有一次，他和夫人兴奋地告诉我们，他们意外地发现，在北京宾馆的友谊商店里有出售《西方到东方》，他们高兴地把店里的存书悉数买下，在北京逢人便送，他夫人非常骄傲地对别人说："这个作家是我们的朋友！"

对孩子的各项活动，父母既要参与，也要当好啦啦队。热心参与，适当赞扬，真正发自内心地欣赏孩子，会换来比空洞的口头鼓励强得多的好效果。周围的人对孩子热情洋溢的夸奖，也是孩子前进的强劲动力。所以说，一个孩子的健康成长，离不开温馨、友善的人际环境。

六 走向社会，不做『井底乌龟』

Zouxiang Shehui Bu Zuo Jingdi Wugui

1. 走出家门长见识
2. 不做“井底乌龟”
3. 暑假怎么度过
4. 和大人在一起
5. 做义工和打工

1. 走出家门长见识
——从天才少年中心开始

让孩子走出家门，参加校外活动，到外面的世界多看看，结识不同文化背景、性格特点的人，可以开阔他们的视野、增加他们的见识，对他们的智力与交际能力的早期开发带来受益终生的影响。

高倩上五年级的时候，从学校偶然得知著名的约翰斯·霍普金斯大学有个“天才少年中心”，简称 CTY（Center for Talent Youth），每年夏天为中小学生开办暑期项目。

约翰斯·霍普金斯大学是一个极负盛名的大学。这个大学一共出过 26 位诺贝尔奖获得者。1972 年该校心理学教授朱利安·斯坦尼创办了天才少年中心，这个中心既为那些早慧的“天才”少年开设较高级的课程和提供课外扩展知识的机会，同时也通过对该中心所确认的“天才”少年做研究，形成对“天才”少年的特殊教育、研究、分析、信息传播分享以及咨询，乃至为公共政策的制定提供一整套服务。

得知这个信息，我顿然想到，这是一个培养孩子的好机会。我挂了个电话，不久就收到了 1993 年暑期项目手册，从中知道 CTY 每年暑期都为世界各国学生开设学习班，其中为五、六年级学生开设的课程除了有数学、英语、写作外，还有一般小学都不开的课程，如戏剧文学、联合国与国际关系、环境科学、地理与世界文化等，这些课程显然是为思维超前的早慧儿童开设的。

该中心开设的3星期课程收费近2 000美元。不过CTY提供各种等级的奖学金。我们分析了一下，觉得高倩可望获得奖学金。第一，她曾在校际数学比赛中获得过几次第一、二名；第二，她超前学习法、西、汉语；第三，她超前考了SAT考试，SAT成绩已达到940分。这个成绩在当年，比全美高中考生的中间分还高大约20分，是普通大学录取学生的中间分。

有了上述这几个条件作为申请奖学金的基础，剩下的事就是请老师写推荐信，自己写自荐信，写篇申请论文，再加上一份个人简历。这些不是申请程序所要求的，而是我给她出的主意。

高倩的数学教练威廉姆斯太太不吝笔墨，写了一封推荐信。她在信里说："高倩今年2月参加地区初级高中数学竞赛，获得了六年级组的第一名奖杯，她的分数比七年级和八年级组的最高分还要高（六至八年级用同一张考卷），5年来，我一直带学生们参加这个比赛，高倩的得分是我这几年所见过的最高分"；"在教室里，我领教了她令人难以置信的丰富知识"；"她真正地热爱学习，脸上总是挂满微笑，对人生具有美好的态度"。末了，她还写了这样一句话："我绝不能想象除了倩之外，还有谁能享有这样的荣誉，获得这样的奖学金。"用这样的"强硬"措辞写推荐信，不难看出这位老师对她的厚爱。

高倩自己则写了她对约翰斯·霍普金斯的向往，对作为未来的CTY成员可能对自己一生的影响做了一番憧憬。最后，干脆明确地说明，出于经济上的考虑，如果不能获得奖学金，则可能无法成行。

把申请表、老师推荐信、自荐信、SAT成绩单和一篇论文，再加一份简历，放在一个大信封里，我在4月中旬的截止期前寄了出去。

5月底，学校开始放暑假了，焦急等待消息的高倩天天去开信箱。有一天我在楼上，不一会儿听到楼下传来几声长长的尖叫，高倩咚咚地跑上楼来，大声尖叫着冲进家门，在地上滚来滚去，爬来爬去，把我吓坏了。我把她拿来的信看了以后，也跟着高倩一起叫；接着，我又让她骑在我的背上，在地上爬来爬去，又哼又唱、又喊又叫。最后，我叫她手持 CTY 的奖学金录取信，为她拍了一张有历史意义的照片。

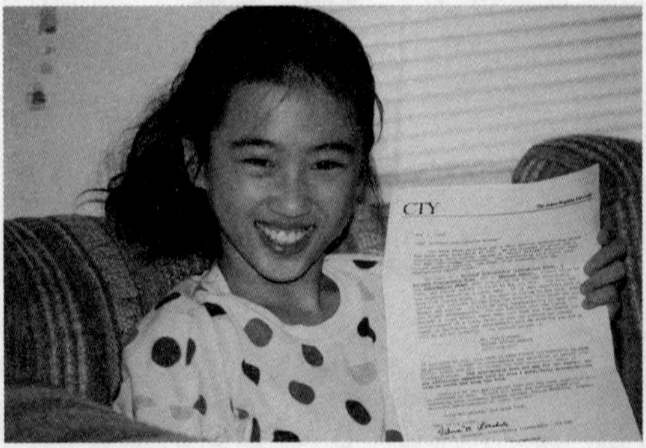

→　接到约翰斯·霍普金斯 CTY 奖学金通知(1993 年 5 月)

天才少年中心的奖学金通知信中说明，高倩在来自全国 600 多位申请奖学金的学生中脱颖而出，成为 25 名获全额奖学金的学生之一！

这一年，高倩不到 12 岁。

她欣喜，将要离开爸爸妈妈，独自“闯天下”，过几个星期自由自在的好日子，认识很多朋友。

我兴奋，初试小女竞争实力，获得到外间世界长见识的机会。孩子走出家门，参加校外活动，到外面的世界多看看，结识不同文化背景、性格特点的人，可以开阔视野、增长见识。对智力与交际能力的早期开发将会使她终生受益。

这一次走出家门，迈出了她走向社会、开阔视野的一大步，对她以后的外向型发展具有深远的意义。

2. 不做“井底乌龟”

中国早有不做“井底之蛙”的古训，我却告诫女儿不做“井底乌龟”。因为，不做“井底乌龟”比不做“井底之蛙”多了一层含义。乌龟即使出了井底，处身于大地之上，若缩头缩脑，仍然见不到世面，看不清世界。在填写申请哈佛大学申请表时，她在“最信奉的格言是什么”一栏里写道：“不做井底乌龟，只看到一小片天，要出来看整个世界——我爸爸说的。”

7月中的一天，我驾车送女儿到休斯敦国际机场。一路上，我再次向她提起那个经我“发展”的不要做“井底乌龟”的格言。中国自古就有告诫人们不要闭关自守、自我满足的不做“井底之蛙”的古训，我之所以将其发展为不做“井底乌龟”，是因为我觉得不做“井底乌龟”比“井底之蛙”多了一层含义。前者告诫人们不要学井底青蛙，待在狭小的井底只看到一小片天而自以为是；我则告诉她，即使处身于大地之上，如果像乌龟一样缩起头来，还是仍然见不到世面，看不清外面的世界。既要来到大地上，还要好好地伸出头来，仔细看清世间万物。

我和女儿自幼培养起朋友一般的关系，我们之间常有的是自由浪漫、不循规蹈矩的谈话方式，因为那样可以更生动、更充分地交流，还可以加深她的印象。为了描述生动，在她很小的时候，我让她两手抱头，缩着脑袋，问她看到什么，她说什么也没有看到。我就对她说，千万不要做井底乌龟，也不要做缩头乌龟，只有伸出头来，好好看清世界，才知道世界有多大，是什么样的，才知道自己有何不足。

我的这个告诫使她的印象极深，以至于多年后她在填写哈佛大学申请表时，在“你最信奉的格言是什么？”一栏写上“不做井底乌龟，只看到一小片天，要出来看整个世界——我爸爸说的”。

现在，不满 12 周岁的女儿要独自从这里走上看世界的旅途，和来自世界几十个国家的优秀少年在一起，取长补短，互相交流，分享天才少年中心给予的精英教育机会。

在机场长长的通道上，她背着双肩书包，拖着小行李箱，行走如飞地有意把我们甩在后面。她是刻意让自己表现得很成熟，像个大人似的独自去“闯世界”。我们很理解她的心态，远远跟在后面，感到很宽慰。好笑的是，当她自己在登机口办理登机牌手续时，航空公司的工作人员发现她还不到 12 岁，按规定给她在胸前挂上一个表示是未成年人，必须给予特别关照的牌子时，她才转过身来，摇摇头，对我们做了一个无可奈何的鬼脸。

天才少年中心开办的暑期班大约有 10 门课程，我为女儿选的是“数学推理”。选择这个课程的原因有两个，其一是全额奖学金只提供给选报数学、科学类课程的学生，她几次数学比赛得过奖；第二个原因是这个数学课程采用的是著名科学家塞缪尔·凯特左夫博士编著的教材，而且他将在天才中心亲自教授这门课。

凯特左夫博士早年获约翰斯·霍普金斯大学博士学位，曾任国家宇航局兰利研究中心的首席科学家。他退休后，接受了天才少年中心和两所小学的邀请，担任全职的六年级天才少年班的“园丁”，也教授八年级的数学与科学课程，并且完全没有报酬。这个天才少年中心的“数学推理”课程就是用他编著的教材《数学物理之困惑》。他还将这一套教材的版税全部捐出，设立了几个全额奖学金。

到外面世界，接受世界顶尖科学家的教诲，这回，“井底龟”要见大世面了。

这个暑期班的数学课程里,包括了算术、几何、概率、代数和逻辑代数等。这位大师没让那些从世界各地网罗来的小“天才”们少费脑筋。比如,在他的教材里,“算术”部分较简单的题目就有:

·1···×417= 9···057

求解等式中的·所代表的数字

逻辑代数的问题则是2进制、8进制和10进制数的转换以及如何将2进制、8进制应用到计算机数字电路设计中的问题;平面几何的题目有的甚至要加两三个辅助圆和七八条辅助线才能解出来,甚至也有立体几何、多面体的题目。这个为六年级少年开的数学班里所学的很多内容也许在一般的高中课程中永远都不会见到,它只是为少数早慧的少年们设计的。在这里,让数学比赛频频得奖的女儿真正看到了山外有山,天外有天。

然而,女儿对我说,她在这个天才少年中心的最大收获不是学到多少解决数学问题的方法。她觉得,自己的最大收获是在那儿见到了许多年纪小小、雄心勃勃的少年!使她对自己和前途有了全新的思考和认识!

她带回来的纪念册末尾的几页上,写满了同学们对她恋恋不舍的留言。她活泼幽默的性格赢得了许多同学的喜欢,他们都称她是自己的好朋友或者最好的朋友。有一个朋友甚至留言说,她不仅是个好朋友还是个“好媒人”,读了令我不禁捧腹。可以想象,在那儿,她又充分发挥了爱搞笑和恶作剧的本事。

高倩写的对CTY满怀依恋之情的短文印在纪念册上,她说:

CTY是我永远热爱的地方。CTY是个美好的地方。CTY就是我的心之所在。我珍爱我在CTY的经历,我要永远记住这3个星期。

在课堂上我们面对很大的挑战。我学到如此之多，我的头脑快要炸了，有生以来我第一次完不成作业。

这儿的每个人都这么友好，这么独特，这么乐于助人。我交了很多朋友，我害怕分别日子的到来。我住在遥远的得克萨斯，我怕以后再也见不到CTY的朋友们……

她的一位朋友在高倩的纪念册上写道：

我坚信我们还会见面。在人生中，有的人见过一面就再也见不着了，有的你见过的人以后还会再见面。我们就是会在今后一再地重逢的人！

女儿确实遇见了比她高明的人，这个留言者就是一个“预言家”。多年以后，高倩进入哈佛，在校园里，她遇到了不少前一年或同年考上哈佛的朋友，他们就是当年天才少年中心的老同学，其中也有写下这段留言的那位朋友。

十几年过去了，一直到现在，女儿和很多当年CTY的老同学还一直保持着联系。从这些散布在全美各地的有理想、有追求的朋友们那里，女儿既得到了友谊，也得到了信息。他们在学习、理想、志向等方面互相勉励，这也使她见识到许多从身边的同学身上看不到的东西。山外有山，天外有天，这极大地拓展了她的视野，使她获得了丰富的人生启迪，对她以后的成长和发展产生了深远的影响。

3. 暑假怎么度过

从小开始,女儿暑假的活动都安排得满满的,并不局限于上课。写作、参加各类夏令营、做学生、做辅导员、上高中与大学的课,到外地走走,见见世面……这些都是不应忽视的学习时间。暑假活动既丰富了孩子生活、学习的内涵,也是著名大学录取学生必要的条件。

有人认为美国学生懒懒散散,学习轻松,没有压力。其实,在美国,许多中小学生不仅在学校时努力用功,甚至到了周末、假期,尤其是暑假,还要参加夏令营,参加暑期学校,把暑假活动安排得满满当当。

女儿5岁来美国上学前班,头两年夏天,我没有给她安排什么大活动。1989年,上完二年级的暑假,我们驾车北上,一路带着女儿,走了许多地方,等于给她上了社会实践课,让理论联系了一下实际。

汽车开进孟菲斯,女儿说,这是田纳西州的第一大城,又是连接阿肯色、田纳西和密西西比三个州的重要交通要道。你知道,那一片大平原里种的是什么?她在考我们。她说,田纳西是农业州,不过美国农产品过剩,为了保护农产品价格,美国政府让一部分农民停耕,按人口给他们补贴,每人每月上千美元,条件是永远不再务农,请他们另谋职业。所以,那一望无际的肥田沃土里,种的可能只是青草。到了首都华盛顿,她对我们说,一定要去看越战纪念碑,纪念碑的设计者是一个华裔女孩，当时刚 20 出头。到了费城，她告诉我们，独立宣言就是在这儿签署的。至于纽约，在她 4 年以后写的《西方到东方》里提到，与北京做了比较。在波士顿，哈佛大学给她留下深深的记忆，后来写下了《哈佛梦》的文章，坚定了对伟大学府的向往。

暑假活动包括旅游、参加各种形式的夏令营、参加暑期学校等。这些活动对孩子的影响是深远的，可以让孩子得到学校教育无法提供的额外收获，是学校教育的重要补充。

从 1989 年以后，女儿每个暑假都有非常丰富的活动项目：1990 年暑假，到大学听大学代数课，背 SAT 单词；1991 年暑假自学大学法语、西班牙语；1992 年暑假继续学法语、西班牙语。同时，她自己从学校争取到了参加大学数学工程资优班的课程。此后，她养成了过繁忙暑假的习惯，不需要我设计，都是她自己提前安排。（见 13 年暑假活动表）

有人会说，就你女儿安排得特别紧，其他的美国学生未必那样。

↓　第一次参加夏令营

其实，据不完全统计，美国每年有 2 500 多个大型的夏令营和暑期学校向美国和全世界招收学员，这还不包括数以万计的大中小学校开办的各种等级、学科的学习班。美国每年超过 800 万中小学生参加各种类型的夏令营和暑期学校的活动和学习，其中也包括做义工。不过，很多夏令营每期费用需要两三千甚至四五千美元，不是一般中产阶级家庭能够轻松承担得起的。

当然，美国也有许多暑期活动是免费的，有的费用不高，有的收费项目还可以申请到奖学金，而且对外国学生一视同仁。只要动脑筋，一定能够找到一个合适的。美国夏令营和暑期学校的内容形式多种多样。从大的分类，有野外探险、旅行；有义工服务；有强化某一技能的训练，比如电脑程序设计、飞机驾驶；有专门为了参加某项比赛的训练营；更多的是选修某些课程。有的在夏令营或暑期学校上的课程可以算大学学分，甚至很多著名的大学如哈佛大学、耶鲁大学都对中学生开放，让高中生暑期到那里选修大学课程，获得大学学分。加州大学伯克利分校开放给高中生的暑期课程，不仅可以得到大学学分，而且申请手续简便，费用较低。

无论哪种类型的暑期活动，都为孩子们提供了不同的环境和交往空间，使他们能扩大视野，学到平时学校里学不到的知识。在暑假，孩子如果只是待在家里，将大量的时间花在电脑游戏、看电视上，实在是辜负了这些美好的资源。

美国学生参加夏令营和各种暑期活动的目的各种各样，有的是为了学新知识，有的是为了增长见识，有的是为了增添生活色彩，也有的是为了很功利的原因。大学招生人员很看重学生有没有丰富的暑期活动，暑期活动已成为美国大学衡量学生的一条重要指标。每所著名大学的申请表里都有一个专项，要求学生详细填写高中期间每一个暑期的活动情况。暑假期间到大学选修课程，不仅可以获得大学学分，减少今后上大学的学时，还是申请著名大学的敲门砖。

特别应该指出的是，有的孩子在暑期去干艰苦的工作，却不一定是由于经济上的原因,而是严厉的父母逼他们去“体验社会”,历练自己刻苦耐劳的品格。我的同事威廉博士出身富裕的中产阶级上层,是家里资助他上的私立名校杜克大学。高中毕业的那年夏天,父亲让他去当修路工,他在烈日下“劳动改造”了两个多月,才从父亲那里领到支付大学学费的支票。

暑期活动是学校教育的重要补充,是教育的一个重要环节,有的家庭忽视了这一点。美国大学对学生在暑假的活动具有很大的期望。实际上,有计划、有效率地安排漫长的暑假,对塑造孩子的人格、开拓知识面都有重大的影响。

13 年暑假活动表

幼儿园到高中

1987~1999 年,5~8 月

高倩 1986 年 10 月来美国上学前班,1987 年夏天是她在美国过的第一个暑假。据记录,截至上大学那年(1999 年)为止的 13 个暑假,都有计划地安排学习和活动,这对她的成长有很大的帮助,是她人生中非常重要的一部分。

学前班　做数学题、看书、看电视。

一年级　用打字机学打字,做数学题、看书。

二年级　随父母驾车北上 3 周,游历美国东北部及加拿大共十几座大中城市。做数学练习题(舒尔蒙成人教育系列《初等数学习题集》,包括算术、代数、几何习题共 2 500 道)。阅读英文版的中外小说,包括《青春之歌》、《红岩》、《子夜》。

三年级　到大学课堂跟班上《大学代数》,后退出,改为自学。背诵 SAT/GRE 词汇词典。大量阅读英文版的中外经典文学原著,包括

中国作品《红楼梦》等。自学汉语(用北京语言学院编《实用汉语课本》,1981 年版)。

四年级 同时自学法语、西班牙语(使用大学课本)。第二次重背 SAT/GRE 词汇词典。大量阅读英美经典文学名著。

五年级 继续自学大学法语、西班牙语。获选参加得克萨斯 A&M 大学工学院为优秀小学生开设的暑期课程。再次重背 SAT/GRE 词汇词典。

六年级 写作《西方到东方》。获约翰斯·霍普金斯大学奖学金,参加天才少年中心暑期课程《数学物理之困惑》。

七年级 获选参加得州 A&M 大学为优秀中学生开设的数学课程。

八年级 选修计入高中学分的代数课程。

九年级 获奖学金参加贝勒大学钢琴夏令营。到北京的中学学习两周。随中央电视台摄制组到中国北京、西安、福州、福建山区农村拍摄纪录片《长大》,前后共 4 周。

十年级 参加暑假州长荣誉项目 3 周。中央电视台摄制组在美拍摄《东方女孩》。担任交响乐夏令营辅导员。

十一年级 担任州长荣誉项目辅导员 3 周。在得克萨斯 A&M 大学选修具有大学学分的经济学课程。

十二年级 高中毕业。白天在得克萨斯 A&M 大学地质学院当会计助理(全职,每周 40 小时),晚上到中国饭馆当服务员(每周工作 30 小时)。阅读有关法学院的学习和申请的书籍,自学法学院入学考试 LSAT 习题,“超前”为 4 年后上法学院作准备。

4. 和大人在一起

每个家庭或家长难免会在他们生活中和知识上存在着局限性。让孩子与不同背景的成年人广泛接触、交流，可以弥补学校教育和家庭教育的缺陷，使孩子的思想更成熟。认识不到这一点，可能就大大浪费了近在咫尺的宝贵的教育资源。

我曾是大学里中国学生学者联谊会的活跃分子，我们家也是留学人员经常聚会的场所，因此朋友很多。由于女儿活泼而且时常登台表演，因此在这个社区里小有名气，也有大人缘，很多人没把她当小孩，能够和她平等交流。

她从10岁开始就能帮大人做点事了，因为她的英文是"童子功"，所以有时还能帮大人修改文稿。联谊会一年举办一两次大型演出，为了让美国朋友也能了解中国文化，节目单里的每个节目都有用英文写的背景简介和歌词简写。我常常把写作、编辑节目单的活揽回来，让女儿去做。有几次大型活动主持人的英文稿和大会主席的正式讲演稿也是她起草的。从12岁念六年级开始，她就不时做这些工作。

因为有机会认识很多留学生，她成为联谊会舞台上的常任演员和留学生中的"红人"。为了"用人"方便，在她上高中的那几年，这个以研究生为主的联谊会在她顽强固执的坚持下，"封"了她"一官半职"。

← 读九年级时在大学国际文化周的中国展台上服务

← 口述笔录歌唱家的演唱曲目介绍

这对她来说，是极大的鼓舞，大大增强了她的自信心，越干越有劲。她14岁时，身高已经超过1.6米，像个大人了。很多留学生的活动都有她一份，比如和研究生们同台表演舞蹈、服装秀等；15岁那年她还当过有上千名观众的春节联欢晚会的主持人。

1992年初中央歌舞团首次组团赴美演出。演员中有大明星如韦唯、殷秀梅等。那一次，我和女儿一起到休斯敦机场接机，演出时我协助舞台监督，她陪着演出团既当翻译，又当向导，穿梭于几个大明星之间，轻而易举就“追”上了“巨星”，和她们单独拍了很多合影，羡煞一批追星族。这次经历，除了让她了解中国的“星况”外，也进一步促进和加深了她对中国艺术的感受和热爱。

早年留学生多少都有不平常的经历，他们有时来我家交流美国生活的甜酸苦辣，高倩都在一旁倾听。这些经历对她幼小的心灵起了不可低估的影响，对她发奋努力起了一定的促进作用。记得一位从上海来的学生，是靠早年移民美国做劳工的爷爷奶奶为他做经济担保来美国的，刚来时才读初中。由于爷爷奶奶年岁已高且经济基础不好，实际上不能给他任何经济上的帮助，他要完全靠自己打工维持生活。

我认识他时，他在美国已经上完了高中，正在大学读电机系。上大学本科不易拿到奖学金，外国学生一年学费也要好几千美元。那时中国一般公务员每月只有几十元人民币的工资，指望国内的父母给他寄学费是不可能的，只能靠自己拼命打工挣钱。我和他认识后 1 年多时间，他的头发都是我帮他理的，一张报纸中间挖个洞，套在头上就理起来。有一次帮他搬家，我特意让女儿陪我一块儿去“见世面”，见识另一个“美国社会”。这位学生住在一个相当简陋的木屋里，为了省电他从不开空调。得克萨斯州的夏天不开空调要闷死人的，不过他绝大部分时间都待在学校、图书馆和饭馆里，过半夜才回家。让人不可思议的是，他来美国已经五六年，从初中上到大学，所有的家当，连书在内，一共只有四五个纸箱。回来的路上，女儿一路唏嘘，十分感慨。不过，她说，他的命运很快就会改变，只要接受良好的教育，就会有美好的前途。当时不到 10 岁的孩子有这样的感悟是很不容易的。从小在留学生圈子里，与成人们来往接触，潜移默化的影响使她的思想较早成熟。

有一次，旅美歌唱家宋杨开专场演唱会，我负责接待，乘机为女儿“揽活”，让她为宋先生的演唱做钢琴伴奏。宋先生在中国获得音乐硕士，在美国获声乐博士，是得过国际比赛大奖的歌唱家，还在美国大学当兼职教授，他曾受邀参加克林顿总统的白宫就职庆典演出和在亚特兰大奥运会上演唱。以他的专业水平，当时才 15 岁的女儿为他伴奏，确实沾了很大的光。他很痛快地和女儿合作演出了 4 首歌曲。在演出时，他一上台就很客气地介绍说：“今天很荣幸，请到了高倩小姐为我伴奏。”

演出前，根据他的口述讲解，高倩做笔录，为他演出的曲目撰写英文介绍。有意思的是，连排练伴奏、笔录和撰写曲目介绍，以及整个节目单的版式设计在内，高倩只用了半天时间就高效率地完成了。

以女儿的成长经历，我深深体会到，家长让孩子与自己的同事或朋友接触，对孩子成长的影响是难以估量的。每个家庭和家长难免会有他们生活和知识的局限性，让孩子与不同背景的成年人广泛接触、交流，可以弥补学校教育和家庭教育的缺陷，使孩子的思想更加成熟。

成人们如果能够多与邻家的孩子们接触，哪怕只是和别人家的孩子们聊聊天、说说话，对他们都是非常有益的。我非常感谢女儿成长过程中在美国得州 A&M 大学留学的朋友们和其他中美人士，包括中美的平民、学者、教授、高官。他们为我女儿提供了很多不寻常的机会和鼓励，有的把我 14 岁的女儿和大留学生编排在一起，表演舞蹈、服装秀；有的和我不到 10 岁的女儿谈他们自己的家庭故事，谈他们的生活；有的阅读我 11 岁女儿写的书稿，给予鼓励，参加她的签名售书，发表演讲，甚至为她写书评，写推荐信。他们在我女儿从七八岁到十六七岁的近 10 年里对我女儿的平等、宽容、豁达、慷慨和呵护，都是造就她今天成功的因素，我对那些朋友们心存永远的感激。

在女儿成长的重要时期，生活在得州 A&M 大学那个特定的环境里，她有机会接触很多比她大的成年人，使她的思想很快成熟。在她受教育过程中是一种非常幸运的经历。中国的人口密度比我们居住的小城要高得多，让孩子接触成年人的机会也多得多，容易得多，可惜很多人没有意识到，孩子的教育和成熟与他们和各种各样成年人的广泛接触有很大的关系。这样，可能就大大浪费了近在咫尺的宝贵的教育资源。

5. 做义工和打工

当义工和打工都是让孩子提前走进社会、感受人生的重要一课。义工衡量的是爱心和社会责任感，打工则是考验学生承受社会压力的能力和超负荷工作的潜力。它们都是为走向社会，为就业作准备。

美国高中生课余到校外工作是很普遍的。没有收入或公益性的工作叫作义工，这种工作一般而言比较宽松，无论是工作时间、强度和对个人的要求都较低，工作弹性较大。义工的范围非常广泛，比如说，可以不定期地去高速公路捡垃圾，为环保做贡献；也可以不定时地到老人院去和老人聊天、做伴；还可以利用周末帮助低收入的家庭油漆、修补房子。

女儿的很多同学都有五花八门的义工工作。有的在医院里做辅助性的工作；有的去老人院陪伴老人读书，为老人拉琴，义务表演；也有的为癌症协会的捐款去挨家挨户地敲门求人。

做义工在美国社会已经是一个非常普遍的现象，无论初中生、高中生、大学生，甚至已经工作的人，都会为社会无偿奉献。以学生群体来说，在学校和社会中长期耳濡目染，形成了必须做义工的观念；另一方面，大学在录取过程中对学生参加社会工作的重视，也使部分学生出于功利的原因寻找做义工的机会。

因为太多人到处找机会当义工，所以做义工的机会并不好找。女儿曾经找过当地一家医院，院方告诉她，已经有了一份长长的候补名单，不少一年前登记的高中生，到现在还没有排上队。她也想过到刚刚建成的乔治·布什总统图书馆当义工，后来发现，那里也已经有太多人在等待候补，根本就没希望排上。

博爱屋是一个全球性的慈善组织，这个组织的义工们义务提供劳力建造住房，完成以后，将房屋以材料成本费卖给低收入的家庭。

美国前总统卡特20多年来一直是这个活动的积极倡导者和参加者。他不但利用他的号召力吸引越来越多的人参加这一爱心活动，并且亲自拿锤子干活。2000年夏天他带领数千名义工，在非洲两个月内为200户家庭盖起了200座新房。

我的朋友桑塔德所在的教会有个博爱屋小组，周末常去参加劳动，其中还有不少大学生。有一次，有位学生一不小心把大腿钻了个洞，送到医院，上了药，包扎以后，若无其事地又回来。不巧，下午把手又扎了一下，连他自己也觉得好笑，但是却没有因伤离开。爱说笑话的桑塔德告诉我，参加义工的人可真多，有时油漆一堵墙，干活的人却挤成了两堵墙，一不小心，就刷到别人背上去了。虽然是笑话，也可以说明，做义工是多么普遍的一种活动。

那年秋天，我带中国高中生去参加这项劳动。到了工地才发现，从初中生、高中生、大学生到大学教授、大学职员、公司雇员、退休人员，各种各样的人都有。一座房子的屋顶上蹲着二三十个学生，那是在上瓦片。隔壁的一座房子还在搭框架，一位教授唱的是主角，快速熟练地用电锯将木料切割成各种角度，在学生们的帮助下，将它们一块块安上，钉牢。在工地上，我和几位老义工交谈，感觉他们的心态十分超脱，完全没有功利的杂念。这里没有记者、没有摄像机、没有必要作秀。有的人一星期来一个周末，有的人一星期来好几天，问他们为什么，只回答一个字，Fun（好玩）。这就是助人为乐，是爱的奉献，是良好社会风气的结晶。

↑　为低收入家庭盖房子的义工们在屋顶工作

我的朋友李教授告诉我，他儿子学校里很多孩子参加博爱屋劳动，他们上三年级的孩子也吵着要去Fun，所以他们陪着去了几次。义工活动就是在互相影响、互相感染、潜移默化中普及开来，成为一种极其自然的、范围广泛的社会活动。

美国学生打工很普遍，有的是为了赚点零花钱，使自己用钱更自由，还可以买些不便向父母张口要的东西；有的因为家庭生活压力，不得已而为之。为了赚零花钱而打工的孩子，虽然非常普遍，但是打工对他们一般没有什么压力，工时也不多，做着玩儿罢了。由于家庭经济困难而打工补贴家用的孩子，我见过。那是一位白人孩子，单亲母亲带两个孩子，这个孩子每周末在麦当劳整整打两天工。每周工作16小时，足以支付个人的最低生活费。这个孩子后来考上斯坦福大学，虽然拿到了奖学金，但是与另外一所专业学院提供的荣誉奖学金相比，仍然觉得不够充足，因而选择了后者。

女儿从小并没有打工的经验，我和她从来都没有想到，她在非常繁忙的日程中还要挤时间去打工。零花钱我们都能满足她的需求，她也没有特别离谱的消费，从经济上，可以说完全没有打工的必要。

使女儿决定找有薪的工作，是出于两个原因，第一是由于看到一份哈佛大学的申请表。我在她高中毕业前两年多就弄到一份哈佛大学的申请表，和她一起逐项研究，探讨各项都该填些什么。发现“工作经历”这一栏，除了要填写工作类型、工作单位外，还要填写每年的收入情况。哈佛的申请表上有收入情况这一项，说明学校对有否薪水、工作状况如何，是有区分、是认真看待的，与做义工并不相提并论。

另外，我们看了《时代周刊》与《普林斯顿评论》合编的《适合你的最佳大学》，知道了怎样以升学顾问的眼光给自己评估，计算出自己的大学“录取竞争指数”。每周有薪工作 20~30 小时者，可以得到 22 分，与满分 99 分相比，占很大的比重。既然这是社会的游戏潜规则，就只能按这个规则玩儿。女儿看到这些资料以后，没有多说，就开始找工作，从十一年级开始，除了课外活动之外，她找了两三份有薪水的工作，每周 20 小时，说是接受新的“挑战”。

无论初始目的和动机如何，当义工和打工都是让孩子提前走进社会、感受人生的重要一课。义工衡量的是爱心和社会责任感，打工则是考验学生承受社会压力的能力和超负荷工作的潜力。

七 研究性学习

Yanjiuxing Xuexi

1. 写作带动思考
2. 说教没必要
3. 读书人要“读书”
4. 文学作品要“早读”
5. 论文——教育的核心
6. 两年几十万字都写啥
7. 研究能力的培养

West to Eas

1. 写作带动思考
——纪录寻根之旅

来美6年以后第一次回国探亲,女儿一路上每天记笔记,回来后整理写成报告。通过自己的观察、记录,再翻书、查资料、做研究、分析、总结,较深入地了解和把握了事物。

通过写作提高思维能力和认识水平,这是一种可提倡的研究型的学习方法。

女儿赴美后第一次回国寻根之旅,对她来说是意义重大的"历史性"活动。回国以前,我要求她把这一切完整地记录下来,写成一份长篇报告。我认为,如果走马观花,不会留下深刻的印象,对中国的了解可能是肤浅的。但是,如果把它写下来,对许多看来无足轻重的小事,就不得不做细致的观察,在写作过程中必然要进行认真的思考和分析。对一时不明白、不理解的,还会进一步研究。这样,对她的成长、思想的成熟有很大的帮助。

我们一路途经香港、广州、北京、上海、深圳、福州,果然,每到一地她都掏出笔记本做记录。回到美国后,无论是黄花岗七十二烈士墓、圆明园遗址,还是故宫午门以及长城,各个年代的演变女儿都能明确清楚地说出来,并能付诸文字。

在整个写作过程中，女儿经历了细致的观察和调查研究、“理论”联系“实际”、从困惑不解到理性思考的过程。这种用“实践课题”带动的学习，是很好的开创性思维活动，也是培养研究能力的学习方法，对孩子的成长大有裨益。

令人高兴的是，她自己也乐此不疲。日记的第一篇是在启程前一天写的，在这开篇第一段中，她已难掩急不可耐的心情，写道：

啊，痛苦、激动、忧虑和伤感，这么多情感怎么会这么猛烈地改变一个人的生活，就像正发生在我身上那样呢？现在，我明白了，这种情况会发生的。因为我此时此刻正在亲身感受到这一切。自从我们决定要去中国的那一天起，我就一直在期待着这一天的到来，我一天一天地掐算着上飞机的日子。今天是日历上的最后一天，我早已迫不及待了！

↓ 11岁的寻根之旅

为了让她可以好好地、尽可能多地了解中国，这40天的旅行，我只安排了两周时间在家乡福州，其他时间到香港、广州、北京、上海等地。由于行程安排得满满的，事实上，到达第一站香港以后两天，她的日记就已经无法坚持写下去了，因为每天都要到将近午夜才可以休息。她只好把每天的活动简要地记下来，从中国旅行回到美国后才开始补写“日记”。

做调查研究。在写作中，为了准确无误地做出地理、历史的描述，女儿特地到图书馆借了几本参考书。由于前期读了一些书，也初步做了一些研究，使她对诸如香港的地貌、孙中山先生的革命生涯、圆明园遗址、故宫午门、长城的历史变迁，等等，都能做出准确清晰的文字描述。

香港到1997年为止还是英国的殖民地。她位于珠江三角洲口，珠江三角洲在澳门的紧北部。香港由香港岛和230多个大多数无人居住的小群岛组成。我们飞机降落的九龙，紧靠香港岛。

……

在中国，孙逸仙是一位受尊敬的伟人，他也叫孙文和孙中山。他生于1866年，1925年过世。他上大学时曾经学过医，由于不久就认识到从医不能解救自己的国家，他放弃从医，组织了政党，最后领导革命推翻了清王朝。

推翻清王朝后，他成为新共和的总统，但是，几个月后，袁世凯逼他让出总统的位子。孙中山愤于新总统的政策，于1913年发动起义。起义失败后，孙中山逃到了日本。

……

中国的长城据说是可以从月球上用肉眼看到的唯一的建筑物。有些书提出了反驳的观点。不过当我亲眼看到长城以后，我更相信这一种观点。

长城的修筑起始于楚国，那时楚国先建造了一座防护墙，接着，其他各国也学着建了，有些城墙修了几千里长。

到了秦始皇时期，把它扩修成了万里长，万里长城就是这样得名的。万里长城的意义就是有1万里长的城墙。自那以后人们就把它叫作中国万里长城。

到了汉朝，长城延长到了戈壁沙漠，因为人们要保卫他们的远疆。不过不仅仅秦朝和汉朝建了长城，在金朝和明朝长城都得到加固和进一步延伸。事实上，我们现在所看到的长城的大部分是在明朝改建的。现在的长城是砖结构的，但是在明朝以前都还是泥建的。

对于一个5岁离开中国，在美国生活了6年的孩子，写下以上的文字，不是一件容易的事。靠什么，除了沿途收集资料外，还靠事后做资料整理和研究。回到美国以后，她跑到大学的图书馆，借了不少有关的资料。那时还没有互联网，所有的信息都要通过阅读有关书籍而得来。这些信息，家长如果不查资料，有的数字也未必准确。家长即使可以告诉孩子，也绝对没有通过自己研究得到的那样珍惜、记忆深刻和具有成就感。这是培养初步的“研究”能力的时候。家长插手，反而弄巧成拙。

“理论”联系“实际”。她在写作的过程中，结合以前从书本上读到的、电视剧上看到的，把所有学过的知识融会贯通、尽情发挥，不管是否准确，总是调动了自己的思维，“理论”联系了“实际”。

另一个令人感兴趣的景点就是一座像庙一样的房子，是当年慈禧太后监禁她儿子光绪皇帝的地方。

慈禧太后把光绪皇帝关在一个没有窗户的房间里，围墙像花岗岩那样坚固，就像个牢房。光绪皇帝领导一个变革运动，这个运动威胁到了慈禧太后的权力。然而，变革运动失败了，慈禧太后把皇上关了起来，自己掌握了最高的权力。

……

明陵是安葬明朝皇帝的地方，每一位皇帝都有一座独立的陵园。明朝一共有16位皇帝，其中13位安葬在这儿。在十三陵里，只有长陵和定陵对外开放。

我们只去看定陵。因为定陵是在地底下的，我们得走下许多层台阶。下到最底层时，看到的第一个东西就是一个巨大的石门，石门虽然是大开着的，但它还是让我感到非常不舒服。

据说当年皇上下旨建造这座地下宫殿时，令工匠们在墙后装上暗箭，如果有人想进入并且果真闯入殿门的话，一支支死亡之箭就将射向他。我总在想第一个打开殿门的人到底怎么啦，有没有被暗箭射倒了？他是不是死了？

……

穿过紫禁城前面的大门午门，我们进了紫禁城。这时，我们看到的第一样东西就是5座大理石桥。桥下并没有湖泊、流水。这些桥只是装饰物！站在太和殿前，我们看到一片大型石雕坡道，一直通向太和殿的殿堂，坡道的两旁是两排阶梯。

我可以只凭想象，就知道皇上是怎样坐在他的轿椅上从坡道上经过，而抬轿人走在它两旁的阶梯上。坡道上雕刻着象征皇上的龙。如果有人不小心踏在了坡道上，就要被推出午门斩首。现在，因为没有皇帝砍他们的头，小孩子们正在上面发狂地跑来跑去。

整个故宫在我看起来那么假。由于历代皇帝皇后的利己，使那么多人死在这里。紫禁城给我留下的只是一个坏印象，就似那个旧时代及其阴影正环绕密布在我的心头。

……

爸爸和我登上了天安门城楼，当他在拍照的时候，我则在努力想象，如果我是领导人的话，站在那儿是什么感觉。

……

在写作中，她自然地把景物、历史、思想和积极的人生观都结合在一起。这都是独立思考，并把它和书本知识、实际考察联系起来的结果。

困惑和思考。当然，对于生活在美国的孩子，要想通过一次短暂的旅行，了解清楚中国社会是不切实际的。不过，有了问题，就会激发进一步的思考，也许当时就在思考，也许留给以后思考。孩子的智力是通过不断思考而开发的。

我们登上楼梯到剧场入座。剧名叫小井胡同，就是有一口井的小街道。这是什么剧，该不是讲关于一口井的传说吧。

接着，灯光开始慢慢变暗。

起先，我看到一个小女孩、一个老人、一棵树和一口井。随着剧情发展，终于能跟踪到剧情了。这是一个关于住在一条胡同上的几家人在“文化大革命”期间和“文化大革命”前后的变迁史。

虽然我搞明白了这剧演的是什么，我却仍然对他们说什么毫无所知，他们用的词对我来说都太复杂了。在他们说的10句话里，我只能听懂几个发音、几个名词。爸爸也告诉我，听不懂的原因是因为他们用了很多怪异难懂的词，这些词在“文化大革命”时是被普遍运用的。爸爸妈妈和其他人都听得懂，因为他们经历了那场运动。

……

逛完了整个颐和园，我们从边门走出去吃午饭。

店主兼服务员站在门前热情地把我们迎了进去。小屋里只有几张桌子，饭菜并不十分美味，不过店主人的殷勤接待却弥补了不足。

店主给我们说关于她的故事。她才27岁，1年前开了这家饭馆。引得我们大笑的是，她的丈夫是个军人。在中国，共产党和资本主义是相互对立的。军人应该为共产主义目标而奋斗，而任何类型的企业家应该算是资本主义的。怎么能想象共产主义者和资本主义者的婚姻呢？

生活在美国的高倩，阅读过不少有关中国的作品，讲述的都是些至少发生在二三十年以前的故事。她也曾读过描写无情的政治运动、你死我活的阶级斗争的书。那样的时代背景，怎能有共产主义和资本主义的浪漫故事呢。要不是回来亲眼看看，哪能知道历经大难的中国，猛醒过来之后，正在改革的大道上飞奔。这时候带着她进行全国“大串联”，让她亲眼目睹、亲身感受中国的这一历史巨变。对她来说，这一趟中国行，胜读十年书。

高倩在我的鼓励下，从小就比较喜欢阅读。阅读可以启发思考，不过，启发更高层次思考的是写作。鼓励孩子从小写作，并且以写作带动思考，是培养孩子从小具有独立思维、走向成熟的方法。著名旅美文学评论家陈瑞琳女士写过《一双十一岁姑娘的眼睛——读高倩同学的新书〈少女中国行〉》（见附录），从这篇书评可以看出，由孩子自己进行独立的观察和思考，可以得到多么丰富的收获和深刻的体会。

在孩子的写作过程中，家长既不必过多地指手画脚，也不要漠不关心。面对孩子的“新思想”和“胡言乱语”要冷静，不可过于纵容夸大，也不可一棍子打死，更不能对他们进行灌输式的“思想指导”，或者干脆为孩子捉刀代笔，为他们修改增删。一定要让他们写的文章真正反映出自己的思想，成为他们自己观察研究的结果。家长可以和他们进行平等的讨论。应该看到，家长的思想也会由于受到时代背景和个人各方面因素的限制而具有局限性。

把鼓励写作作为训练孩子对各种社会现象和事物进行观察、思考、分析和批判的一种方法，除了可以大大提高思想情感修养和文字表达水平，还可以增强逻辑思维和形象思维能力。

2. 说教没必要

不给予先入为主的“正面”“教育”，让孩子自己先从书本中去了解，再到实践中去体验。吸取丰富文学营养的孩子会自己感受世界，而且常常比大人灌输的更易接受，理解得也更深刻。

在美国，很多华人家长因为孩子对中国文化不认同而大伤脑筋，忙着给孩子讲“五千年历史”，甚至有些家长还不惜夸大其词，我看实在没有必要。有句名言说“太好，就不真实”。无论生活在中国的孩子还是生活在美国的孩子，都不是漂浮在真空里，家长大可不必只给他们灌输“正面”的东西，而应该把他们看作大人，和他们展开平等、真诚的讨论。不要因为自己“爱国”就只给孩子“完美”的爱国教育，那是不科学、不实际的，往往适得其反。我觉得，无论是社会问题、文化问题、政治问题都可以和孩子坦诚讨论。

小时候，女儿读过我们家藏的英文版经典长篇，如《子夜》、《家》、《春》、《秋》、《红楼梦》、《西游记》、《水浒传》，也读过其他近现代作品，包括影响我们那一两代人的文学作品，如《青春之歌》、《红岩》，我也给她看过反映“文化大革命”的一些书。

我不仅仅只给孩子介绍祖国美好的一面，也让她了解中国历史和现实中不幸的那一面。有人以为，孩子来到美国，远离祖国，应该多给他们“正面”的引导；孩子现在还不懂事，就编出这样那样的话糊弄孩子。实际上，用片面思维培养出来的孩子，难以辩证地看待社会。片面化的教育愚弄了孩子，使孩子或者思想单纯，脱离社会现实，或者认为父母一直在欺骗他们，要么就是怀疑父母愚蠢得什么都不懂。无论得出哪一种结论，都很可悲，都会造成无可弥补的不信任感，使父母和孩子之间产生隔阂。

我尽可能将收集到的有关中国的书给她看，让她从阅读中自己去了解祖国，偶尔给她解释有关的历史背景。她自己阅读得到的信息也许有些偏差，但是随着逐渐长大、思想日益成熟、阅历不断丰富，看到越来越多开放的信息以后，自然会有一个客观、完整的认识。这样的想法也许过于乐观，不过我确实一直是那样做的，而且效果也非常好。

这样的“教育导向”使她在11岁的时候思想已经很成熟，完全不同于其他同龄的孩子那样，对中国的看法只局限于“好”或“不好”。实际上，有时候，她可能比我们还要“传统”。她在《西方到东方》一书里，这样写道：

三轮车工人说前门饭店的京剧好。事实上，他说这是那晚能看到京剧的唯一地方，所以爸爸让他带我们上那儿去。

到了剧场，我们直接就往里奔去。剧场内有一个围起的舞台，舞台的下面摆满了桌子、椅子，整个剧场看起来像个夜总会。只有几个外国人坐在这些桌子旁，一边饮茶一边看演出。我极其失望，中国人不喜欢京剧了吗?

我喜欢极了，京剧是真正令人赏心悦目的。演员穿着明亮的、丰富多彩、色彩鲜明的服装，脸上画得就像假面罩。他们一边唱一边跳，在我一生中从来都没见过这样的表演——演员们不停地翻筋斗、跳跃。这和我在电视上看到的其他任何歌剧都不一样。对我来说，觉得真是百看不厌的。很可惜，不过20分钟，演出就结束了。

我开始相信中国人已经不喜欢中国文化了。我认为京剧是中国历史上非常有意义的文化。然而，中国人好像只是对那些新出的电影感兴趣。

中国看来正在朝着她的现代化的目标进步着，但是中国传统文化似乎正在慢慢地消失，中国有着世界上最引人注目的历史，如果被忽视，它就将被人慢慢地遗忘。

在书店里，我想找一些能学习中国传统文化的书，爸爸也想找这类的中文书。他甚至比我还更没运气。他对我说，他看到的都是些通俗畅销书，恐怖、情爱、凶杀侦探，等等。

中国是不是在缓缓地走下坡路？人们不再记得他们所生存的国家的历史了吗？他们不再热爱他们古老的传统了吗？有些人认为老的就是坏的。这是瞎扯淡。我喜欢畅销书，但我也喜欢读那些教我各种文化历史的书。我喜欢电影，但我也热衷于京剧。

每当我读到十几年前，11岁的女儿写的这一段，联系今天中国的文化现状，真是感慨良多。

尽管我非常希望她深入了解中国，热爱中国，欣赏中国文化，但是，说教是绝对不行的。她在美国长大，许多年没有回过中国。在美国这几年里，我确实给她灌输了一些中国的伟大，但是毫不掩饰存在的社会问题。我在高倩的寻根之旅之前并没有作任何“正面”的引导和说教，只想让她自己去体验，去感受，让她得出自己的结论。

作为父母，这才是负责的态度，孩子懂得不少，如果我们不负责任地乱引导，就会在孩子心里失去信誉，后果得不偿失。

她在《西方到东方》中，描写刚刚从香港乘火车进入广州，在火车站看到的景象：

怎么会是这个样子！地上丢满了垃圾，站台的味道就像马桶，各种各样的人蜂群似的挤在一起，所有人和物看起来都是乱糟糟的。

天是灰蒙蒙的天，污染使天空烟雾弥漫，车辆横冲直撞，马路上到处是人，所有这一切看起来是那么恶心，那么不同，那么危险。我真想马上逃回香港。

据说，有位记者看到这里，读不下去，忍无可忍，气得找出版社的编辑理论。

不过，再读下去，发现在3个星期以后的日记里，她写道：

坐在三轮车上……我背往后靠着，看着外面，现在的一切在我看起来变得很熟悉、亲切。拥挤的人群、堵塞的交通、轿车、公共汽车和其他的一切，在我看起来就像家的感觉。所有这一切都是中国的一部分，所有这一切让中国变得更加有意思，更加令人惊叹，更加特别，还有更多更多的更加。他们就像一片片的五彩拼图，把它们拼到一起，就变成了叫作“中国”的国家。所有这一切让中国显得那么独特。

多年前，有个孩子的家长想让孩子暑假期间跟随中文学校的夏令营去中国，那个孩子觉得中国“不好”，不想去，读了《西方到东方》后发现中国“好玩”，改变了主意，起到了父母“说教”所达不到的效果。

高倩的书出版以后，哈里斯博士在一封推荐信里写道：“她对中国的观察，不受政治议题的影响，对与东西方交汇的一些观点，尤其是家庭和生活层面的描述，将会受到广大家长们和跟她同辈少年的喜爱。她的深刻的洞察力之结果可以很大地促进人与人之间的互动。这种互动对于改进人际关系的作用要远比政治团体的努力意义深远得多。它让我夫人和我本人深信，这样的纪实作品在当今世界对人类锲而不舍地追求的相互理解做出多么重要的贡献。《西方到东方》的作者作为模范将鼓舞年轻人投身到这场相互理解和尊重的活动中去。”

社会问题是无法回避的，即使孩子尚小，也应该让他们多了解，和他们讨论社会现象。高倩通过自己的观察写成的《西方到东方》，以孩子的眼光，谈论了很多社会问题。她写的事情，有的有答案，有的没答案；有的有一定深度，有的很肤浅。但是，这毕竟是她自己的发现、自己的想法。只有让孩子自己去观察、去思考，才能培养出真正有思想的人才。

一个头脑里装满了文学的孩子，哪怕很小，也会有思想，有分辨力，有良知，这一点可能很多大人还没有意识到。很多人认为优秀孩子的成长只是完全得益于大人长期耐心的"素质教育"式的说教。人们没有认识到，优秀的文学作品对人们的影响大多是积极的、深刻的，对孩子也一样，让孩子们吸取丰富的文学营养，自己体验和感受世界，常常比大人灌输的要更容易接受，理解也更深刻。

3. 读书人要"读书"

博览群书使人渊博，交谈使人机敏，
写作使人严谨。
——弗朗西斯·培根

有多少学生被训练成不读课外书，不善言谈，不爱思考，也不会写作的解题高手呢?! 培养重复的技能，还是培养严谨的思考能力，积累广阔丰厚的文化底蕴？我们该做何抉择？我们自己该如何面对？

一个优秀的人才，其阅读面应该是很广泛的，仅仅读教科书是绝对培养不出精英的。应试教育在中国的历史上写下了"读书人不读书"的一页，这是读书人的耻辱，是应该予以纠正的。

以前，我有个想法，咱们是中国人，不管怎么说，数学总得比别人强吧。女儿一来美国，我就给她加"小灶"，一本一本地做数学题集。这在华人家教中很普遍，既非首创，更非独家。

我以自己的经验，对多做习题就能"成功"感受至深。我小学毕业时的目标是考重点中学。我们数学老师有高招，他编了很多套数学应用题，手刻蜡纸、油印，密密麻麻的小字，每套题一页、40 道题，每人每天带一页回家做，第二天上交，再发一页，如此练习几个月。小学数学有多少内容？很多题目是相似的，无非是某人从甲村到乙村，每小时走几里，共走了若干小时，求甲乙村距离；或者把走路换成乘船，甲乙村变为张庄李庄，等等。一学期下来做几千道题，熟练得根本不用想，一考，不得了，轻易就上了名校福州三中。

女儿参加比赛频频得奖，激发了她的很大兴趣。上六七年级时，应她要求，我帮她买过《数学大赛真题》，此后再没有安排她练数学，反而提醒她，数学不会让她出人头地，大量地阅读、思考和写作，才是光明之道。

以“题海”方法练数学，靠的主要是记忆和熟练，并不需要多少创造性和研究性的思维。费尔兹奖是全世界最高荣誉的数学大奖，有人将它称作数学诺贝尔奖。自1936年以来，至今共有43人获奖，其中有11位本土美国人获奖，仅有的1位华人获奖者是哈佛大学教授丘成桐，丘教授当年是在香港的乡下学校上的中小学。

不少人津津乐道美国学生的数学有多差，却没有人去研究为什么数学基础“声名狼藉”的美国人，竟有11人获得费尔兹奖？接受“严格”的数学“基础教育”，从小在奥赛中泡大的中国中小学生，总数是美国学生的10倍，参加奥赛的学生甚至可能是美国学生的数百倍，为什么几十年来，竟没有一人最终获得费尔兹奖！

更加发人深省的是，数学奥赛在美国不但不是家喻户晓，就是在美国的很多中小学里都是罕为人知！甚至想在书店找到数学奥赛的参考书简直就难于上青天，与中国书店铺天盖地的数学奥赛资料形成巨大反差。再与费尔兹奖结合起来分析，不难得出一个投入产出比极低的、“劳动密集型”的教育典型。

从另一方面来说，靠“多做题”、题海战术来获得的成功是暂时的，过多的“劳动密集型”训练虽然可以让孩子“技术”熟练，但是由于占用了他们太多的时间和精力，使他们无暇扩大涉猎面，以致不少青少年知识狭隘、头脑简单、缺少丰富的情感和爱心，社会活动能力低下。其结果不仅耽误了孩子，长远来说也将“遗祸”于社会，渐渐削弱整个民族的竞争力。家长、学校和整个社会如果津津乐道于“基础教育”的“成果”、没完没了地训练那些“技术”能力，而忘记必须把人文教育放在重要的位置的话，培养出来的孩子将缺少文化修养，久而久之，还会影响民族文化的传承和发展。

丘成桐教授说过，他念小学时数学常常考不好，到了中学二年级，碰上一位良师，常常介绍有趣的题目，数学的背景，数学家的故事，以及数学的发展等，使他逐渐发生了浓厚的兴趣。他的父亲是哲学教授，他认为父亲的文学、哲学素养对他的影响最大。他父亲引导他读不同的书，中国历史、文学和哲学的熏陶对他日后的研究工作影响深远，这些经史子集渗透进了自己的潜意识，左右了自己的想法。

中学二年级以前数学不好，最终成为国际数学大师，靠的竟是文学、历史、哲学的启发及其在潜意识中的影响。这就是研习文史哲的力量！

这个力量在过去多年来，被中国教育大大忽视，一个学生在整个12年的基础教育阶段甚至不要求阅读一本文学原著！很多学生也从来不读任何题材的全本课外书。学生们成了只做题、不读书的“读书人”。在美国一个好的学校，不仅英文课要求学生每学期阅读几本原著的全本，即使是外语课，高中阶段也要求阅读长篇小说原著，并且还要写论文、读后感。与美国好的教育相比，这个差距是巨大的。

英国哲学家弗朗西斯·培根说：“博览群书使人渊博，交谈使人机敏，写作使人严谨。”可惜，有多少学生被训练成不读文学、历史，不善言谈，不爱思考，缺乏情感也不会写作的解题高手呢?!

童年少年时代的教育不应该只是停留在“知识”的教育，应当及早地尽量多地接受优秀的世界文学作品、传统文化精华的熏陶，对他们进行思想、道德伦理和理想的教育。否则，今后即使“成才”，培养出来的也不过是生物型的“机器人”。在引导孩子广泛阅读的基础上，让他们分析作品，把感想表达出来，对自己的思想观、社会观、道德观进行反思、提高，这才是现代教育所应该注意的。

一个优秀的人才，其阅读面还应该是很广泛的，仅仅读教科书是绝对培养不出精英人才的。应试教育在中国的历史上写下了“读书人不读书”的一页，这是读书人的耻辱，是应该予以彻底纠正的。

↑ 既读书也写书的读书人，签名赠书给学校图书馆

无论孩子的志向目标是什么，涉猎广泛的好书是实施“超前”教育理念的条件。阅读和写作远远比求解各种各样的习题重要得多。以牺牲宝贵的时间、牺牲摄取广阔的知识为代价，换取应试技术是不值得的，是与具有良好教育的人所应掌握的知识结构不相称的，也是不“国际化”的。

4. 文学作品要“早读”

> 一本真正的好书应该在少年时读，成年时重读，老年时再读；就如美丽的建筑应该分别在晨曦、中午和月光下观赏一样。
>
> ——罗伯逊·戴维斯

从小阅读名著的孩子，感情比较细腻，懂得如何分析复杂事物。因为很多古典作品比较含蓄，有时一字一句就起了起承转合、牵动全局的作用，需要阅读者细心体会琢磨。

优秀的文学作品，有教诲，有批判，有鞭挞，有唾弃，有颂扬，有歌唱。让心灵一片空白的孩子从小就浸渍在这样的文化营养里，慢慢地吸收，慢慢地渗透到内心深处，是最根本的素质教育方法。

高倩上四年级时，有一次，我去参加学校开放日，她的英文老师对我说，高倩看书，一本又一本，换得特别快，看得也很投入，我总怕她撞了墙。

美国的学校，学生上不同的课要换教室，老师不动学生动，老师固定在一个教室。老师对我说，在课间，你常常可以看到高倩一边低头看书一边换教室。老师有时开玩笑地提醒她:“嘿,小心,别撞墙。”

我们家虽然离学校不远,但是因为校车停靠许多站,单程也要40分钟,这么长的时间,她当然也抓紧利用。

我偶尔侵犯她的隐私权,打开书包,查一查有无“违禁品”。书包满满的,里面总有三四本课外书,我问她,这么多书?你看得了吗?她说,我每天都要看三四本。如果是一二百页的小说,那么痴迷、投入,也许一天能看三四本。但是我至今仍然存疑,看名著也能那么快?

有朋友来我们家做客,看到我女儿三四年级就捧读古典英美文学名著,赞赏之余,表示困惑:“这么小的年纪,看得懂吗?”这个问题不但我的朋友问,老师也犯嘀咕。

老师有一次对我说,她现在看《战争与和平》,也许早了点。这本书特别厚,我是在“文化大革命”中看的。老实说,当时看,只知情节,不知所云。

我观察高倩从小学到初中这段时期,有的书反复看了好几遍,比如《红楼梦》、《青春之歌》、《子夜》都看过多遍,阅读期间也和我交流一下感想,我感觉她每次读后都有不同的想法。在不同年龄依靠自己的眼光去理解,虽不能求得完美,但毕竟是自己的感受,印象比较深刻。

一部《红楼梦》形成了红学,几十年来红学研究搞得轰轰烈烈。既然有研究,就说明有很多还没有弄明白的问题。所以,我认为,阅读文学作品,并不见得要待人们把什么都弄明白了,再告诉你怎么读这本书。

人文科学与自然科学不一样,与解数学题也不一样。一道数学题可能有几种解法,但是只会有一种答案。人文学科的很多问题可能也会有几种解法,但不见得有固定的、标准的答案,而是有各种各样的“说法”。看书也一样,让别人看了后再告诉你答案,这真是扼杀人们的独立思考能力。

有人认为名著看不懂就是白看。我认为,看不懂也可以看,好的文学作品可以慢慢品尝,在人生的不同时期阅读,会产生不同的理解和感悟。现在的孩子让家长操太多心，家长说教也很费劲，很多人动不动就说是“独生子女”造成的问题。可是，一些独生子女并没有问题呀！我看倒是家长和教育界的认识出了问题。很多孩子“不懂事”是由于没有思想，没有受过传统文化，特别是名著的熏陶，人长得牛高马大却思想幼稚。经过长期文学熏陶的孩子，就会了解世事，有思想，有情感。

美国有的著名大学在申请表里要求考生写下近期阅读的作品，并且要求写一篇评论文。普林斯顿大学则要求学生回答关于自己的种种爱好、习惯的问题，下面是问题和高倩的答案。

你最喜欢的书——《我的安东尼亚》；

最喜欢的音乐作品——（俄裔英国钢琴家）弗拉基米尔·阿什凯纳齐的《热情奏鸣曲》；

最喜欢做的事情——边阅读边听钢琴曲；

最喜欢的电影——《大鼻子情圣》（法国古典悲喜剧）；

每天最好的时间——午夜以后；

最喜欢的科目——历史；

最喜欢的报纸栏目——国际新闻；

两个最能表现你的形容词——“求知的”，“充满激情的”。

从一个人看什么电影电视，听什么音乐，关心什么事，就知道这是个什么样的人。有人说填写大学申请时很费苦心。其实，如果想如实地表现自己本身，只需“有一说一”。有的学生填申请、大学面谈以前全家开会出主意，研究该说什么，不该说什么，就是因为平时没有什么想法，没有足够的积累，没有思想储备，只好临时依靠“集体智慧”来“打造”。

从一个人的阅读爱好可以看出一个人，这也已是学界共识。有的大学要求考生列出一个曾经阅读过的书目清单，通过这个清单大致就有了这个学生的轮廓，这是考试成绩所不能替代的。

不过,这个阅读清单也不是可以随便编造的。高倩报考得州大学时,申请一个叫“第二计划”(Plan II)的荣誉课程项目,这是全国最有名的荣誉项目。有的学生可以考入全美前10名的大学,但是无缘踏入“第二计划”的门。当时她还申请了最高的全额荣誉奖学金,全校每年录取1万多名学生,只有12人获得这个奖学金。最终甄选是将20多名进入决赛者请到学校两天,由项目主任、名教授、名律师等组成的10人委员会,在一个会议室的长桌上,对考生进行10对1的考问。问题五花八门,有位精通中国文学的教授问她:为什么《红楼梦》也叫《石头记》?为什么宝玉失玉后变得失魂落魄?还有位教授要她谈谈风水,等等。10位评委轮流提问,每个问题都只能三言两语简单地答。但是,一定要看过书,了解这些知识,才能讲得出来。

高倩从三年级开始第一次看英文版的《红楼梦》,到高中毕业前已读过3遍,有关《红楼梦》的问题就能轻松地答出几句。风水是最后一个话题,她简单介绍了基本的风水原理后,指着会议室一面墙上的镜子,在紧张的气氛下对众评委说:“我今天的位置不好,正对着这面镜子,所以我想,这份奖学金我是得不到了。”她这知识和幽默的巧妙结合,引起全场大笑,接着,评委用掌声欢送她退场。

从小阅读名著的孩子,感情比较细腻,懂得如何分析复杂事物。因为很多古典作品比较含蓄,有时一字一句就起了起承转合、牵动全局的作用,需要阅读者细心体会琢磨。很多家长苦于对大孩子还要进行苦口婆心的“教育”,有的家长传授素质教育的“家经”,就是介绍自己怎样不厌其烦地教孩子什么事该做,什么事不该做,遇到什么情况该怎么处理,对父母、同学、老师应该怎样;要诚实不撒谎,要努力奋斗不偷懒……事实上,所有这些道理,优秀的文学作品都有论述。其中,有教诲,有批判,有鞭挞,有唾弃,有颂扬,有歌唱,让心灵一片空白的孩子从小就浸渍在这样的文化营养里,慢慢地吸收,慢慢地渗透到内心深处,是最根本的素质教育方法,是一种治本的方法。回想起来,在孩子成长的过程中,我很少对她进行长时间的各种“教育”,因为我相信前辈圣贤们流传下来的思想精华、社会现实中的耳濡目染已经足够。事实上,从小受文学熏陶的她在思想上很“正统”,也很“传统”,反而是我们这些社会上历练过来的成年人,需要净化陶冶,洗去身上的积垢。

现在的孩子,无论在美国还是在中国上学,特别是上了初、高中以后,可以自由支配的时间越来越少。所以,在孩子小的时候,让他们抓紧时间大量地扫描一遍文学名著并不是可有可无的事,而是非常必要的。有没有真正看懂其实并不重要,只要能够投入,认真地读下来,多少会有些收获。以后有时间的时候还可以仔细品尝、慢慢消化。特别是在网络时代,帮助孩子从小开始培养阅读中外优秀文学作品的习惯和爱好,是与电脑游戏竞争,对抗网络垃圾文化,培养具有独立思考能力、高尚的思想情操的孩子的有效办法。我认为对高深的名著,不一定要给予指导,可以让孩子自己看,自己理解,不同的时期多读几遍,每次读都可能会有不同的认识和体会,随着岁月的增长逐渐深化理解。

5. 论文——教育的核心

在高中的后两个学年里，高倩在她的电脑里留下了314篇文档，共计600多页四五十万字的各种文稿。写作论文已成为优秀的美国教育重要的核心部分，它贯穿在各个课程里。

女儿上大学去了，经她同意，我接管了她这台高中时用过的电脑。在她的电脑文档里，仅在高中的最后两年时间，就留下了314份文字处理文件。其中有一页两页的信件、备忘录，有三五页或十几页的各门功课的作文。不难想象，由于大多数课程都要写作文，一个人的能力可以得到系统的锻炼。

其实，许多优秀的美国学生在初高中阶段就已经打下了很好的文字和写作基础，也就是所谓的童子功，有的功夫到了成年再练就难了，就像人们到了成年以后才开始学外语一样。

在高中阶段，除了可以拿回家写的作文之外，还有很多当堂作文考试，成绩都要计入学期学年的总成绩，与报考大学直接有关。当堂作文考试的命题通常是对某一本书的评论，老师每次都随作文发一份评分标准，其中90~100分的标准是这样的：完美的细节，有深度的评论，要联系自我，结构清晰有逻辑；极其少的笔误，使用有力的、多变的词汇；卓越的句型变化，准确的有技巧的上下文连接转换；极其少或根本没有重复的内容，令人感兴趣的引言；用没有重复的结论做结尾。

查看女儿的当堂作文，都是手写的，一般5页，细数一下，共120行左右。这真使我这个当父亲的汗颜！

当堂作文时间一般40分钟，高速的写作就是这样培养出来的。大量的、密集的写作要求确实使学生们受到了快速的逻辑思维和形象思维的训练。良好的美国中等教育培养出来的优秀学生，在作文方面的严格训练，使他们能够在很短的时间内对某个事物、某项议题做出快速的判断和准确细致的分析，并且提出较严密的解释、解决方案和措施，将之付诸文字。

必须指出的是，美国的某些写作考试或者比赛的命题是无法猜测的，老师猜题的本事，实际上就是"作弊"的本事，在这儿一点儿也用不上。以高倩九年级时参加的一次地区作文比赛为例，参赛的学生们是从一个大箱子里抽签，抽出自己的作文命题。那个箱子里装有从旧报纸旧杂志上复印下来的纸片，剪成的各不相同的几百张大小不一的小条子。那些小条子上要么是报纸上一篇文章的标题，要么是某杂志一篇文章中的一句话或者一段话，不做任何加工，就权当作文的命题了，没有具体的要求，怎么写都行。出题先生很省心，不用花头脑去想；老师学生赛前也省了很多心，不用猜题，不用做模拟练习，全凭真功夫。一个大考场，每个人拿到的剪报都不一样，也就是说每个人的考题都不一样，当然这对评卷先生的水平也是个考验。那一次，高倩抽到的一个小条子是从一份旧报纸上复印下来的一句话："科学，在它解决问题的同时却产生了更多的问题。"

高倩只用45分钟的时间就写完了这篇文章，我看到比赛结束以后她带回来的这份整整3页的手写稿纸，除了在最后1页有两行画掉以外，其余的一个字母都没有涂改。老师看了文章后说，这篇文章一字不易，就是一篇好文章，叫她输入电脑保存起来留作纪念，还在英文课上朗读给同学们听。这篇获得地区比赛第二名的作文，读起来未必十分完美，尤其是结尾，看得出来，收束得较仓促。当时，由于作文比赛时间的下半时和一场数学比赛冲突，她只用了不到一半的比赛时间匆匆赶完作文，又及时冲到另一个赛场参加数学比赛。

这篇论文是这样写的：

科学的阴暗面

人们几乎没有一天不听到关于某个科学研究项目的投入、有关科学研究的信息，甚至于某个新的科学研究被突破的消息。我们，作为人民，对于这些项目和研究成果非常激动，是因为它们解决了有关健康、技术和许许多多的问题。然而，在1930年出版的《大学》报上，阿拉哈姆·佛莱斯勒（Abraham Flexner）说，“科学，在它解决问题的同时却产生了更多的问题”，这个论点看起来似乎有点愤世嫉俗，但却真正是一种合乎情理的观点。

首先，科学作为一个整体而言，它可以提高人们的生活标准，从这一点看是一个进步。但是它也可以产生一些问题，因为高标准的生活方式只属于我们社会里的富足阶层，它会增加社会阶层的分裂。举例而言，当年，当世界越来越面对电器，比如说灯泡时，只有那些富人，也就是所谓的精英，才买得起这些小玩意儿，而穷人们还只能作为继续使用蜡烛的旁观者。

其次，与健康有关的科学突破也可能成为问题，新的医药或外科技术就是许许多多案例中的几个例子。比如，有些药物在为人们医治某种病的同时却给人带来其他毛病。如今，联邦食品和药物管理局（FDA）也许不让这样的药品进入市场，但是在1930年，这种现象可能会是司空见惯的。至于外科手术技术上的突破，所引起的最具争议性的可能要数器官移植了。这种手术可以拯救生命，但它却带来了道德观念的问题。那就是当一个病患需要某个器官的时候，他所期望和祈求的器官移植是否是道德的呢？说得更明白一点，那不是祈望另一个人的死亡吗？

最后，技术发展的终极也可能是个问题。任何东西发展到适度时都可能是正面的，但是当它发展到极端时，再好的事都可能变成坏事。这里讲的不仅仅是与科技有关的议题，甚至基本的人性也可以用这个道理来概括，比如我们说一个人，是非常好的，十分完美的人，也许就因为描述得过于完美以至于不是真实的。但是我这里要讲的理论是物极必反。举例而言，为了解决旷日持久的第二次世界大战，联军在日本的两个城市投下了原子弹。原子弹杀死了成百上千的无辜，也让更多的无辜深受核辐射所引起的各种疾病的痛苦，直至那个灾难性轰炸后几十年的今天，有些人还在治疗中。科学，也就是这里的原子弹，也许终止了战争，但它也终结了许多生命。

的确，“科学，在它解决问题的同时却产生了更多的问题”是极其难以被辩驳的论点。

从这篇文章可以看出来，作文并不只是一个单纯写作技巧的问题。除了具备一定的文字水平以外，还需要思考，更需具备一定的知识。作者必须拥有相当的知识储备，才能够做到旁征博引，信手拈来，写得快，写得好。

6. 两年几十万字都写啥

大量阅读和不断写作论文是美国教育中最值得称颂的部分。写作不只是单纯的文字、论点、论据的合成。实际上，它是糅合了社会科学、自然科学、文化修养、伦理道德于一体的批判性思维的研究工作，是很完整的“人文教育”、“素质教育”和“政治思想教育”。高中的英文、英美文学、历史、政府、经济、西班牙文和法文等课程写作论文已不新鲜。但是，你可知连交响乐课、体育课也是要交论文的。

女儿存在计算机里的314个文档共分为28个文件夹，有西班牙语、法语、英文、历史、政府、交响乐、体育等课的论文，还有大学申请、来往书信、奖学金申请、恳请老师写推荐信的信，等等。

高中的文学课，研究文艺复兴时期，不是让学生背几行诗，读几段经过简写的作品，而是要求学生读原著。不仅如此，还要学生们写评论性的议论文，这就更上了一层楼。这一回，可不是抽签命题，而是给定了命题，难为学生们，必须阅读更多的原著，寻找几种与论文命题有关的作品，并且设法从中找出可以议论的素材。

学过文艺复兴时期的一些诗歌，你就得写一篇读后感。有什么比沉浸在文学中更能陶冶人的情操呢？在文学研究中，女儿写了一篇《文艺复兴时期的诗歌——死亡》（见附录），在文章中，她得出了“文字比任何事物都更为有力”的结论。她的这个观点很有意思,和我的看法竟然一致。文学使人变得敏感,当孩子们进入了文学的世界时,与文学的力量相比,说教是多么苍白无力。

她写的另一篇《莎士比亚戏剧分析——复仇》,是一个给定的命题。这是必须在读过沙翁的几部悲喜剧之后才写得出来的。

美国历史这门课在美国高中是一门重头课,你不上生物、化学、物理课,高中照样可以毕业,但是,如果不上“美国政府”和“美国历史”这两门课,在绝大多数学校是领不到高中毕业证书的。

在美国的高中里,美国历史这门课不是教你记住历史事件及其发生的时代背景,这门课在某种程度上还起了“思想政治”、“道德伦理”和“素质教育”的作用。老师不是满堂灌地给你讲哪年哪月哪日发生了什么,有什么人参加,有什么历史意义。上课的时候,更多的时间是让学生们进行讨论,抒发自己的看法、感想、理解和认识。老师常常只是当个主持人,引导一下,做些点评。

女儿上的历史课使用的近 1 000 页的课本是留给学生自己读的,除此以外还要求读各种参考书、几本历史小说,阅读量很大。

在上完美国历史有关 20 世纪 20 年代的这一章后,照例得写论文。老师给出 4 个题目,要求各写一篇作文,题目是:(1)妇女和少数民族如何参与到 20 世纪 20 年代的社会和文化的大变动中去?(2)20 年代的本土主义和三 K 党的复兴及其结局。(3)讨论 20 年代中产阶级的崛起,包括娱乐、观念和道德。(4)怎样能更好地描述 20 世纪 20 年代?是“狂飙的年代”还是“觉醒的年代”?

很显然,从这几篇作文题可以看出,历史学习在很大程度上是思考、反省和总结过去,并且试图归纳出值得今后借鉴的经验教训。读了她的这篇作文(见附录),令人不能不联想到今天高速发展的中国。社会的进步,生活水平的提高,高度工业化,物质的丰富,遍地的“四轮汽车”,“沉溺于无尽的享乐”,“人生信仰常被遗忘”。在高速发展中大量引进先进事物的同时,也带入许许多多的糟粕,可怕的是,那些糟粕似乎更为人们津津乐道。正如文中所写的“禁忌都没有了,不再像人们曾经有过的一吻定终生的习俗,随意、自由的亲昵标准,天天性爱”。

带着批判的眼光学习历史,是美国优秀的中学教育成功的经验。女儿学美国历史这门课时,要求要读好几本书,有500页厚的抨击美国上世纪20年代市侩文化、获得诺贝尔文学奖的小说《巴比特》,美国黑人著名小说《根》、《清教徒的尴尬》、《屠场》和《天使杀手》等历史小说。每本书读后都要写一篇三四页长的评论文,包括自己对那一段历史的分析、反省、思考、总结。

美国的历史教育是一种非常严肃和深刻的教育。高倩在哈佛大学时学的就是历史,这是她自己选择的。有意思的是,因为中美教育观念上存在很大差距,对历史专业的重要性有着截然不同的看法。一般中国人认为,学历史没有什么用,毕业出来只能当个中学老师。我的中国朋友一听说我女儿学的是历史,多少都难掩同情之意,绝不会像听到如经济、商业、电子等“热门”专业那样连声叫好。事实上,不管是哈佛大学还是其他大学的手册上,在历史专业这一栏都会指出,由于历史专业“强调海量的批评性的阅读技巧、对证据的分析评估和写作”的训练,历史学科“是理想的法律和商业生涯的准备”。所以高倩高中的老师一听说她去学历史,就知道:“OK,你要当律师。”似乎其中有很必然的直接联系。美国法学院每届学生中有11%大学本科是历史专业的。

大量阅读和不断写作论文是美国教育最值得称颂的部分。写作不只是单纯的文字、论点、论据的合成,让学生们沉浸在“文山书海”里。它是糅合了社会科学、自然科学、文化修养、伦理道德于一体的批判性思维的研究工作,是全面的“人文教育”、“素质教育”和“政治思想教育”。这是一种扎扎实实的素质教育。

7. 研究能力的培养

经济课的研究课题可以是让学生模拟炒股，虚拟的钱炒真实的股，到了学期结束，算一算，是赔了还是赚了，看看学过的经济理论与实际联系得如何。化学是一门实验科学，老师只告诉你要做什么，怎么做是你自己的事，所有的实验步骤必须自己设计，实验器材、实验条件自己选定，还得写详细的报告。

美国优秀的学校普遍安排研究性学习，以实验和独立思维的研究所带动的学习使学生很感兴趣；更重要的是，培养了学生严谨的逻辑思维能力、独立的研究精神和创造性的思维。

美国许多高中开设经济学课程，有的学校采用大学课本授课。一到两个学期的课程包含基础理论与实践。经济学不仅要求学生有较强的计算能力，更要求他们对具体问题可以归纳总结、综合分析。

学校布置了一个为期3个月的投资作业：模拟炒股，在一个学校提供的网站里运作。学生要随时关注股市行情，并进入账户买卖。每个已购股票的交易日期、每日收盘价格、持有份额等，都要制表绘图，放入专门的文件夹，定期交给老师批阅；就连交易的原因也要做文字陈述，包括每天观察、思考的记录。模拟炒股是通过做市场分析与书本理论联系在一起的研究性学习。

电脑课程也是一种实践性很强的课。高倩上过一门"商业计算机编程",主要是用 C^{++} 语言编制商业用途的程序,有零售商店里用的程序,包括商品库存、进货、销售、价格、利润;也有旅馆客房管理程序,功能包括客房预定、房价计算、洗衣费、儿童加费、用餐结算、电话费结算、账单打印,等等;甚至也编制音像丰富的游戏软件。一学期的课程上下来,大约编了 30 个程序,每一个程序都是一份作业。这是一个需要认真研究、反复调试、修改才能够完成的研究性的学习。

除了像经济和计算机这样"实践"性较强的课程需要通过做课题来完成作业之外,对于"实验科学"课程,比如生物、物理、化学等,更是要求学生自己进行从原理到设计直到完成严密完整的实验,同时独立写出一丝不苟的报告。这样,才能培养严谨的科学思维能力,掌握创造性的研究方法。

化学是实验科学,虽然不写论文,但是要写实验报告。与中国学校不一样的是,实验并不是按部就班地按照书中给出的步骤,"依样画葫芦",实验报告也不是简单的填空,而是需要非常详细的文字性的描述。

这里举一个例子,是女儿十一年级上大学 AP 化学课时做的一次化学实验。这次是设计一个历时 2 天的定性化学实验来分离一、二、三价态金属的正离子混合物,要求学生自己去设计实验的每一个步骤,提出假设并用实验去证明,考虑采用什么反应物,应该产生什么结果,有时还要考虑实验潜在的安全问题等。

实验完成后,要写出详细的实验报告。实验步骤的设计是最启发学生思考的,这是一个理论联系实际的过程。有些设想,理论上看起来很简单,但是,实际上由于种种原因行不通,这也是不断尝试、积累的过程。在女儿 11 页的实验报告里,整整 3 页的篇幅在描述实验步骤。据她说,实验常常不会一次成功,有时一个实验要做几次、几天才能成功。

我翻出她当年上高中时留下的材料,看到这一份,把我吓了一跳,因为这份实验报告只得了个 80 分。这个成绩对于想上著名大学的人来说,简直是灾难。因为推算出来 80 分就是相当于大学 AP 课程的

3.0。这与可能得到的最高分数5.0相比，差距太大了。

其实，她做的两个实验完全正确，手写11页多，共达三四百行的文字描述，加上两个反应流程图的实验报告，已经很清楚地指出实验中每一步有什么现象，证明了混合物里有什么成分。这份报告无论从格式、思维逻辑上看都是很正规清晰的。但是，在“反应现象”和“最终结论”里出现同一个错误：应该是“加了盐酸后产生白色沉淀的现象，证明了未知反应物里含有铅的成分”，错写成“加了盐酸后产生白色沉淀的现象，表明出现了铅离子”。实际上，她是既得出了准确的结论，也知道了

→一份化学实验报告足有400行

正确的结果，只是没有用严谨的化学语言格式来表述。老师就为了这一点小错误，一口吃掉她20分，相当于拿了个C的成绩。咳，真是个没有同情心的老师啊！

但是，不正是这样严厉和严格的教师，才培养出具有严谨的研究精神的学生吗？以小见大，也许，这就是为什么美国能出大科学家的原因。这种不为"高考"所左右的研究性学习，老师对学生一丝不苟的要求，也许正是当今中国的教育所应该借鉴参考的。

这种以培养基本的独立研究能力为目的的实验并不是个别有兴趣的学生的额外作业，而是所有选修这门课的学生都要做的实验。事实上，这门选修课当时有两个班，每个班大约有20个学生，他们每人每个星期都要按课程要求做一个实验。女儿未来的专业兴趣虽然不是在理工科，这门大学水平的化学课完全可以不必上，但是，她还是选了这门课，因为她认为基础学习不能偏科，自然科学的基础是每个学生都应该要了解的。

美国优秀的学校普遍安排研究性学习，以实验和独立思维的研究所带动的学习使学生充满兴趣。更重要的是，培养了学生独立的研究精神、严密的逻辑思维和创造性的思维。

八 疲于奔命的高中

Piyubenming De Gaozhong

1. 对美国高中生的偏见
2. 高中后两年有多少事
3. 耗时间的演讲比赛
4. 选美：另类挑战
5. 模拟美洲国家组织比赛
6. 东方巡演之梦

1. 对美国高中生的偏见

美国和世界上其他地方的很多人并不真正了解美国高中的现状，但是，他们往往过于草率地下结论，或者用他们对美国教育肤浅的认识哗众取宠。他们并不知道，实际上，今天有的美国学生的确非常用功、拼力竞争。

来美以后，读过不少有关美国教育的中文书，都是出自旅美人士之手，根据“第一手”资料和“亲眼”所见而写的“真实”的美国教育。作者中既有专业和业余记者、作家，有长期旅美的学者，还有短期来美访问、学习的各种背景的人，甚至还有在美国高中短期学习过的学生。这些作品大多表现了美国教育的无能和落后，但这和我们亲历亲闻的很不一样。女儿小时多次回国，也感觉到人们对美国教育存在片面的认识，不免愤然，写了如下这篇短文。

很多人有各种各样的陈词滥调。当然，理想的世界是摆脱了陈词滥调的，不过不幸的是，我们还没有达到那个理想的世界。我们不得不把它们分门别类成三个范畴，我们可以说，那些陈腔滥调要么是好的，要么是坏的，再么就是无所谓的，因为它并不伤害任何人。然而，有时那些于人无损的陈词滥调正是我们最在乎的。在我的脑子里，有一件我最在意的事，那就是有关学生，特别是对十几岁的高中生的偏见。

这些陈词滥调根植于世界各地很多成年人的脑中。住在这个国家以外的有些人认为，美国学校的学生没有多少事可干，所有的美国孩子都享有接受最好教育的特权，人人都可以上学，美国学校的学习特别容易。不过，他们没搞明白的是，那些不好好做功课的人，虽然仍然可以上学，但是不会及格！可惜，并不是仅有那些外国人有这样的观点，甚至有些美国人也认为，美国的学生是世界上最无忧无虑的、不负责任的人。也许这些人上学的那个时代是那么轻松的，但是，对我来说，就不是这回事儿了。如今，竞争变得越来越激烈，因为大多数人都希望进入好大学，上高中是他们得其门而入的唯一办法。由于竞争更激烈，学校的功课也就变得越来越难，越来越多。

必须承认，从幼儿班到初中，学校是没有什么挑战性的。我们没有多少作业，唯一操心的事是偶然的考试。然而，初中和高中的差异是巨大的。我在跨入高中的第一天起，就意识到了这一点。

在上高中以前，我为自己预设了很高的目标，计划修很多课，什么都想学。我知道高中的课比较难，并且时间很紧，但是，我当时并不知道，到底课有多难，时间有多紧。我当时甚至也接受现在十分厌恶的那个偏见，我想，学校的功课，不就是和风细雨吗？我从来都不知道，那么多的业余时间该拿来干什么。

上学第一天，我到教室里，等着听那一节又一节、长长的、年复一年的、每学年第一天都要听的规章。我知道在小学这是很重要的，但是这种“第一天”的讨论永无休止，我们不停地上这种课，甚至从初小一直上到初中。

高中开始的那一刻，我就明白了，高中将会是很不一样的。而且，有一件事是我绝对没有想到的，那就是上学第一天就有作业。这简直是荒谬。

哪个老师在开学第一天就给我们布置作业？这可是从来没有过的，我当时就觉得，这是不可能的。不过，正是因为这个原因，从那一天起，我抛弃了对于美国高中的偏见。那天离校前，我有两个测验，还有一大堆当天晚上就要完成的作业，那些作业的量比起初中一个星期的作业量还要多。

接下来的那几个星期是艰难的调整适应期。有一天，我忘了写英文课的作文，因为那天晚上做功课，一直忙到过半夜，把作文的事完全丢到脑后了。当我走进教室的时候，才想起这个作业，不过，那时我并没有太担心，老师总不可能因为我忘了，就给我一个零分吧。她也许该知道，那天晚上，我还有其他课的好多作业呢。

这是典型的高中新生的想法。我清清楚楚地记得，那天，老师站在教室前面收作业。

桑德斯太太，就是这个老师！我还在上初中的时候，就一直听人说起有关这个老师的恐怖的故事。我听说过她的考试有多难，她对论文的要求有多高。但是，我不太相信那些传言。没想到，第一个零分真的记到我的成绩单上！那一天，我才意识到，我不得不相信那些传言了。经历了这个教训，我知道，我的忘性得改了。

至于那个偏见，主要是关于美国高中生的工作量。很不幸的是，人们根本不知道一般学生到底有多大的工作量。我上高中的第一年（相当于中国的初三），熬过半夜到凌晨，成为很平常的事。我逐渐变得习惯于每天只睡不到5个小时，在那些过了半夜还没睡的日子中，偶尔还得彻夜不眠，尤其是在期末考试的那段时间里。有时，我甚至发现，这样彻夜不睡反而更好，因为如果彻夜不睡，我还是活蹦蹦的挺好。然而，一旦睡了两三个小时，就要面对无法醒过来，也无法起床的问题。

以我在十年级的头3个星期为例，可以说明我们的工作量有多大。一开学，我的英文二级老师斯坦巴克太太就摆出了要整死人的气势。我们的第一篇作文题目是《开学第一星期的经历》，这篇作文要求开学的第二个星期一交稿。紧接着，第二天，又要交另一篇作文，这篇作文是分析罗伯特·佛罗斯特的诗，到第三星期结束以前，我们还必须读完一本文学原著，然后，整理出全书的对白，并且还要写出我们对每段对白的分析、评论——这一段段对白的目的，它们在这里所起的文学上的功能和作用，我们的感想，等等。同时，也是在这个星期内，我们的另一篇作文《通过仪式》也到了交稿的期限。这篇作文写的是人生中的某个重要事件对我们的影响，并且由此让我们学到了什么。所有这些作文都不是可以随便胡扯几下的作业。她对我们的要求是很高的，她的评分也非常严厉。然而，所有这些学习工作量都只是一门英文课的作业而已，我还没把其他那么多门课的作业算进来呢。这年，我上的课还有西班牙文三级荣誉班、法文三级荣誉班、地理荣誉班、代数二级荣誉班、化学荣誉班，还有交响乐课。

美国和世界上其他地方的很多人并不真正知道美国高中的现状，但是，他们往往过于草率地下结论，或者用他们对美国教育肤浅的认识哗众取宠。他们并不知道，实际上，今天有的美国学生的确非常用功、努力竞争。因此，我希望，有一天，终于有人发现，美国的高中究竟是什么样儿，也希望我们的劳动能够得到一点点的尊重。

← 这个夜猫子有个伴儿

老爸感慨：

可惜这一天来得太晚，女儿 1997 年上十年级时写的这篇文章，今天才有机会在这里公之于众。时过境迁，如今她已经完全不在乎人们的想法了，虽然抱这样偏见的人仍然比比皆是。

美国记者爱德华·休姆斯(Edward Humes)曾经获得最高新闻奖——普利策奖，他从 2001 年秋季开始，花了整整 1 学年的时间，在加州的一所公立高中“蹲点”调查。在学校听课，找学生询问聊天，采访学生和老师们，还在这个学校教一门论文写作课，甚至也亲自参加考试。

根据一年深入的亲身体验，他写了一本书，书名为《梦想的学校》(School of Dreams)，此书于 2003 年 9 月出版。全书近 400 页，只有 3 大章。他在此书长达 188 页的第一章用了这样的长标题：

> 4 是有魔力的数字：
> 4 小时睡眠，4 杯拿铁(Lattes)咖啡，4.0

这本书描述了加州惠特尼高中(Whitney High School)的学生群像：为了得到最高的平均成绩 4.0，他们一天只睡 4 个小时，灌下 4 大罐拿铁咖啡，为的就是能够熬过一整夜。为了成绩，为了人生目标，为了 SAT，为了考上好大学，他们拼了。

记得有一次，女儿为了完成论文，彻夜不眠。早晨上学前，如往常一样，她来到我的床前，对我说“Bye-bye”。她握着我的手说：“爸爸，我一夜都没睡，你摸摸我的手，好凉啊。”

我正在梦中，闭着眼睛，握着她软软的冰凉的手，口中喃喃道：“嗯，是很凉，嗯……我好困……Bye。”

她在我脸上亲一下，再喊一声“Bye-bye”，就出了屋。

仿佛听到车库电动门的响声，梦中女儿冰凉的手把我惊醒。我跳下床，顾不上穿外衣，冲出门，开上车，一路紧跟在女儿的车后，一直到她的学校，看着她把车安全地停在停车场，我才满腹心事地回来。嗨，可怜的孩子，这么苦，都是自己找的。

惠特尼高中并不代表美国的每一所高中，惠特尼的高中生也不代表全美国高中生。美国的高中生也不都像女儿一样，他们完全可以不必这么辛苦的。无论在世界的哪个地方，自愿选择辛苦的人都不会是多数，如同精英也总是少数一样。但是，在美国，确实有这样刻苦努力的学生，他们都是自己做出这样的人生抉择的。

当中国优秀学生们向前冲的时候，如果感觉生活太苦、负担太重的话，除了可以读笔者这本书之外，还可以看看休姆斯先生的《梦想的学校》。那时候，你就会发现，原来在世界的另一端，还有一批为了前途命运更加拼命的同龄人。也许，就是因为有了这些非常拼命的人，才有美国的今天。

2. 高中后两年有多少事

“美国的高中生，根本就没觉睡！”毕业前的这两年，高倩天天在学校上7门课，校外再加上1门函授课，为的是让自己能在学校多上1门“强学术型”的课程；课后交响乐团排练；组织交响乐团募捐活动，筹集18万美元赴华演出经费；参加各种比赛，有州里的，有全美国的；完成各门功课的作业，写每门课都要求的论文，连选修的荣誉交响乐课，除了排练演出外，也要写论文！另外，还要填大学申请表，写大学申请论文；写申请各种奖学金的论文；打工……最后，还要自己操心，参加12门课程的“高考”。

美国的高中生都忙些什么？有人说，美国高中生很轻松，美国大学有几千所，只要想上大学，每个学生都能找到一所大学上。这话确实不假。知道得更“深入”一些的人说，美国的高中生，只要考1门SAT就可以申请上大学了。

如果说美国的高中生都很轻松，那是连美国教育的表面都没有看到，至少是非常不全面的。可惜这种不负责任的看法以讹传讹，害惨了很多思想准备不足、自我陶醉的中国学生，特别是小留学生。

美国高中生可以根据学校的规定，自己安排选修哪些课程，选择是否参加课外活动，参加哪些课外活动。如果一位学生目标不高，瞄准一般大学，甚至只要求拿个高中文凭，高中阶段可以很轻松，有玩有乐；享受了无忧无虑的童年以后，继续享受快快乐乐的少年时光；只需挣够高中毕业所要求的最低学分，只需选修最容易的课程。

如果一位学生“天才”，追求的目标也不是很高，应付学校里的课业之外，再参加一两项社会活动装装门面，运气好的，也能找到一所很好的大学上。

我们家的老朋友王太太，曾经说过一句很生动的话：“美国的高中生，根本就没觉睡！”

我觉得，这才是对当今有抱负的、“天资”平常的美国高中生的高度概括。

这是她对上高中的儿子的深刻贴切的总结。也许只有长期生活在美国，孩子在美国上高中的家长，亲身体会后，才会感同身受。那时她的儿子在一个较大规模的公立高中念书，全年级800多名学生里，他的成绩排名总在20名之内。

高中可否毕业并不取决于是否学完4年，而是取决于得了多少学分。我女儿就读的高中规定修完22个学分就可以毕业。女儿七八年级时，上了高中的代数、健康、法语和西班牙语。她入读高中之前，已拿到3.5个高中学分，高中上3年就可“提前”毕业。可是，不少像她这样的学生，没见过哪个赶着“超前”1年毕业的。那些雄心勃勃的学生，心里想的是多修课，修难课，拿高分，让这些课程和高分在成绩单上表现出来。

为了达到多选课的目的，女儿不准备“浪费”课时上本校高中的体育课。得州大学有体育函授课程，她决定用课外时间读函授。这样，她就可以腾出时间在自己学校多上1门“强学术型”的课程。高倩十一年级开始修AP课，到第二年期末的5月可以参加全国统考。十二年级开学不久，就开始申请大学了。只有在十一年级参加全国统考，才来得及在大学招生录取前提供成绩。5门AP课老师的要求都很高。英文、法文、西班牙文3门语言AP课要求阅读许多文学原著，每星期都要写一篇论文,一次当堂论文考试;AP 化学要做实验,有时一个实验要做很多遍才成功,然后还要写实验报告。AP 美国历史课也是每星期要交论文,近 1 000 页的课本,要记的知识点很多。至于交响乐课,因为选的是荣誉课,要求 1 学年写两三篇音乐家及其作品的分析评论文章,看 5 场音乐会,分别写出 5 篇评论文章。到此为止还没完,这门课还要求学生自己组织非正式的演出,可以是独奏,也可以与其他同学一起合作,比如四重奏等。老师只管收你的节目单存档,打分。

十一年级的这 8 门课,应该说是非常繁重的。但是,这还仅仅只是“学业”部分。一个完整的高中生活,还应当包括其他的课外、校外活动,算是“综合素质”里的“其他素质”。

女儿在十一年级找了一份 IT 公司电话调研员的工作,每周工作 17 小时,这份有薪的工作时间很灵活,可以随便选,每周四五次,每次三四个小时。为了上这个班,女儿常常晚上 10 点左右才回家吃晚饭,然后,扛起书包回房间啃功课,熬到凌晨四五点才能睡觉,有时为了交论文甚至彻夜不能眠。难怪王太太说高中生根本就没觉睡。

第二年,女儿找了一份卖珠宝的工作,每周工作 15 小时,加上一份教育局的教小提琴的工作,每周 3 小时,一共每周工作 18 小时。

有人认为我女儿是格外用功的特例。其实不然,女儿告诉我,有一天凌晨 5 点,她有一道物理题解不开,试着给同学凯文发去电子邮件求教,马上就接到回邮。女儿后来对我说:“凯文的成绩比我好,他都还没睡,我怎么敢睡?”除了这 8 门课和工作外,在高中最后两年中,上十一年级时,交响乐团参加纽约国际青年音乐节,要筹一笔巨款。十二年级筹划赴华演出,要筹集 18 万美元的经费。这些活动都要花费很多时间。此外,她还参加各种比赛:全州法语比赛得到散文第一名;模拟法庭比赛和其他各项演讲比赛都得到很高的名次;参加以班级为整体的美国政府与宪法比赛获得全美第二名;参加得州模拟美洲联合组织比赛获得州第一名、全国第二名。

此外,她还要填大学申请,写大学申请论文,写申请各种奖学金的论文。

忙完了高负荷的8门课，忙完了许许多多的课外活动，最后才可以忙“高考”。能不能进入好大学，“高考”分数也是很重要的。

似乎没有人把“高考”当大事，学校的老师不会给学生出模拟考题，让学生下“题海”。教学不会给“高考”开路。一切全得靠自己操心准备。

有人误以为美国高中生上大学，只要交1门SAT考试成绩就够了。其实，美国“高考”科目的数量是“世界之最”，共有20门高中课程水平的SAT II专科考试和35门大学程度的AP课程考试可供学生选择报考。很多报考著名大学的学生都自愿提交多门大学统考AP成绩。高倩一共参加了12门课程的“高考”，其中8门是大学AP考试。

美国的高中生有很多事可做。美国的优秀高中生，都是在疲于奔命。

高倩一周作息计划（1999 年 1 月 18~24 日）

Ⅰ. 学习	时数
上学上课	37.5
复习功课、写作业	21
	58.5 小时
II. 社会活动	
每周参加一次社会活动	2
会议——西班牙学会/国际俱乐部	0.5
管弦乐交响乐团	2
模拟法庭	5
政府比赛	0.5
PASF/MST	0.5
演讲学会	0.5
比赛/工作	20
电子邮件/ICQ（0.5×5+1×2）	4.5
写信	1
	36.5 小时
III. 饮食起居体能锻炼	
冲凉（0.25×7）	1.75
吃饭（0.5×5+2×2）	6.5
睡觉（7×7）	49
慢跑，每周一次	0.5
仰卧起坐（每晚至少 50 次）	0.5
	58.25 小时

Ⅳ. 精神调剂	
阅读《圣经》	1小时
V. 文化修养	
每月至少读一本课外书	1
阅读《时代周刊》	1
练钢琴	7
	9小时
VI. 订计划	
每天5分钟,星期天30分钟	1小时
总时间	164.25 小时
每周可用时间	168小时

3. 耗时间的演讲比赛

女儿几乎每个周末都要外出，到其他城市参加各种各样的比赛。一年几十场演讲比赛，耗时间、耗精力，既需要耐力，还要有实力。靠比赛的累计积分晋级，她获得了全州决赛资格。每场比赛有几百人参加，这样一个赛场，形成一个微缩的社会，是个令人大开眼界的舞台，是一种综合能力的考验，这样的能力，是每个高素质的人才所不可或缺的。在这样的场合，结识了不少"精英"，既是朋友，也是对手。这个局面一打开，全州哪个学校有何特点，有什么高手，她都了如指掌。

女儿高中有个演讲队，经常四出参加比赛。参加演讲队的必须是曾经或者正在修演讲课的学生。女儿不修演讲课，因为她认为演讲不算是"强学术型"的课。凭自己的英文基础、快速反应能力和知识面，她有信心与其他选修这门课的学生一搏。虽然没有上演讲课，她还是破例挤进了演讲队，这可能是靠口才说服了演讲课的老师兼教练科斯太太，也可能得益于科斯先生的推荐。一年前女儿上八年级时是校数学竞赛队队员，这个数学队那年夺得了全美最高数学竞赛 MATH COUNTS 的得克萨斯州团体第二名，所以刚进入高中九年级，她就被高中数学队教练科斯先生网罗进高中校队。

参加第一年的演讲比赛，高倩写了如下的笔记。

几乎每个周末，我都要外出，到得州的其他城市参加各种各样的比赛。数学、科学类的比赛和演讲类的比赛混合交替着。有时，不同的比赛同日同时进行，我不得不在各种比赛中做出选择。

参加演讲比赛是很好玩的。因为比赛通常要持续两天，所以，我们总能不上学，并且能够在其他城市过夜而不用待在家里。一般凌晨开车到举行比赛的城市，把行李放到旅馆，然后再赶到比赛所在的学校。晚上总要很晚才能回到旅馆，小睡一段时间后，第二天一大早又要被拖起来，参加第二天的比赛。到这一天结束，晚上领到奖后，再开车回来，常常过了半夜才能到家。

演讲比赛有各种各样的类型。这次，我参加诗歌、散文、讲演术和即席演讲比赛。

诗歌比赛要朗诵不同的诗作，通过语言语调、手势和面部表情来表现出诗歌的意境。

讲演术比赛要求预先记住一段10分钟的演讲稿，并且要以某种方式传递一个重要的信息。除此之外，还有3种不能提前做准备的比赛，就是，“即兴演讲”、“即席演讲”和“学生议会比赛”。

即席演讲是从信封中抽出有关时事的议题，允许30分钟的时间准备。参赛者可以自带一个装有杂志和报纸的文件箱，以备研究议题时用。演讲时还必须引用这些文章，并说明引用内容的来源。这个7分钟的演讲有一定的格式：包括1个引言、3个主要论点和1个结论。

得州学校的辩论队都是得克萨斯州辩论协会（TFA）的会员学校。每学年末，TFA都要组织一个全州性的辩论总决赛。参赛者首先要参加TFA会员学校主办的资格赛，每年有二三十个学校主办资格赛。获得参加全州决赛的资格是必须在历次资格赛中累计获得6个积分。通常每场资格赛都有几百人参加，在一场资格赛的决赛中获第一、第二名的可得到6分，第八名的可得1分。

每次比赛，我们都是凌晨4:30赶到学校，搭老师开的车去。我9年级第一次参加比赛时就进入了决赛，进入决赛的人都是很有经验的，虽然那次我只得了决赛组里的最后一名，第八名，但是，因为是新手，教练和我自己对这个结果都非常满意。

即席演讲的议题可能有几百个不同的题目，每人可以抽3次签，当场选定其中的1个作为演讲的题目。当我抽出题目来后，知道麻烦可大了。第一个话题，我完全不知所云，第二个话题看来晦涩不清，我不得不抽第三个签。虽然我对这个议题也所知不多，不过和其他两个题目相比，已经算得上是专家了。

这个题目是"对外援助是不是我们不能达到财政平衡的原因"。很不幸，我以前对美国政府的财政预算是从来不在意的，所以对这个问题没有多少想法。我所能记得的，只是几个月前曾经和别人谈起过，美国本身的财政支出是多少的问题。我们讨论到的只是，人们都相信，美国对外援助的支出太多了，但是事实上，美国在国防上的

↓　又一个整装待发的凌晨

支出是外援的几百倍。我决定以这个切入点作为我的观点之一来进行讨论。

我希望能在文件箱中找到可以用得上的资料，但是，有关对外援助的资料实在少得可怜。时间一分一秒地过去，我焦躁不安，最后我决定用两个并不是很有说服力的论点，权充3个论点来发挥。我用我到的一篇华尔街日报的文章作为我演讲资料的来源。在走向考场的路上，我的脑中搜刮出了一个很有意思的引言。

我开始演讲后，感觉不那么紧张了。不过，当讲到那些并不太有说服力的观点时，禁不住自感惭愧，脸红起来。如果那个文件箱里有足够资料的话，也许我可以做一个很好的演讲。

我从裁判手里接过评卷，看到我被评为第六名时丝毫不感到奇怪。这位裁判对我的表现实在已经持非常客气的态度。他在评语上，表扬我对这个议题的分析，但也要求我做更有深度的分析。他的评语还写了很多鼓励和赞扬的话。不过，让我高兴的是，他确实给了我几点提示，使我知道以后怎么能做得更好。这是比获奖更重要的收获。

做完了即席演讲，我急急跑回大餐厅，去抽诗歌比赛和散文比赛的题目，接着去找赛场。我的演讲术赛程排在最后一名，我非常高兴，因为，那样可以在裁判的头脑里留下较深刻的印象。

当我进入诗歌赛厅时，发现全场肃静。这时，一位演讲人走上讲台，她的表情很严峻，我知道，她的诗要不是堕胎、失去亲人，就是死亡。我没猜错，那首诗，讲的是失去她的双胞胎妹妹。

轮到我的时候，我故意很傻气地问："噢，该到我了？"我用一种非常犹豫的不明确的语调说。裁判看着我，点点头。就如我所期望的那样，他的脸上褪去了前面那首诗带来的伤感。

这是我的朋友在参加演讲大赛后教我玩的把戏。如果前一个演讲者把现场气氛引得很沉重的话，你一定要想办法打破这种局面，这样可以让裁判有一个清新的大脑、轻松的心态，而不是沉溺在前一首诗里。最简单的办法就是讲一两句不必要的开场白，或者干脆是傻话，就像我刚才说的，或者制造一个大噪音，比如说，故意把文件夹丢到地上去。

我的诗是完全相反的情绪，我必须用这个小策略。她的诗是缓慢的、悲痛且催人泪下的，而我的诗却是欢快和热烈的。不过，实际上，我的那首诗也是催人泪下的，只不过是过分好笑。

但是，当我开始朗诵时，感到胜算的可能性不大，因为裁判的表情看来非常严肃，他像个既不能感受，也不能理解幽默的人。当我朗诵结束时，整个房间笑得像是炸开了锅似的。可是，裁判的面部表情始终没变。两小时后，我看到裁判在我的判卷下第二名的位置上打了圈。震惊之余，我高兴得当场就大喊大叫、乱蹦乱跳起来。

诗歌预赛后，我穿过走道，来到了讲演术的房间外，慢慢地走上讲台，一边走，一边想着我的演讲。裁判一直注视着我。我不去关注观众和裁判，而是全力集中在我的演讲上，尽情发挥。从而，我毫不意外地进入了半决赛。

在接下来的两个小时里，我和我的伙伴们都为自己是不是能够进入下一轮比赛而焦虑。1:30左右，名单贴出来了。我的名字赫然列在两个演讲术小组里，我真兴奋。

我站在榜前时，一位另一个学校的女孩跑过来和我谈话。

“我对你进入下一轮的诗歌比赛很有信心，”她说。

“噢，你看到我了？”我问。

“是的，事实上，我和你是一组的。”她说。

“你在我那一组？ 你有没有……”我问她。

“没有。”她说，“不过，我没有组里的其他人好。你确实是可敬的。”

我不知道说什么才好，不知怎么的，我为她没有胜出而感到歉疚。至少，她不像是那种报复型的人。我的处境非常尴尬，但是她的微笑那么令人鼓舞，以至于很快就没有了尴尬的感觉。她对我说，她会来看我的诗歌半决赛，对于她的高姿态和真诚，我非常感动，也很高兴在我的诗歌比赛时可以面对亲切友爱的面容。

我们在各种不同的场合结交了各式各样的朋友。那天，我很高兴能以这种淳朴的方式交上新朋友。

老爸点评：

这段流水账，摘自高倩写的参加第一次比赛的随记，繁复琐碎。摘录在此的只占原文的一小半篇幅，读来仍觉头晕厌倦。作为当事人，每年参加几十场这样的比赛，她似乎总是情绪高昂，乐在其中。

经常外出到一两百公里以外的城市参加比赛，学习的时间少了，得到了什么呢？

我看，至少是开阔了视野。比赛中发现知识不足，提醒自己要扩展知识面。每场比赛几百人参加，各校的尖子都凑到一起，比武的圈子就不局限于一个学校了。来自各地的老师评委，可以让你领略不同老师的风格。这样一个赛场，形成一个微缩的社会，是个大开眼界的机会。女儿在这种场合结识了不少各地各校的“精英”，既是朋友，也是对手。比完了武，就成了朋友。这个局面一打开，全州哪个学校有何特点、有什么高手，她都了如指掌。不是说，要知己知彼吗？她从来都不把自己的目标和战场定位在这个小城里。

从未上过演讲课的女儿，高中第一年在演讲队就战绩可嘉，期末夺得唯一的最佳新手奖。无论是初赛第八名还是决赛第一名，对她来说都意义非凡。从几百道题中抽出一道，仅用 30 分钟时间即席准备演讲，对于每一个人来说，都是一种综合能力的锻炼和考验。这样的能力训练，是律师职业的准备，是期望成为高素质的人才所不可或缺的。

4. 选美:另类挑战

从未参加过选美的高倩这回要参加这一全得州的竞选活动,为的是尝试不一样的挑战。从筹款到登台,与经验丰富的对手们一搏,不期而然地从 133 名对手中脱颖而出,成为进入决赛的 12 名选手之一。

女儿拿到得州"美少女"比赛的资料,一时心血来潮忙起来。她对我们宣告,要参加这项比赛。

美国选美比赛五花八门,她所参加的是得州美少女(Texas Teen)比赛,参赛者为 13 岁到 18 岁的在校学生,女儿这年 16 岁。这个选美只限在优秀学生中进行,根据资料介绍,"只邀请那些在州一级学业优秀又已为公众承认的具有优秀个人成就、领导才能和艺术才能的女孩子参加"。学校选定她为候选人,再由她自己申请以获得邀请资格。这个比赛的评判标准有:学校和社区服务成就、个人自我建设、笔试问答、学术成就、裁判的面试、晚礼服和舞台表演。

女儿将申请表填好,又准备了简历、学校成绩单和 SAT 成绩单、申请信和照片,寄给主办单位。几个星期后,接到通知,她被正式邀请参加这个全州性的比赛。

美国大小选美都要收报名费,传统上这笔费用都是参赛者去找赞助商赞助,包括参赛者的服装、旅费等。

她“讨钱”也不去登门磕头，而是在家里发“公文”，分别给我们的牙医、保险代理、电脑公司写征求赞助的信。过几天，又分别挂电话“催账”。很快，足不出户，400 美元的赞助款收齐了。

1998 年 6 月底的一天，我们开车到达拉斯市。到宾馆报到时，看到会堂大厅前摆着各种奖牌，比赛除了最终选出的“小姐”有后冠、奖金和奖品外，其他 11 名进入决赛的也将获得奖牌。开始只是想“玩一玩”的女儿，这时眼睛一亮，满怀希望，准备奋力一搏。

美国有多少人从小梦想在这一舞台上大出风头？看看报到处前那位小女孩就能悟出来，她挎着写有“得克萨斯州小小姐”的红绶带，头上戴着闪闪发亮的后冠，大模大样地接待来报到的大小姐们。一问方知她才 11 岁，原来，13 岁以上叫“少小姐”或美少女，13 岁以下年龄段叫“小小姐”(Little Miss)。她是去年的得州“小小姐”，以嘉宾身份应邀参加今年这个选美活动。她告诉我们，她的姐姐是前几届的“小小姐”，今天也来参加“少小姐”比赛。随她指的方向望去，果然看到一个高挑漂亮的女孩。原来选美也像体育比赛一样，以年龄分段，有童年组、少年组、青年组、成年组。

报到之后，高倩到旅馆房间换好服装，跑过来对我说：“爸爸，我们那儿有好几个女孩长得实在漂亮，而且很有经验，她们参加过各种各样的选美，只有我是第一次参加。”

我忙对她说：“没什么，没什么，我看你比她们都漂亮，而且，你一定比她们都聪明。”前半句是安慰的话，后半句，我打心里就是这么想的。

第二天一早到旅馆，再看到女儿时，她已是一脸灿烂，跑过来悄悄对我说：

“爸爸，你别看那几人长得漂亮，一说起话来，就知道没头脑。”

我忙说道：“就是嘛，就是嘛，不是给你说了吗？”

女儿听了，抿抿嘴笑着跑开了，刚跑几步又折回来告诉我，昨天笔试已经考过，感觉很好，有人挠头挠耳大半天，还空一半题目没做。

上午安排拍晚礼服的个人照，下午面试。面试在几个房间里同时举行，不对外公开。面试的问题五花八门，时事政治、道德伦理、偶像、理想、未来计划，等等。

女儿面试出来，跑到我身后，用手肘狠狠撞我的背，显然心情特别好。她迫不及待地悄声报告面试情况，并且说和那两个裁判谈得挺高兴，以致超过时间还不放她走。

第三天下午两点决赛，我的朋友李先生一家4人和韩先生夫妇都来捧场。首先是133位小姐在音乐伴奏下劲歌劲舞20分钟，接着，组委会主席开始介绍这个特殊选美赛的重要意义，并陆续请出上一届的得州美少女、小小姐，再一一介绍裁判，会场的气氛十分热烈。我们都是第一次现场观看这样的场面，很兴奋。

晚礼服展示开始了，选美小姐们在音乐的伴奏下步上舞台，曾经获得全国美少女后冠的主持人用轻柔的声音逐位介绍。刚开始我根本不抱希望，但是这一刻，全场就像沸腾的海，等待，等待，终于看到女儿从右侧步入舞台，主持人介绍："来自A&M联合高中的高倩……"我们这

↑　唯一的华裔女孩参加这次选美（第2排右7）

一堆人大声狂喊鼓掌，幸亏请了几位朋友来捧场，否则那天真成了“少数族裔”，女儿是这一年参赛的133人中唯一的亚裔。

晚礼服展示结束，宣布进入决赛的人选，我们心有不甘，继续看热闹，进入决赛的听到名字后一个个被请上台，忽然听到主持人故意拖长的声音，“下一位是——来自——大学城的……”容不得她的话音落下，我们这一伙人嘣地从座位上跳起来，挥舞拳头，声嘶力竭地大喊大叫起来。

5. 模拟美洲国家组织比赛

美洲国家组织(OAS)是全世界历史最悠久的国际组织,美洲35个国家都是会员国,中国是60个常任观察员国之一。OAS每年在美国首都华盛顿的总部大楼里举行会议。

模拟美洲国家组织比赛是参照正规的OAS议程进行的,各州比赛得分最高的10人组成州代表团参加全国决赛。经过两天的激烈比赛,第一次参加得州比赛的高倩总分第一,获得州首席代表称号,她接着参加在首都华盛顿的OAS总部大楼实地举行的全国决赛,又获全美第二名。

女儿上十一年级时,有一天回家告诉我,又有一件好事儿可做了。

我很无奈,女儿上了高中以后,变得越来越不安分,好像从来就不知道,学生的主要任务是学习。从初中开始,她挖空心思找机会,参加各种各样的课外活动,到了高中就愈演愈烈,她的日程本上几乎每天不留空白。这一两年来,更是想方设法找出种种冠冕堂皇的理由,一个又一个周末地跑出这个小城。这回,她说要参加“模拟美洲国家组织比赛”。

美洲国家组织(OAS)是世界上历史最悠久的国际性组织,其基本目的是追求美洲和平与法制秩序,加强国际间的团结合作和保卫主权领土完整以及它们在美洲大陆的独立。如今,美洲 35 个国家都是 OAS 会员国。美洲国家组织总部设在美国首都华盛顿,OAS 每年都在它的总部大楼里举行会议。除了会员国之外,还有许多国家以观察员的身份参加 OAS 的活动。2004 年 5 月美洲国家组织常任理事会接受中国为第六十个常任观察员国。

女儿的电脑文档里留下她当年有关这次比赛的记录,摘录其中片段,让我们了解一下美国高中生课外活动的一景。

十一年级时,我参加了一个叫作“美洲学生论坛”的组织。这个学会每年在得州圣安东尼奥举行两次年会。会议期间举办各种讲座和比赛。我们学校代表队的大多数学生参加写作或阅读比赛,我知道自己有很强的演讲能力,因此决定参加演讲型的比赛,叫作“模拟美洲国家组织比赛”。

这个比赛是参照正规的 OAS 议程和规则进行的,各州比赛得分最高的 10 人组成州代表团参加全国决赛。一年一度的决赛在美国首都华盛顿的 OAS 总部大楼里实地举行。

一开始我对于提案啦,赞成、反对演讲等等一无所知,唯一的办法就是自学,我上 OAS 的网站上去做了一番研究,学会了怎么起草从格式到用语都很正式规范的提案,并逐渐琢磨明白了整个议程。报名之后我被指定为代表智利,想来想去不知道哪个议题对我更合适。我挂电话给爸爸的一位智利的朋友,他想了好一会儿,也说不出哪个议题更合适。看来全得靠自己选题。最后,我决定写一个较独特的议题,即“倡议召开美洲国际防止、惩罚及根除对妇女儿童施行暴力大会”。

定下议题后,我就准备写提案。我的日常事务总是非常忙,什么事都要到最后一刻才有时间做。那天,到了凌晨 3 点,我才终于完成提案的定稿,得意地自我庆祝了一番后准备睡觉。在被窝里,突然想起来,我还得写那 4 分钟的提案发言稿,只好无奈地钻出被窝。好在我的脑子总是在重压和紧张之下工作得最好，所以，没花什么时间我的讲稿就构思好了。半小时后，我就写完了演讲稿。这回真可以睡了。不过，只能睡两个小时，接着就得赶到学校去。

去圣安东尼奥的路程开车要3个多小时，我在车上补了一会儿觉，睁开眼时，已经到了这个美国第九大城市。举行比赛的大楼位于圣安东尼奥的市中心，是市政大礼堂，足以容纳已经到场的几千个密密麻麻有如蜂群般涌动的学生。

我们来到了巨大的主会场，会议厅中央有4张大长桌摆成长方形。桌子的一头坐着秘书长、主席和大会报告起草人，他们都是在上届比赛之后的选举中赢得这些席位的学生。

30分钟以后，大约3点钟，核心会议开始了。这时每个代表要各自去要求其他代表联署你的提案。一旦一个代表在你的提案上签了名，你的提案进入辩论时他就有责任提出支持意见，在投票时也必须投赞成票。每个提案规定要有至少5个国家代表联署，方能进入辩论程序。在这个阶段里，大家能互相了解其他人的提案内容。当有人来找我支持他们的提案时，我总是很认真地读一下提案，看看是不是应该赞成。然而，我看不少提案不是写得不好就是没多大意思，我不得不拒绝了不少人的要求。很不幸，这让我变得不太受欢迎，也引起了别人的怨恨，这也是不得已的。所以，当我要求他们支持我的提案时，得到的回答几乎都是“不”，时间快到了，我才勉强凑够了5个签名。

4点钟，代表们都坐了下来，全体大会开始。秘书长致开幕词，接下来的议程包括投票决定议题顺序、增补或删减会议日程，并听取“各国”首席代表的发言。

6点整，我们开始了第一个议程。每个提案都人手一份地发到代表手里。我看了看，大约有30多份提案。我的提案被排定在第十二个，这个位置很好。我们确定了议程顺序，每个提案发言之后，允许有3个赞同发言和3个反对发言。每个发言限时两分钟，讲两个问题。

在这段时间里，我们都是严格按照真正的OAS的程序进行的。在会议进行时，要求发言只能举牌，会议主席点到后才可以发言。

在桌子的一头，多米尼加代表已经站起来发言，我快速地记录他发言的要点，并且一边快速思考，尽力挖掘可以提出质疑的问题。他谈的是设立一个美洲国家战胜贫穷与歧视的项目。很快，我就看到该提案的弱点。首先，他没有提到这些国家的生活标准，所以不应该接着讨论它们的贫困水平。他似乎把多米尼加假定成像美国一样，他说大部分国家的人民都丰衣足食，所以他们该做的是订立一个生活标准，人民就按这个标准去追求目标。我意识到这是不现实的，因为贫困线上的人通常不奢望过上高标准的日子，如果仅仅只是政府颁布法令，让人们生活在这种条件下，而没有政府在财政上的帮助是办不到的。

当问到有没有人提问题时，两个代表举牌要求发言。大多问题是要澄清提案中他们没有搞清楚的部分，也可以问一些对提案表示有疑问的问题，或者是故意让那个代表看起来像个傻瓜。因为这些发言是即席的，代表要在其他代表问完问题后立即回答解释。这也让裁判有机会看到代表在没有准备的情况下是否可以清楚、机智地演讲。我举牌要求发表“反对发言”。很幸运没等多久，就轮到我发言了。会场上，我发现多数代表都闪烁着犹疑不定的眼神。我意识到，绝大部分代表在第一天不太敢发言，因为被大场面震住了。因此，我决定第一天尽量多发言，给裁判留下好印象。

下一个是牙买加代表的有关美洲国家之间文化交流项目的提案。这个提案是要设立一个文化交流项目，让各国大学的代表参加学者交流以了解各国文化。我是少数举牌作“反对发言”的。我想出一个巧妙的计划：通常，大部分人想做赞同发言，因为赞同发言只不过是重复第一个发言人的观点，然而反对发言就比较难，因为无论怎样，你总是要在很短的时间内想出一个新观点，去驳倒别人经过深思熟虑的发言中的漏洞。我当即决定，要做一个精明的魔王杀手。

轮到我时，我站起来用有点发抖的声音开始发言。这是我第一次发言，确实有点害怕。但当我渐渐自信时，语气很快就坚定起来。

我说："智利代表高兴地听到牙买加代表起草得很好的提案，然而，有几个问题需要提出来。"——这是我所学到的常用的外交辞令。接着我提到，第一点，提案中所提的自愿基金条款没有讲清楚，定义不明确。我自然有疑问，如何获得足够的自愿基金来做这个项目。进一步的问题是，这个提案没有解释这个项目的目的、功能以及用什么方法建立这个文化。一个好的提案应该解释清楚方方面面的 what, how, why（什么问题、如何解决、为什么）。最后一个问题也是最主要的问题，这个提案所关注的是该国受过高等教育的人，大学里的学生和教师只代表着国家里的少数人，这些人并不能代表这些国家的整体文化。相反的，在这些受过良好教育的人之间建立的伙伴关系也只能表达同样的思想，那就是教育的文化。如果 OAS 真正想建立一种交流文化项目，那就应该让各种类型的人参与，白领和蓝领阶层都参与。因此，我提议与会者对这个提案投反对票。几分钟后表决时，这个提案就被否决了。

到主席宣布休会时，已经是晚上 8 点了，我才感到非常饿，头晕眼花。合上了我的笔记本离席，放松一下，又该准备第二天的比赛了。

第二天，我的第一个发言是反对巴拉圭代表的发言。他们的提案是要建造更多的学校以提高孩子的教育质量，还要通过密集的背景调查挑选合格又愿意教学的成人教育孩子，同时也通过自愿基金和美洲国家银行提供资金。我虽然同意提高教育质量这个观点，但不同意他们的方法。我不相信通过普查和密集调查可以确保教师的质量。优秀教师需要很多从文件材料上无法表达的品质特性。而最重要的是，教育质量不可能只是简单地多建学校就可以提高的，质量和数量不是一定并存的。

这天上午我做了一次又一次的发言，虽然每次演讲时还是有点紧张，但经验积累起来以后，发言越来越流畅了，记起笔记也越来越顺手。我在别人4分钟的发言里就可以草草记下整整1页笔记。有了笔记，我可以好好地斟酌，权衡要不要举牌发言。有时如果觉得我的观点并不十分重要或者作为一个演讲太长了的话，我就不发言。如果发言太多，今后发言的机会就会减少，所以在决定是否发言之前是需要好好衡量的。

午饭以后，我被安排第一个做提案发言。因为这个讲稿是在到这里之前就写好了的，所以我一点也不紧张，不慌不忙地就开始了我的演讲。

“露莎，是个普通的家庭妇女，又并不完全是。因为每天晚上，她总是被恐惧所折磨。她丈夫每天晚上按时回家，但是，这并不是她想象中的好丈夫，而是一个凶恶的猛兽。

“今天在这里，智利代表提出的这个提案是为了倡议召开‘美洲国家防止、惩罚及根除对妇女施行暴力大会’，会议定名为‘Convention of Belé m do Pará（西班牙文）’。美洲国家组织由许多小的专门的委员会组成，其中的一个组织叫‘美洲国际妇女委员会（CIM）’。CIM的一个目的就是要促进男女平等的地位。1986年CIM发起一个对妇女施行暴力的专门研究并且通过了一个成为‘特别关注地区’的法案。CIM是为了保护这些被暴力打击的妇女。今天，本代表在这里是为了提出更多的方案以促进这个项目，以阻止、处罚与根除对妇女施行暴力。要重视对妇女施行暴力的严重性，并强调如何解决。所有美洲国家必须颁布有效的法令以根除这些暴力行为，建设有效的公众法律服务机构，帮助妇女保护自己的权益，加强医疗设施和资源为受害的妇女服务，支持媒体造势，以提升公众对这个问题的关注。我们提案计划通过世界银行和美洲国际妇女委员会为这个项目拨款。

“综上所述，请诸位代表投票赞成这个提案。有了你们的投票，像露莎那样的妇女就不会处于恐惧中了。”

我在演讲开始时用了一个小故事吸引听众。根据我以往的比赛经验，知道像在OAS这样的场合，一个枯燥的发言会让人感到厌烦。因此，加上一点小小的开篇使得它更能打动听众的心。我的提案明快清晰，主席问有没有人反对时，只有1位代表美国的人举起手。终于，提案轻轻松松地通过。我却觉得大大失落。因为我希望我的提案能够引起长长的辩论，而我也准备好了迎接很难的提问，好在裁判面前表现表现。不幸，我甚至连个机会都没有。

老爸感言：

女儿外出两天比赛，又是半夜才悄悄潜回，带着难以掩饰的兴奋神情告诉我，第一次参加得州比赛，居然得了全州比赛总分第一，获得得州首席代表的称号。两个月后，她将与其他9名优胜者一起，组成得州代表团，到首都华盛顿参加全国比赛。

第一次参加得州比赛，就得第一，简直把我惊呆了，这也来得太容易了吧。

女儿看出来，我对她“成就”的含金量有怀疑，从书包里抽出一本笔记本告诉我，这几十页笔记，是她在两天的比赛里记下的。每个代表每次4分钟的发言她都要记下满满一页，她根据记录，经全面平衡、斟酌后，专挑别人毛病，做了“打击别人，抬高自己”的“缺德”事，为自己大肆“加分”。

在没有教练、没人指导的情况下，从选择议题到写出专业标准的提案，在极短的时间内，完全靠自己找材料，自己琢磨，临场发挥，居然一举成功。她靠的是什么？是从小培养的自学能力，对学校功课以外的社会现象、政治状况的观察和思考，努力吸取课外知识。此外，也许还在于她学了多年西班牙语，阅读了一定的西班牙文学原著，对拉丁美洲国家的国情、政治、社会制度和风俗习惯、宗教信仰和文化传统等拉丁文化比较了解，以至她对各种议题能够有的放矢，提出的见解比较贴近当时的社会实际，让裁判觉得感情亲切，论点有力，对她取胜有很大的帮助。

一种语言代表一种文化、一种思维。多学一门语言就多掌握一种思维方式。有一分播种，必有一分收获。外语绝不是像有些人说的，只是一种工具而已。

据说，有几位裁判就是真正的美洲国家组织的官员，他们是 OAS 派来帮助大会的组织者当裁判的，是为了使这个比赛能够以 OAS 的正式议程和标准来进行。尤其让女儿高兴的是，比赛结束后，有位 OAS 的官员特地找了她，向她要邮箱地址和电话号码，并对她说，今后如果其他赛区比赛需要的话，她想邀请女儿去当裁判。虽然我告诉她，这种事可千万别当真，她还是为此特别兴奋，受到很大的鼓舞。孩子在成长的过程中是需要表扬鼓励鼓舞鞭策的呀！我很感激在她的成长过程中获得成绩以后给她予鼓励、表扬的各种各样的人。这么多年来，她就是在我以及那些认识和不认识的人们的表扬声里哄着长大的。正是这些鼓励，激励着她不断努力，获得一个又一个的成就。

可不，两个月以后，女儿从华盛顿回来，再传捷报：她与队友们一起夺得了全美比赛第二名。

确实，收获的季节到了。种豆得豆，种瓜得瓜。播下种子，努力耕耘，一定会有好收成的！

6. 东方巡演之梦

高中交响乐团在纽约林肯中心举行的纽约国际音乐节上获得了金奖，随后接到各国的演出邀请。刚刚竞选成功的高倩当上了管弦乐交响乐团主席，在她的建议下，有138名成员的乐团决定赴华访问演出。为了保证每一位团员和教师家长以及特邀音乐家共180人都能参加并且成行，乐团开始了学校历史上最大的筹款活动，筹款目标18万美元。这个轰动社区的筹备活动历经1年，成功地达到了筹款目标。

女儿高中的管弦乐交响乐团1997年应邀参加纽约国际青年音乐节，他们在林肯中心举行的演出中获得音乐节颁发的唯一金奖，并且获得了与朱利叶音乐学院的教师联袂演出的殊荣。乐团从此名声大振，陆续接到包括在悉尼歌剧院举行的国际音乐节中表演在内的到各国演出的邀请。

跨洋过海国际演出旅行是件兴师动众的大事。交响乐团共有成员138人，因为人数众多，平时要分成3个团分别排练演出。如果要出国访问演出，教师、家长及各种随行人员合在一起，将是庞大的团体。

乐团指挥怀特先生把去悉尼演出的事在课堂上提出，大家反应热烈，为能出国远游而高兴。不过，女儿提出不同意见。她认为，花那么多钱、时间、精力，这么巨大的投入，为什么要去悉尼？为什么不去中国呢？去中国，对很多从未去过东方国家的美国学生来讲，将是震撼性的！

完全不同的文化，不同的语言，不同的人文景观，不同的饮食，一切的一切，都很不一样，这将是极为可贵、终生难忘的经历。她说，多数美国学生今后很难有机会到语言文化完全不同的中国去，这是一个难得的机会，我们应该去中国！

同学们讨论得很热烈，很多同学找高倩了解中国的情况。北京有什么样的旅馆？有没有出租车？长城在哪儿？甚至，在中国，对喜欢的女孩子该怎么表示？什么样的问题都有。她俨然成了中心。美国虽然有高度的自由，但是，很多美国同学就连得克萨斯州都没有离开过，中国对他们来说更是既遥远又神秘。高倩 1992 年回中国，写了《西方到东方》一书，后来又成了中央电视台 3 集电视纪录片《长大》的主角，是新闻人物，同学们把她当成中国通，她也成了宣传中国的推销员。而且，她还把什么事情都往自己身上揽。

↓ 交响乐团在排练

一边已经有国际音乐节的邀请，另一边去中国，还毫无眉目，不知从何做起。

高倩说："中国方面联系的事？没问题，我爸爸可以全部负责。我们可以到北京音乐厅，到北京、上海的高中、大学演出。到了中国，保证大家玩得好，吃得好。长城是著名的古代建筑，美国总统登过长城，我也登上过，我可以带你们登长城；北京烤鸭，皮脆得一放到嘴里就化了，我带你们吃烤鸭；北京宾馆的大堂，漂亮得让你觉得像在拉斯维加斯。"有的男孩甚至说："我想找个女孩，让她和我待在房间里一会儿，不想别的，只是想向别人表示一下，我已经是个真正的大人了，可以吗？""哈哈，可以，可以，肯定没问题。"

"筹备的事情，还有一年时间，我们大家一起来合作努力，最重要的是，拜托大家，一定要选我当下届主席。"高倩说。高中交响乐团在每学年期末，都要选举新一届的干部，有主席、财务、秘书和年级的代表。

女儿轻易竞选成功，当选为管弦乐交响乐团主席。经过她的宣传鼓动，交响乐团的 138 位学生很快形成了压倒性的意见，到中国去！

↓　到加油站洗车筹款

不过,这绝不是一件学生能够做主的事。乐团决定召集一次全体学生和家长的大会,会议的议程是情况通报,征求家长意见。哪想到,家长表态十分一致,去中国!原来,早在开会前,女儿就反复交代同学们,一定要做好父母的"思想工作",来开会之前,在家里要先"统一思想",会上先不要提负面的问题,有问题会后再说,等等。

一回到家,"主席"马上向我发出"最高指示",立即设法和中国联系。1个月后,收到了北京人大附中校长的邀请信。我们很快做出了正式决定,到中国去!

不过,事情并不那么简单。首先是经费问题,学校不能提供任何费用,学生的经济状况差异很大,很多学生家庭也难以负担。怀特先生认为,东方之旅不能成为富家子弟的休假旅行。无论经济情况如何,要让每一个学生都能成行。

可是钱在哪里?靠筹款。

美国学校有一种独特的文化,学生办活动,经费靠自己去筹措。很多看来是个人行为的活动,也是靠学生们到处去募捐,甚至有的学生要出国留学一两个学期,也会挨家挨户地敲门,"我想出国学习,请您赞助我的费用"。这是美国社会普遍认同的一种文化行为。

女儿把138名乐团同学组织起来,在全城范围内进行募捐筹款活动。她把全体团员分成几十个小组,把本城地图划分成几十片,每个小组负责一片,在全市范围内,深入每个商家和住户,挨家挨户地毯式地"讨钱"。

乐团成员加上教师、家长、特邀专业艺术家,一共180多人,全团约需经费18万美元。这笔经费计划由团员、社区企业及民间资助,联盟州政府及私人文化基金组织各分摊1/3。

11月底,乐团在大学城布拉扎斯会议中心举行筹款音乐晚宴,席开106桌,售出了860张餐券。由家长和当地初中生合力制作的祥龙,高挂在宴会舞台正上方,并缀以巨型中英文"东方之旅"(Oriental Express)的条幅,每张桌上摆放着象征东方情调的竹制花篮。

晚宴请电视台主播担任司仪，会中宣读市政府文告，把当天定为“高中乐团日”。

高倩作为乐团主席致欢迎词：这是我团第二次筹款聚餐会，上一次是两年前筹款赴纽约林肯中心参加国际青年音乐节比赛，这次是要跨越太平洋与同龄青年交流音乐和文化。

中国驻休斯敦吴总领事也到场致词，盛赞此行可以增加对中国人民、历史、文化的了解，中美两国年轻人的交流将增进彼此的理解和友谊，尤其是对进入21世纪的双边关系将起到积极作用。

晚宴除了每张25美元的餐券收入之外，还有各界人士募捐的礼品。礼品进行“无声拍卖”，大小80多件礼品，既有中国领事馆赠送的国画，也有在纽约百老汇歌剧院已成名的校友寄来的价值上千美元的百老汇歌剧入场券和纽约来回机票。所有礼品很快卖光。

这次音乐晚宴盛况空前，由于电视、报纸持续几个月的大篇幅报道，乐团中国之行成为大学城家喻户晓的盛事。

我和怀特先生利用圣诞假期先行到中国考察。在北京，联系了人大附中，考察了海淀剧场、北京音乐厅，敲定乐队将住在五洲大酒店。我们去看了京剧，尝了烤鸭，参观了人民大会堂，还和全国青年基金会商议到北京郊区、河北农村“下乡”演出。我们都认为，一定要让这个活动成为一个大范围的文化交流，让美国学生尽可能接触到不同阶层的中国人，让更多的中国人看到他们的演出。

在上海，我们决定住在和平饭店南楼，这座楼有近百年历史，英国著名剧作家考沃德曾在那里寓居并写了著名的剧作《私人生活》。怀特先生直说，住这里真是奢侈。他不明白，我怎能把价钱谈到每天50美元，这样的价钱在美国东西部，连汽车旅馆都住不上，别说是在繁华地带这么有情调的老饭店。

我对怀特说，这是中国人民对美国人民的友好情谊。我所联系的单位，无论是旅馆、剧场、饭店、大中学校、中央电视台、中国国航和东方航空，听说美国学生来华活动，都表现得极其友好和热情。国航对乐团的几十个大小木箱承诺免费托运,机票价格也降到最优惠。

回到美国后,我们又开了大会,把中国考察的结果和我们的规划向全体学生、家长做了报告,最终总结为:乐团除了演出、和中国学生广泛接触之外,还要游长城、看京剧、吃烤鸭,将吃喝玩乐融会于文化交流中。全场笑声一片,情绪激昂。

学生们投入了更多的激情去筹款、排练。计划中的演出曲目有德沃夏克的《新世界交响曲》、柴可夫斯基的《斯拉夫进行曲》、一个自己创作的音乐朗诵剧。怀特还邀请了 3 位著名小提琴家、大提琴家和钢琴家演奏贝多芬的三重奏。此外,还要和北京人大附中、上海南洋模范中学共同演奏中外交响乐曲各 1 部。

女儿为筹款活动,进行同学老师之间的协调,推敲节目单中的文字细节以及中英翻译,解答越来越多有关中国的问题,等等,花了大量时间。

在交响乐团筹备访华演出的那近一年时间里,高倩正值“高考”期,要参加几门课程的全国统一考试、申请大学、参加各种比赛,各项活动全都拥在一起。但是,她想办法挤时间,组织同学们四处筹款成了她最大的一件事。18 万美元不是个小数目,她想了很多办法,除了地毯式的筹款外,还让同学们去找与父母有某种关系的人,比如,父母的保险代理、牙医、家庭医生、律师、会计师、财务顾问或者与父母有生意关系的公司,等等。周末组织同学们到学校,给各种对象写信,恳求赞助。

A&M 大学是个美式足球实力很强的学校,大学城的居民和大学生一样狂热。到了球赛的日子,很多商家、住家门前都竖起大学的校旗助威。竖校旗是一种生意,有专门的公司做这个生意。哪户人家愿意在门前挂上哪个学校的校旗,挂个电话让公司来,付一笔费用,公司就会在每场球赛的凌晨,派人挨家插上旗帜,球赛结束,再派人去收旗。乐团想到了这个插旗公司,和他们谈妥了对半分成的协议,让学生们负责征订客户,每次球赛的凌晨早起挨家挨户地去插旗、晚上去收旗。

征求赞助的方法是多种多样的。有时派一个小乐队为商会的年会晚宴演奏一场，赚几百美元；在购物中心内的各商店门前演奏，也可以赚一笔钱；甚至哪家婚礼，也可以考虑。高倩整理了一份乐团全体同学的名单，有电话号码和电子邮箱地址，掌握每天的最新进展，解决出现的问题。可以说，天天都有状况发生，有需要讨论、解决的问题，这些事要花费很大的精力，这些可都是毕业班的学生啊！

在那一段时间里，高倩的头脑里装满的是筹钱。钱，钱，钱。一心一意想让乐团多赚钱。但是，她的头脑并不糊涂，那年正值中国长江洪水灾情严重，听说中国学生联谊会准备发起赈灾演出，高倩马上联系高中交响乐团和联谊会联合演出，发动乐团的学生家长们去购票看表演。她除了当主持人之外，还一手设计、编辑演出节目单，起草募捐文告和大会主席演讲稿。赈灾演出的全部收入都交由中国领事馆转送中国灾区。

将近 1 年的准备工作，钱款已经筹齐了，航空公司订票的押金寄去了，所有乐器的包装箱都做好了，全团 180 多人每人的机位都逐一确定，演出曲目也已排练完成。大家兴奋地等待着出发的那一天。

不幸的是，1999 年 5 月 8 日晚上，发生了中国驻南斯拉夫使馆被轰炸的事件。5 天以后，独立教区作出了取消访华的决定。我们几个积极筹办者都回天无力，对这突发事件非常无奈。高倩和团友们深受打击。但是，她还是很坚强地说，人生总是会遇到挫折的。

在毕业前举行的最后一次隆重的演奏会上，我五味杂陈地看着女儿从台上跑步下来，一直跑到台下剧场后排的座位上，将交响乐团的荣誉状送到我的手里。全场观众起立对我长时间地鼓掌行注目礼，表示对我和女儿对于乐团的贡献的感谢。虽然乐团访华演出没有成行，但是，在长达 1 年的时间里，由于媒体、学生和我们的努力，小城的百姓对中国有了很多了解，这使我们在深深的遗憾之余感到了欣慰。

毕业班的同学们为这次拟定中的访华演出付出得最多，筹集到的 18 万美元一下子成了多余的一笔巨款。20 天后，高倩和她的同学们就要毕业离校，怀特先生和其他老师家长心疼毕业班的学生为筹款付出的心血，建议用其中的一部分钱让他们到外地进行一次集体旅行，比如说到迪斯尼乐园，或是加州什么风和日丽的海边。高倩和同学们坚决拒绝了这份好意。他们认为，这笔钱是用中美文化交流的名义辛苦筹集来的，只能留给以后的同学用作文化交流的经费，无论如何没有理由拿去游山玩水，如果滥用善捐人的情感，那是对自己神圣行为的亵渎。

他们成熟了，带着悲壮的记忆，毕业，各奔东西。

九 追逐梦想，演绎人生

Zhuizhu Mengxiang Yanyi Rensheng

1. 感受法律
2. 体验法律
3. 走进法律
4. 法学院的宝塔尖

G 1. 感受法律

大学城少年法庭是一个正式的、审理少年犯罪的法庭。除法官外所有庭审工作由学生承担。参加大学城少年法庭的工作，女儿既可以通过实践进一步获得法律知识，受到相关的法律训练，又能提早进入社会，了解世间百态，获得对复杂的社会问题更加深刻的认识。最重要的是，她开始了探索人生职业目标的实践。

女儿从十一年级开始参加市法院少年法庭的义务工作，分别担任检察官和律师。

那年市政府刚通过新立法，凡18岁以下的少年罪犯，在法院过堂时，如果是初犯C类小罪，法官可以建议把案子移到少年法庭去“量罪处罚”，但是，少年罪犯事先必须无条件同意接受由高中生组成的陪审团裁定的处罚。

少年法庭审判的都是些小罪案，比如在商店偷窃50美元的商品、饮用酒精类制品、酒后开车等。这类小罪如果在一般法庭审判，通常的惩罚是不超过500美元的罚款，加以一定时数的社区服务，这些处罚对个人前途的影响难以预测，因为看来好像只算“违规”或“不轨”的行为，在法律认定上就是犯罪，其犯罪记录将永远留在警察局的电脑档案里，对今后就业、升学都可能有影响。

如果案子转到少年法庭就不一样了。少年法庭试图通过司法系统的正式审判程序，使少年既接受教育，又能洗刷罪名，达到提高认识、减少重复犯罪、提升整体社会水平的目的，这个本着“治病救人”初衷而设的少年法庭对于那些初次犯罪的小罪犯的惩罚，只处以若干小时的社区服务而不罚款。它的理念是相信犯人通过为社区服务，可以达到“劳动改造思想”的目的。社会意识增强了，今后就不会再犯罪。完成了社区服务时数后，犯罪记录不存档。所以，所有的初犯少年都会选择转到少年法庭来受审和领判。

少年法庭和一般法庭一样，也是由法官、检察官和辩方律师、陪审团组成的。所不同的是，这个法庭里除了法官仍由一般庭的法官或由职业律师担任之外，从检察官、被告律师、法庭书记到陪审团都是由经过专门训练的高中生担任。高倩早先参加过模拟法庭的训练和比赛，现在又自己报名，获聘担任市少年法庭的检察官、律师。

少年法庭上的一切程序和一般的法庭完全一样，不同的是，法庭上的检察官、律师和工作人员不必穿西服，只有法官还是穿法官制服。少

↓ 学生检察官在少年法庭上陈述案情

年法庭上的案子都是公诉案件，所以控方的角色就是检察官。由于个人观念的原因，高倩喜欢担任检察官，因为她从心里不愿意帮犯人摆脱责任、减轻惩罚。她希望能够让他们受到应有的惩罚，得到足够的教训。法庭通常尊重本人的意愿，所以她多数情况下当检察官，偶尔也当辩方律师。陪审团是由高中生组成的，采取表决的方式，以多数通过为原则。由于犯人在案子从一般法庭转到少年法庭时就已经签了认罪书，所以陪审团的责任就不是裁决罪名是否成立，而只是协商应该给予多长时间的社区服务惩罚。

少年法庭隔一星期开一次庭，开庭时间为晚上六点半到八九点，一个晚上判两三个案件。少年法庭处理的案件是些诸如小偷窃、酗酒、酒后开车、交通违规等轻罪。犯人都已认罪，比起以往参加的模拟法庭比赛，在案情上毫无复杂性可言。但是那毕竟是模拟法庭，而少年法庭是真正的法庭，处理的也是真实的案子。所以在参加之前每个参与的人都拿到一本厚厚的训练手册，包括法庭礼仪和审判程序等内容。法官和法庭联络员与他们一起围绕手册进行多次训练，再让他们逐渐加入到少年法庭的正式庭审程序中去。

女儿是少年法庭的律师、检察官，我对少年法庭也就有了浓厚的兴趣，曾亲临现场旁听开庭审判。这天晚上要审理两件刑事案，第一个案子是偷窃案，第二个案子是少年酗酒和非法持有违禁品案。

这个被告说起来有点冤。一个周末的晚上他和两位同学一起到大学城公园的剧场听音乐会，会后，他们走出公园，看到一户人家正在开盛大的派对，参加派对的都是 A&M 大学的学生。因为人数众多，场面热闹，他们也混了进去。一个同学在派对上喝了啤酒，他在那里喝了些饮料。临离开时，他的同学偷了个啤酒桶的阀门。主人发现后，挂电话叫来了警察，他们 3 人一起被戴上手铐逮捕了。

虽然被告本人没有偷窃，但他知情不报，依相关法律仍然被认定为同犯，他本人已在成人法庭认罪并签署了认罪书，今晚的审判程序就是要判决应该给予多重的惩罚。

检察官首先详细询问那个晚上的经过，这个小犯人逐一详细地回答了每一个细节。

接着是辩护律师提问题，可以看出来辩护律师的提问是为了给被告提供自我表白的机会，这个自我表白不是为了解脱偷窃的罪名，而只是为了表明自己原本是个好孩子，这次仅仅是初次犯罪，希望减轻惩罚。

辩护律师问："你参加派对时有没有喝酒？"

被告答："没有，我只喝了一杯可口可乐。"

"你以前有没有擅自进入别人的家里？"

"没有，从来没有，这是第一次，因为参加派对的人都站到了门外，我觉得好玩，就去凑了热闹，我也没有进入房门。"

"你是否经常混进各种各样的派对而忘乎所以？"

"没有，我其实只是周末才偶尔出去走走，我学校的功课很紧，我在学校的平均成绩是 B+。"

这样反反复复的审问进行了 25 分钟，法官认为听证已经够了，宣布进入听证结案程序，就是由检察官和辩护律师分别作结案发言。

小检察官离席走到陪审团的前面，面对陪审团，历数被告不请自到，加入派对，明知同伙偷窃不予阻止，实为与自己偷窃完全同罪，如不严惩则对社会造成不良后果，等等。最后要求陪审团给予从严处罚 45 小时社区服务，外加担任 4 次陪审团员。

原来陪审团里除了有完全自愿的义工外，还有以前犯罪受罚的被告。听邻座的一位女士介绍说，坐在陪审席上的一位陪审团员就是两个星期前另一个案子的被告，现在正处在"服刑"期间。

检察官做完终结辩论发言之后，辩护律师接着做辩方的终结辩论发言。

辩护律师的终结辩论发言，通篇强调这个孩子在学校是好学生，在家里是好孩子，因为处事不谨慎，身不由己卷入这桩偷窃案，不幸偶然成了被告，请求陪审团宽大为怀，相信以 35 小时社区服务、两次陪审团服务的处罚已经足以让他得到教训，使他对自己今后的行为负责，不再重犯。

接着，法官宣布休庭，陪审团退庭讨论。

检察官和律师及被告相继离席退出法庭。

只过了1分钟，第二批陪审团进入法庭，又有两位律师带着一个被告进来，第二个案子的审理紧接着开始了。这是一个未成年人非法拥有酒精制品的罪案。这个案件中的被告也很冤枉，也是身不由已地卷入犯罪。

那一天，这个案子中的被告参加完一个派对，搭一位朋友的车回家。那个朋友在派对上喝了酒，回家时又带了几罐啤酒放在车上。被告本身滴酒未沾。美国法律规定21岁以下的青少年不能饮酒，也不能持有酒精制品。他当时搭乘这个朋友的车，尽管车上的啤酒不是他带来的，但法律认定在这种情况下，车上的酒精物品属于两人共同所有。

那位喝得微醉的朋友驾着车，在经过一个路口时，为了抄近路，竟然试图冲过一条路沟，当他发现路边不远处有一辆警车时，赶紧调转方向，准备逃跑。而被告摇下车窗，把车上的几罐啤酒扔到路边的草地上，警车很快追上，把他们截了下来。

接着，警察首先让那位驾车的朋友开直线倒车，再把车停到一个停车位上。他办不到，车开得歪来歪去。警察又让他唱ABC歌，他唱得颠三倒四。警察令他们两人下车，举双手走到汽车前部，背靠汽车立正，钻到车里搜出两罐未及扔掉的啤酒。随后，给他们两人戴上手铐，塞进警车带回警察局。

这两位高中生，一位被控酒后驾车和非法持有酒精制品两条罪状。另一位就是今天庭上的被告，他本身既没有喝酒也没有带酒，但仍被控持有酒精制品，又是一个偶然的被告。不过，他已经乖乖地在法庭认罪书上签了名，把案子移到少年法庭来判决。

少年检察官向法庭求处45小时社区服务，4次陪审团服务，还加上向父母道歉这个不痛不痒的要求。

法官退庭后，陪审团也随后退出法庭到另一间会议室讨论。

两分钟后，第一宗案件的有关人员相继进入法庭。法庭职员将陪审团写的裁决书交给法官。法官当庭宣判陪审团作出的处罚裁定：对被告处以 35 小时社区服务，外加两次陪审团服务，以上两项服务必须在两个月内完成。

肃立聆听审判的被告表示接受法庭的判决。接着，法官宣布本案审结，退庭。被告席上，辩护律师向被告祝贺。

人们在等待着第二个案子的判决。听众席上的听众趁着休庭的空儿，轻声地交头接耳。我问了几位邻座的听众，他们大都是少年法庭里的律师或陪审团成员的父母或兄弟姐妹。他们抱着不同的目的来这里，有的来为孩子助兴，有的来给犯罪的孩子精神上的安慰和支持。被告亲属席位上坐着一位表情肃穆，西装革履的男士，就是第二个案子被告的父亲。

第二个案子宣判后，退出法庭，我站在走廊上，看着这群十几岁的孩子，他们已经没有了法庭上那种严峻的表情，脸上充满稚气。我相信，这些孩子，无论是犯了案子成了被告的，还是那些担任律师、检察官或陪审团员的孩子，都会从自身参与到少年法庭这个法律承认的正式的“司法机构”的执法过程中获益。少年法庭让心理发育尚未成熟，对法律认识不足，自我控制不力的青少年，在偶然犯罪之后既能够充分认识和了解法律，又不留污名，没有犯罪记录。

女儿参加这样的庭审，既可以通过实践进一步熟悉法律知识，受到相关的法律训练，又能提早进入社会，了解世间百态，获得对复杂的社会问题更加深刻的认识。最重要的是，在这里，她开始初步感受法律和律师的工作，探索人生职业目标的实践。

2. 体验法律

"我从小就一直对法律非常感兴趣,在学校的广播喇叭里一听到有关模拟审判比赛的消息,我立即决定报名参加。因为我知道,通过参加这个比赛可以让我学到很多法律知识,并且对我选择法律专业生涯很有帮助。"

终于,高倩和她的队友们在地区比赛中获得第一名。

"在法庭上,我的脑子里禁不住想,这套摆设、这个法庭,这一切,会是我的归宿吗?我今后会如愿成为一名律师,坐在这张象征荣誉的椅子上吗?"

模拟法庭比赛是地区级、州级直至全国的三级比赛,在得克萨斯州,每年有200个校队,大约4 500人参加模拟法庭比赛。每个地区的第一名获得参加全州比赛的资格,各州第一名的代表队又可代表本州参加全国比赛。1997年,女儿读十一年级,16岁,她第一次参加得克萨斯州比赛。下文是从那次比赛后她写的回忆文章中节录的。

"Objection. Your honor(反对,法官大人)!"

"Counsel(律师)?"法官问辩护律师有何异议。

"Your honor, the plaintiff is leading the witness(法官大人,原告

正在诱导证人）。”

“Plaintiff? Your response（原告，你的解释）？”法官请原告律师做解释。

“阁下，您看到我所提的问题只不过是提供法庭允许接受的背景情况。”原告律师坚持己见。

“Defense（辩方有何要说的）？”法官让辩护律师发表异议。

“法官大人，原告已经不是在提供背景资料，他已经走得太远，应该限制于问非引导性的问题。”辩护律师请求。

法官布满皱纹的脸沉了一下，沉默了一会儿想了一想，几秒钟后，用低沉的声音说：“Sustained（同意）。原告，请限制你的问题。”原告律师皱了皱眉，坐下，接着又开始问证人。

这样的场景多次出现在我所经历过的得克萨斯州达拉斯法院的法庭上。我们队获得了地区模拟法庭审判第一名，得到参加得州比赛的资格。模拟审判比赛是法律专家前辈们创立的，其目的是为了让高中生在法律世界里遨游。学生们在这里可以接触到很多律师，甚至自己也可以当两天律师。

我从小开始就一直对法律非常感兴趣，在学校的广播喇叭里一听到有关模拟审判比赛的消息，立即就决定报名参加，因为我知道，通过参加这个比赛可以让我学到很多法律知识，并且对我选择法律专业生涯很有帮助。

报名以后，我很快陷入到没完没了的准备工作中去了。我们城里的一名律师作为“义工”当我们的教练，她先教了我们一些比赛的基本知识，并给我们指出模拟审判和真正的法庭审判的不同之处。在模拟审判中我们可以预知许许多多可能的结果，然而真正的审判就说不准了。

教练发给我们每人一叠案件卷宗，还有一叠比赛规则和法律知识的资料。只要一在家，我就认认真真地研究卷宗材料。法律规则那一部分非常难理解，因为有许多法律专有术语和词汇，根本就不明白是什么意思。有些一般的词在特定的案子里有专门的、从未听说过的意思。慢慢耐心地看下去，花费的时间越来越多，我对法律和审判程序就一点一点地熟悉起来。我学到了怎么提出抗议，怎么对法官讲话，怎么进行预审，什么叫不公平外推法，等等。第二套材料就容易得多，它给出了很多有关案件的情况。第一部分是6个证人宣誓签字的证言，其中3个证人的证言有利于原告，其余3个有利于被告。案卷的陈述部分提供了很多证物，让读者了解案件的有关细节。在这套材料的最后，读者可以看到各种证据，并且根据自己的判断决定哪一方可以有效地利用哪一些证据。

通过仔细研读这些材料，我对我们的角色有了点了解。我们的律师教练帕尔默女士又把我们分成两组，一组是原告，另一组是被告。我被指定为被告方3个辩护律师中的1个，另一方也有3个律师，其他学生就被指定当证人。每个律师辩护选一个证人提供本方证言，选一个原告证人盘问证言。我被指定做结辩陈述。最后的结辩陈述在审判里是最重要的部分。

为了让我们对这个案子的每一个细节都了解得很清楚，帕尔默女士让我们反复细读无数遍案卷，然后再准备提问本方证人和盘问对方证人。她让证人把证言念无数遍，使它们烂熟于心。一般来说，律师这个角色发挥的空间比较大，然而，证人却更像演员，只要能表演证词就行了。

我们每星期集中练习两次，晚上6点到8点，每次两个小时。集中练习完再安排下次练习的内容，便于大家回去先自己练。

今年比赛的案子牵涉到一个名叫德森柏·杜威的律师，他是一个桥梁倒塌事故中100多个受害人委托的律师。他代表受害者控告建筑公司，要求获得经济赔偿。我的当事人是新闻记者凯莉·康卫，她调查了杜威的案子后写了报道，把他描述成一个只想赚钱、没有道德标准的恶棍。杜威在这个案子中以原告的身份控告康卫女士诽谤。

在这个案子里双方都不太光彩。桥梁倒塌事故发生后，杜威先生紧跟在急救车之后来到医院，在医院里猛拉受害者做他的客户。在重大的危难事故发生时，律师为了赚钱，跑到抢救现场拉客户，是为社会正义、伦理道德所不容的。不过，案子的另一方，凯莉·康卫也有错，比如，她的广播新闻也不够准确。

起草这个模拟审判案例的作者们是很有经验的法律专家，已经做了好多年的案例设计，他们设法让案子有趣，也把双方的材料平衡得很好，确保双方的分量既相等又公平，无论是控方还是辩方，都有获胜的可能。

原告的证人有德森柏·杜威本人、里维仁德·里威德和谢尔比·波尔。里威德是教徒，他有很多教友，他也是杜威的朋友，并且曾给杜威介绍过很多客户。由于康卫曾经报道过他的教友们的不端行为，里威德对她有怨恨。第三个证人波尔是新闻专业的教授，她坚持认为康卫太太的工作作风低下且不道德。然而，她的弱点在于虽然她是新闻教授，但本身从未当过记者。

辩方的证人里有凯莉·康卫自己、杰西·库兹和蜜卡尔·泰勒。库兹是桥梁事故里一个受害人的女儿，她妈妈是杜威的委托人，当时签完委托合同就死去了。库兹的证言说，她看到杜威先生从她妈妈无力的手中拿下笔。不幸的是，她也不是一位很可靠的证人，因为她正在戒酒戒毒，因此她的证言在法庭上很难站得住脚。最后一个证人泰勒女士是康卫太太以前的上司，是电台经理，她担保康卫太太的道德和工作作风良好。她很有声望，也很有能量，所以对方难以击倒她。不过，她也存在提高电台声誉和收听率的目的，所以原告攻击的目标可能会集中在这一点上。

我被指定为被告的辩护律师，指定提问泰勒女士的证词和盘问原告杜威先生，我要尽力强调泰勒的强处，另一方面要尽量挖掘杜威先生的漏洞和弱点。

接下来的几个星期，帕尔默太太帮助我们增强我们的直接证言和盘问证言的强度。大家互相配合一起练习，假定对方是比赛时的对手队员。我们反复练习，反复提问证人的证言以确定能把问题问得最好。在排练中我们发现，有时预备好的问题写在纸上看还行，但是真正在法庭上用起来的时候就不是那么对头。

我们都是在市法院的法庭里练习的。虽然法庭比较小，我们还是要习惯房间里的陈列。在熟悉了问话的内容以后，就要熟悉环境和其他相关的问题。比如，我们要不断地提醒证人在回答律师问题时，眼光不是朝向问话的律师，而是朝向陪审团的坐席方向，这样可以使证人和陪审员显得较亲密。

掌握了一些基本的要领以后，教练鼓励我们要多学一些法律方面的专业知识。我们学会了如何在法庭上反对对方的不合理言行；学会了如何合理接受证言、证词、证物；也学会了如何合理地弹劾证人。我们还创造了一些情景反复练习，练习如何在法庭上很绅士地与法官对话，学会并且遵循法庭上的那些道德规范和规矩，我们还必须学会和记住许多细节以备比赛时灵活运用，任何细小的不妥和失误都会导致扣分。

终于等到了得州决赛的那个重要日子。那天凌晨，校车在校门口等着，把我们送去达拉斯。虽然是凌晨4点，但大家都很清醒，都为当天上午将要开始的比赛而情绪高昂。

巨大的法院大楼高耸在我们面前。当我们看着这座十几层的大楼时，都有一种敬畏的感觉。大厅里的气氛令人感到十分窒息，人人穿着正式的西装，打扮得像真正的律师。他们不仅是高智商的聪明人，而且能言善辩、熟稔于法庭上的技术手段。

进入空空的法庭之后，我仔细察看着，并且记着法庭的布局和摆设，一边在脑子里琢磨着，又小心翼翼地坐在辩护律师的椅子上。

陷进这张舒适的椅子，我的脑子在想，比赛时千万别出什么差错。慢慢地，我的脑子里又禁不住想，这套摆设、这个法庭，这一切会是我的归宿吗？我今后会如愿成为一名律师，坐在这张象征荣誉的椅子上吗？

几分钟过后，另一队人来了，紧张的气氛骤然增强。人人都挺着僵硬的背坐着，大家面色严肃，保持挺直的坐姿。到了预定的时间，法官们走了进来，全场起立，其中两位法官当陪审团，另一位法官在这场比赛里当法官，他们都是"义工"，既当陪审团和法官的角色，也当裁判。当法庭书记叫我们坐下以后，律师们也都笔直地坐下。接着，就翻到需要用的第一份文件上了。

我们的对手显然很有经验，他们以前参加过州的决赛。比赛过程中，我们每次盘问证人都非常有效，而他们提问自己证人的证言做得不够好，因此没有办法使案件朝有利他们的方向发展。终于轮到我盘问原告证人杜威了，我几乎是个强力杀手，不过几分钟，我就已经逼问得他差不多要钻到地里去了。由于时间紧迫，我没有把准备好的所有问题都提出来，但我盘问的每一点都非常有效，击中要害；第二次提问自己的证人则是好得没法说，所以我甚至没有必要再盘问对方证人了。

到了这时，胜局显然属于我们辩方。我们叫了我们的第一个证人。当我们开始问证人时，法庭上的空气似乎完全凝固了。虽然对方继续努力，并修补得很好，但是已经无济于事，难挽败局了。最后，对方的律师站起来发表结辩陈述。我们仔细地听着，我努力让自己冷静，并且竭力找出其中的毛病。

接着，我从容地站起来，面对陪审团、法官，信心十足地完成了我的结辩陈述：

尊贵的法庭、法官大人、律师、陪审团，我是高倩，我的合作律师和我一起代表这个案子里的凯利·康卫和第十频道 KBAB 电台。今天，德森柏·杜威的指向康卫女士和 KBAB 电台的手指是伸不直的，这是个既不能伸直且隐有诡秘的手指。这些秘密正是康卫女士在她的新闻报道里试图向这个社区披露的事实。这个社区的人们有权知道有关杜威先生的事以及康卫女士报道的真相。然而,为公众做好事使她今天陷于这个法庭上。康卫女士是个喜爱调查研究的记者。她的经验和专业知识使她受雇于KBAR电台。她的工作就是让公众了解真相。她的职责之一就是去跟踪挖掘她所在的社区里的阴暗面并公之于众。她的职责使她深陷于今天这个以德森柏·杜威为原告的案子里。这个杜威先生在桥梁事故那天"正巧"开车经过医院。接着,他不用自己车上的电话,进入医院,借用医院的电话。然后他又"碰巧"遇上了一个他以前代表过的护士,这个护士告诉他有些受害者需要请律师。当然,杜威先生表示他当时在医院只不过是巧遇。但是你们在此前所了解的情况都与他想让你们相信的矛盾。总之,在杜威先生的办公室里有一个由秘书们组成的警觉的队伍,他们整天就是听新闻,并且告诉他潜在的客户在哪里。进一步,在医院里,杜威先生走进伊娃·库兹女士的房间,因为他听见她在哭,或者可能是要拉客户。除了德森柏·杜威先生本人以外,谁也没见到她签署了文件,然而,她的女儿杰西·库兹看见了他从她无力的手里取下笔。显然,杜威律师代表他的客户,从建桥公司的赔偿金里提取了费用。他所提取的费用是所有赔偿金的整整45%。此外,原告控告康卫女士在她的报道中只有一个消息来源。根据《记者保护法》,她有权不透露消息来源,如果她不信守保密承诺,今后就没人愿意向她提供消息。至于消息来源的核实,诸位从里维仁德·里威德的证言中已经可以了解到,她核对了她的所有消息来源,她核对了联邦通信委员会的记录并且做了很多采访调查。揭露丑闻的报道绝不会令人愉快,不过所有爱好调查研究的记者都会告诉诸位,只要他们的消息来源是被证实的,他们都会采用并将其公之于众,康卫女士的案子正是如此。

新闻的受益者是读者,在90年代的今天,剥夺新闻报道无异于谋杀,康卫女士揭露德森柏·杜威的丑行是她忠于职守的表现。公众有权知道这个缺乏职业道德的律师追逐急救车的真相。就如诸位今天看到的那样，原告将案子的基础建立在将‘专家’论文发表在诸如《聚光》那种儿童读物的专家、从花生糖浆爆米花 Cracker Jack 盒子里拿到执照的律师。正如诸位也许还记得的那些不可靠的证言那样，借助杜威先生的慷慨捐款，里威德教士使他的教会能够“以水制造面包”。不幸的是，“用水造面包”的消息一定会吸引媒体 sharks（注：这里巧妙地用 sharks 这个词，shark 既可解释为吃人的“鲨鱼”，也可作“专家”解，是一对褒贬词。这里暗指在杜威眼里，康卫女士是吃人的“鲨鱼”，而对人民来说却是好人）。然而，这个媒体 shark 很友好并且只是为了保护你们。今天，德森柏·杜威企图把自己描绘成律师中的巨人。很久以前，有一艘巨轮，它曾是永不沉没的轮船，它有一个悲剧性的缺陷，由于舵手的毛病使它撞向冰山沉入海底。一个律师的专业水准是首要的，然而这个案子中的船长却不知如何掌舵，因此，他不该怪由于他自己的错误而引起康卫女士和第十频道的后续行为。康卫女士只是忠于职守地将真相告诉公众。

第一轮比赛结束了，从总体感觉上看，我们颇有胜算，不过，还得等到第二天的第二、三轮比赛才能决定最终的胜负。

第二轮和第一轮差不多，第三轮就要真正地见分晓了。第三轮时，我们感觉到了一点漏洞，对手队使用了与我们同样的战术，并且准备得非常严密。很显然，他们是个很老练的队，我们却不如他们准备得好。更要命的是，他们中有两个律师是双胞胎，一个做开辩陈述，一个做结辩陈述。看得出来，那几个法官显然被他们迷住了。

此外，我们队自己也出了问题，在练习的时候，我们已经知道我们原告队员里的矛盾，其中两个天生是对头。他们十分聪明，但也喜欢出风头和争权夺利。这个队接纳了他们，问题自然就严重了。

当辩方队叫出证人时，有个队友开始盘问他，这个证人很不合作并且回避所有的问题，不幸的是，法官也没有裁决证人必须回答问题。这位队友接着盘问，比赛规定超时是要扣分的。我们心里都明白，在这种情况下，只能放弃这个证人，接着往下走。因为最后一个证人凯利·康卫女士才是我们真正需要严加盘问的。两个队友之间互相传递条子，争论着是继续盘问还是放他走。问题在于，按照规定在法庭上只有一个人可以做决定，而那位队友又不想因为证人没有回答他的问题而丢面子。当最后一个证人康卫女士被传上来时，我们只剩下4分钟，而我们实际上需要12分钟！别无选择，我们决定不管时间限制，继续盘问。

这个时间上的失误令我们惨遭失败。可惜的是，每位裁判给两队打的分都不过是一两分之差。如果我们没有浪费那10分钟，我们一定会赢的，因为一直到盘问最后两个证人时，裁判们都还给我们较高的分。队友的不和令我们付出了代价。

最后，在30多个地区代表队里，我们获得了全得州比赛第九名，那个仅以些微之差战胜我们的队获得了得州比赛第一名。从技术上来说，如果裁判没有因为我们队超时扣分的话，我们也许会得到全州第一名。这次教训给我们好好地上了一课。我们学到了加强团队合作，共赴目标的重要性。

老爸感言：

参加州赛回来，女儿连连叹息，惋惜没有一举夺得第一。不过，遗憾之余，她也为自己在庭上的表现自我陶醉了一番。尤其让她得意的是她在做最后的结辩陈述时，把那个不道德的律师的执照，指为犹如从花生糖浆爆米花 Cracker Jack（一种风靡美国几十年的深受欢迎的小食品）盒子里捡到的小玩意儿时，引起的陪审席上的笑声。

在气氛严峻的法庭上，把那些见多识广、饱经世故的担任陪审员的律师和法官们逗得忍俊不禁，令我体会到她的成就感。她很得意由于这个插曲，在赛后繁忙的间隙，律师、法官们与她擦身而过时仍不忘笑哈哈地对她点头致意。至于用这样的比喻抨击案子中那位律师的专业

↓ 紧张的法庭辩论后的轻松

操守是否有助于比赛中“得分”虽不得而知，但是，在学习的阶段，糅合历史文化、社会知识和幽默于实战之中，只要自己有某种成就感，受到任何形式的鼓励，都是激励上进的动力。

高倩从小在我的引导下，立志学法律、当律师，看了很多有关法律的书和报刊上的文章。不过，那都是纸上谈兵。

16 岁走进法庭，参加模拟法庭辩论比赛，使她有机会根据自己对法律的亲身体验，进一步思考人生。初步了解法律、法庭、律师和法庭审理案件的细节，使她有机会亲身感受，并且以亲身体验进行比较深刻的反思：这样的工作，这样的工作环境，这样的工作节奏，这样的生活，是否正是自己的理想，是否是自己真正的人生追求？

美国法庭审判程序和模拟比赛说明：

美国大多数律师从事商业经济案件，从不出庭；同样，大多数的案件从未上过法庭。上了法庭的案件，很多也没有经过陪审团审案，而是由法官审案。在美国法庭上，许多案件可以由当事人决定是由法官审判还是由陪审团审案。陪审团审案的程序和过程是法庭审案中最复杂的。有的律师虽然出庭,但只是在法官面前审案,从未在陪审团面前审案,此类律师,严格地说不能算是真正的"出庭律师"。

陪审团审判开始前,由原被告律师与法庭方一起挑选陪审团员,律师可以将自认为有偏见的陪审候选人剔除(比赛中没有这个程序,陪审员由各队代表组成)。开庭时,由原告和被告律师相继做开审陈述,介绍案情。接着,由原告律师传唤第一位证人。做证期间,被告律师必定想尽办法对于原告律师的问题提出反对(Objection),或要求剔除原告证人的证言。法官如同意对某一问题的反对,会说"Sustained",如不同意则说"Overruled"。原告证人做证完毕以后,被告律师进行盘问(Cross-Examination),目的在于暴露原告证人证词的漏洞、缺点,或者自相矛盾之处,并且设法暴露证人的个人缺点,以达到降低其证言可信度的目的。被告律师盘问以后,原告律师可以再询问(Re-Direct Examination),目的在于补救由被告律师盘问所造成的损害,或者澄清某些问题。原告律师再询问以后,被告律师可以再盘问(Re-Cross Examination),直至法官下令停止,或者律师认为没有必要继续盘问时为止。在比赛中,这个程序的回合次数和时间是固定的。

原告证人做证完毕后,被告证人循同样程序出庭做证。双方证人做证完毕之后,于次日进行终结辩论(Closing Argument)。在模拟法庭审判比赛中,终结辩论紧接在原、被告证人做证之后进行。终结辩论先由原告律师进行,然后由被告律师答辩。被告律师答辩以后,原告律师可针对被告律师的答辩回复。随后,法官向陪审团宣读法律指示,指示陪审团依此为原则,根据庭上的证言证据做出裁决。接着,陪审团进入密室秘密讨论案情,包括法官在内都不得进入,不得影响他们的裁决。讨论完毕后,法警分发给陪审员每人一份陪审员裁决表。陪审团根据上面的问题作答,就得出了裁决结论。陪审团裁决完毕,审判结果交由法官宣读,或法官指定法庭书记代读。刑事案件的裁决结果只是"有罪”或“无罪”，具体量刑由法官决定。在比赛中，不仅计较官司的胜负，还要按双方在法庭上表现的所有细节，评定得分。

模拟法庭审判比赛是在陪审团面前举行的程序最复杂的法庭审判，对于未来职业目标是当律师的高中生，这是一种超前的、全面的、综合性的、全方位的法律预备学习。

3. 走进法律

要有逻辑性地预先想出那么多问题，有预见性地，用计谋、策略或者陷阱，通过提问和盘问证人，让案件掌握在自己的手中，沿着自己的思路，朝着有利于自己的方向发展。达到这个目的，庭外要下多大的工夫？这是个无底洞。为了提高自己的“专业”水平，高倩在庭外下的工夫确实不少。对法律，她如痴如醉。她，已经走进了法律。

女儿上十二年级时，模拟法庭比赛队又一次获得地区第一，再次参加全州决赛。这是她在高中所能参加的最后一次模拟法庭比赛。以前听女儿说过，无论比赛地点在何地，她的美国同学凯利的母亲每场必到。那年，凯利和她入选的州代表队到华盛顿参加全国比赛，他妈也是自告奋勇，全程自费，与领队一起，瞻前顾后，自始至终陪着代表队。我虽被称为模范父亲，与他父母比起来还是很惭愧。几年来，女儿奔波于各种各样的比赛，我极少远赴外地当啦啦队。

这是我的最后机会，再不珍惜，几个月后，女儿铺盖一卷，离家上大学，机不再来，悔之晚矣！我们决定这个周末专程去300公里外的达拉斯法院观摩两天。

与前一年的模拟法庭审判比赛不同，这一年的案子不是民事侵权案，而是一件谋杀案。

比赛使用的是由10位著名法律专家起草的模拟刑事审判的案例，以一部80年代奥斯卡获奖影片《母女情深》中母女的名字和主要故事情节为基础，改编了部分情节，成了一个母亲杀女儿的谋杀嫌案。

《母女情深》这部催人泪下的影片讲述了离异的母亲罗拉与叛逆的女儿艾玛30年的情感恩怨，最后女儿艾玛身患绝症，在病床上弥留之际，母女之间的隔阂冰消雪融，复杂的感情得以释怀。经过改编，在案卷中，检方证人的证言认为罗拉在服侍病危住院的女儿时，有切断维持女儿生命的呼吸器的嫌疑。根据母女间30年一直存在的隔阂和冲突造成的复杂关系，加之艾玛身后50万美元的人寿保险，检方认为罗拉有犯罪动机，因此指控罗拉犯下谋杀罪。

在这个案件中，检方和辩方各有3个证人证言，6个证人都试图提供对自己有利的证言，使这个案件可能具有种种各不相同的情节。

这个全部由证人的证言构成的“案件”，令人感到每个人的证言都有可疑之处——他们都可能为了自己的利益或自身的考虑而提供不实证词。这就是案例的复杂和精彩之处，它给比赛双方留下了很大的发挥余地。

不利于罗拉的证人有医生、艾玛的丈夫弗拉珀和艾玛的童年好友培蒂。

医生证实了罗拉脾气暴躁多变，常为小事暴跳如雷，但同时艾玛的丈夫弗拉珀控告医疗疏忽，要求赔偿——医生有推卸医疗责任、嫁祸于罗拉的嫌疑，证言不一定可信。

艾玛的丈夫弗拉珀的证言称，罗拉是个专横无情的母亲，同时他以医院不恰当地进行化疗为由要求医疗事故赔偿。因为艾玛50万美元的人寿保险虽在孩子名下，但托管人是罗拉，罗拉如被定罪，他可以独占那50万保险金——弗拉珀的证言也未必可信。

艾玛的童年好友培蒂证实出事那晚，她参加派对回家，路过医院进去看艾玛时，看到罗拉在呼吸器上做什么，接着就被罗拉赶出来；后被警察以酒后驾驶逮住。如果罗拉谋杀罪成立被判入狱，培蒂作为艾玛指定抚养人可得到3个孩子的抚养权，最终也将得到孩子名下的50万保险金。何况她那晚也喝了不少，头脑未必清楚——证言未必可信。

有利罗拉的证人有退休宇航员格拉特、为罗拉服务了28年的女佣罗西和被告罗拉本人。

罗拉的追求者退休宇航员格拉特提供了事发当晚他在医院候诊室看到的情况，他的证言说明罗拉最爱艾玛，几个月住在医院尽心照顾艾玛，她绝不可能害艾玛。登过月球的宇航员是令人尊敬的，但是，他因为专心事业，经历了两次短暂的婚姻，现在正狂热追求案中的被告——其证言似乎难以令人相信。

女佣罗西的证言称，罗拉非常关心艾玛的病痛，经常看报纸杂志，阅读有关治疗癌症的文章。艾玛之死可能是培蒂所为，因为培蒂曾经说："我自己没有孩子，我一定要尽一切办法得到那3个孩子。"——罗西在罗拉家干了28年，如果罗拉罪名成立被判罪，罗西的工作终将不保——她的证言也不可信。

被告罗拉的证言说，如果有人搞鬼，只能是艾玛的丈夫弗拉珀，因为他是艾玛人寿保险的受益人；艾玛一死，弗拉珀就可以和他的情人结婚——罗拉本身是这宗谋杀案的被告，她的证言也许是最难被采信的。

在这个案子里，人人都有毛病，都有作为证人的缺陷，所以，人人似乎都不可信。这是一件难以理清线索的复杂案件。以上摘录的是案卷中的部分内容，事实上，案卷中每个证人的证言都是满满三四页，有许多可供检辩双方发挥的细节。对高中生来说，如此复杂的案件，盘根错节的案情，如何下手？

检方的责任是力图让法庭排除有利于被告的证言、证据，最大量地接受不利于被告的证言证据，使陪审团裁定被告罪名成立。

辩方律师的责任是力图推翻不利于被告的证言，让其不被法庭接受，还要设法让法庭接受有利于被告的证言，才能让陪审团裁定其无罪。

在模拟法庭比赛中，是根据累计积分定胜负，比赛者不仅要考虑最终裁定有罪无罪的胜负问题，还有“赢多赢少”的问题，因此要注意尽量多得分，少被扣分。

在这个案子中，高倩还是当辩护律师，为罗拉辩护，使罗拉的罪名不能成立。在法庭上，她的责任是提问本方证人罗拉，试图通过她的口，尽量多地引出有利于罗拉的证言。她还要盘问检方证人医生，说服陪审团相信艾玛的死是必然的，而不是他人所为，医院可能有疏忽，医生可能想转嫁责任，等等。她还要在庭上做最后的结辩陈述。

为了把案子准备得十分充分，她常常拿着那个黑色文件夹，琢磨里面厚厚的一堆资料，不时写摘要、笔记，还要给自己写下一条条的问题。

为了写这篇文字，我查看了她的一大沓文件夹，里面除了有从比赛组委会购买的有关资料和案卷共 70 页外，还有她自己写的并打印出的提问和盘问证人的问题，是经过多次修改的各种版本。粗略数一下，仅一个版本中提问罗拉的问题就有 59 个，盘问医生的有 46 个。

要有逻辑性地预先想出那么多问题，有预见性地，用计谋、策略或者陷阱，通过提问和盘问证人，让案件掌握在自己的手中，沿着自己的思路，朝着有利于自己的方向发展。达到这个目的，庭外要下多大的工夫？

人们也许想不到，这是个无底洞。翻阅她的文件夹，还发现了她从《美国律师协会期刊》(ABA Journal)中复印下来保留至今的多篇文章。有《开辩陈述——给陪审团讲一个印象深刻的故事》、《找对剧本——诉讼律师须置案子于令陪审团信服的模式》、《对着脚开火——某些明知会受伤还扣扳机的律师》、《给人深刻记忆——准确的遣词使陪审团清楚地了解你的案情》、《养成习惯——有说服力的盘问需要练习、练习、再练习》、《离开主题争论——扯得太远使律师陷入麻烦》、《远离陷阱——特别是自己设下而不自知的陷阱》等。这些都是写给诉讼律师看的有关诉讼技巧、策略的文章。

人们常说案件本身的要件很重要，也有人说律师的水平更重要。事实上，在很多美国法庭的案件审理实践中，律师的水平、在特定的案件中采用的策略技巧对于影响案子的裁决是至关重要的，有时甚至比案件中的事实更重要。这也许就是为什么有些案子在平头百姓看起来是明明白白的，但是最后的判决结果却大相径庭、使人大跌眼镜的原因。

在美国的法庭上，律师最重要的工作是要说服人，所以，说话的语气、语调，在法庭上的表情、表演，都会对案件的结果产生很大的影响。法庭上的"演讲"与写文章不同，要凭感觉，要懂人，要了解人。因此，律师不但要懂法律，还要懂得很多技巧、策略，要知道没有法律知识的平头百姓组成的陪审团是怎么想事情的，要知道怎样引导陪审团按自己的思路走。所以，有人说，在美国，好的律师除了懂法律，还要懂艺术，要像艺术家、演员一样会表演。这就是为什么除了阅读案卷以外，高倩还要研究《美国律师协会期刊》里的那些指导性文章。

一个周末两天，在气氛紧张的法院大楼，我混在几百名西装革履的"律师"中，跟着女儿的赛程，一会儿上楼，一会儿下楼，换了一个又一个法庭，坐在旁听席上，稀里糊涂地听了一场又一场庭审比赛。

比赛结果出来了，很遗憾，与去年一样，还是只得第九名。女儿可是抱着很大的希望得第一、进入全国比赛的呀。回家的路上，大家都不言语，安慰是没有用的，虽然才 17 岁，但她已经不是孩子了。想到她在法庭上，幼稚的脸上努力装出大律师的庄严，我真不知该说什么好。

我只能在心里努力地安慰她和我自己：全队十几人，没有一个队友的父母是律师，既无家庭潜移默化的影响，也无法得到足够多的技术上的强化指导；在平静的小城居住，无法到大城市的大法院观摩复杂的案子；全得州每年 4 500 人，200 多个队参赛，得了第九名，这样的战绩，不算登峰造极，也可以阿 Q 式的自我安慰一番了。追求完美很好，不过，作为一个立志学法律、当律师的人，挫折也是绝对必须经历的。

在法庭比赛中，除了法律知识、法庭技巧外，女儿还学到很多的东西。比如，这个案例的编写者们，利用名著和大奖影片中感情深厚却关系复杂的母女角色，使母亲成为物欲社会中可能的灭绝人性者。这可以让对法律有兴趣的高中生了解到，在一个看似简单的、顺理成章的事情背后，也许还会有更加复杂的背景和隐情；除了培养他们律师式的复杂思考外，还希望唤醒年轻人对社会家庭伦理道德问题的深刻思考。这个比赛之外的收获，不是名次可以衡量的。

可以看出来，高倩对模拟法庭比赛确实下了很大的工夫。在高中时期参加这些比赛，使她对律师工作的性质、状况以及种种细节有较深入的了解。在那期间，由于对法律的兴趣，她还阅读了一些有关的书，让她有机会进一步思考，自己的兴趣是否真在这里，是否适合做这个工作，是否能够将它作为今后若干年甚至长期的事业。这一点，对于不仅仅只是为了满足温饱而求职就业的新时代的年轻人是非常重要的。

16 岁走进法庭，参加少年法庭的工作，参加模拟法庭辩论比赛，整整两年的时间，让她在进入大学以前就有了对法庭审判的亲身感受。为了提高自己的"专业"水平，高倩在庭外下的工夫确实不少。对法律，她如痴如醉。她，已经走进了法律。

根据这些体验，她可以用充足的时间对自己的人生规划做深刻的思考。这两年从感受法律、体验法律，及至走进法律，对法律的了解和亲身体验，我感觉，学法律当律师这个志向已经深深地烙进了她的心。这样的工作，这样的工作环境，这样的工作节奏，这样巨大的压力，这样紧张的生活，不就是自己的理想么？这正是她真正的人生追求和渴望！

4. 法学院的宝塔尖

有一本非常有名的畅销书《法学院第一年》(One L),作者斯科特·特罗是一位曾获《纽约时报》畅销书排行榜第一名的作者。特罗先生从斯坦福大学英美文学专业研究生毕业后,留校担任了3年英文教师。书中讲述的是他70年代、26岁时放弃一所大学的助理教授的聘任,报考法学院,在哈佛法学院第一年的不堪经历。

这位在斯坦福大学教授文学创作,又受到法学院严格训练的执业律师,遣词用字想必十分准确。在书中,他对那一年的描述充斥了"抽搐、失败、黑暗、剧痛、恐慌、沮丧、困境、沉重、震撼、头晕目眩、心惊胆跳"等词语,其后,才勉强"劫后余生"地感受到"骄傲"。

法学院与其他所有专业都不同,第一年的竞争最惨烈,因为第一年的成绩几乎决定一切,以后再努力也于事无补。争夺法学刊物编辑职位,是法学院里最激烈的竞争,它与第一年的成绩密切相关。

美国各个法学院都有好几种法学杂志,如国际法、人权法、环境法、商业法、技术法等。这些杂志都由优秀学生担任编辑,他们决定文章是否录用,从对文章进行审阅、筛选、编辑、修改、校对,直至出版发行,自始至终完全由学生编辑们独立完成。不过,有的杂志是完全独立于法学院的,哥伦比亚《法学评论》就是这样一个公司组织形式的实体。出版社有自己的财产,在房价高昂的纽约曼哈顿有一座属于自己的10层大楼。

美国法学杂志中最顶尖的是各名校的《法学评论》(Law Review),也可以称为院刊,《法学评论》刊登的文章都是为较大的法律难题提供解答和看法,或者是为某个法律领域开创新方向。《法学评论》发表的论文主要有较长的“文章”(Article)和“短文”(Notes)。全国乃至世界各地法学教授、学者和著名职业律师投的稿子都是“文章”,本校法学院学生发表的都是“短文”。不过,法学论文的篇幅都很长,哥伦比亚大学《法学评论》发表的“文章”,每篇长70到100页,“短文”20到30页。《法学评论》的权威性很高,无论长、短文章,除了法律学者学习引用以外,包括最高法院、联邦法院的法官和律师都常常将它们引为法庭裁量或辩护的根据,并写到法庭裁决书中,成为案例文本,在美国的法律实践中,其影响是很深远的。

《法学评论》的编辑都是由二三年级的学生担任,有的法学院根据学生第一年的成绩选拔编辑,有的通过长篇文章的写作比赛,挑选出少数优胜者,有的结合这两种方法来选拔。学生们对此趋之若鹜,无不希望能被选上。不过,在斯坦福教了3年英文的特罗先生,在第一年的努力奋斗之后,最终也没被选上,对此,他在书中坦承,“不愿意面对现实的妒忌心态”,使他“一整天都魂不守舍”。由此可见,竞争何其惨烈,学生何其向往。

有人以为,这些学生当编辑的法学刊物,只是学生时代的学术活动,并不能表明有多高的学术水平。其实,美国法学杂志与其他任何学科的学术杂志都不同,是一个很极端的例外,著名法学院的名教授几乎都不当任何法学刊物的编辑、编委,这一点与其他学科的名校名教授都要争当各种专业刊物的编辑、编委正相反。美国排名前100的法学杂志只有寥寥6种不是学生当编辑,排名前18位的法学杂志个个都是学生当编辑的各校的《法学评论》。最著名的法学教授、律师的论文无不争相投到学生当编辑的刊物来发表。

法学刊物的水平和排名主要由3个标准来衡量：被其他杂志引用的总次数、影响力、法院裁决案件引用的次数。根据美国华盛顿·李法学院多年持续对美国和世界其他国家共1 002种法学杂志做的调查统计，完全由学生担任编辑的耶鲁、哈佛和哥伦比亚的《法学评论》被其他杂志引用次数稳居前3名，堪称世界最著名的3种法学刊物。此外，哈佛《法学评论》和哥伦比亚《法学评论》被其他杂志引用的次数、影响力、法庭案例引用次数3项指标都稳居1 002种法学杂志的前3名。

编辑的工作量是巨大的，哥伦比亚《法学评论》有7位“文章”编辑，他们是从几十位编辑中挑选出来的，组成了“文章”编委，他们负责每年从教授、学者超过1 500篇的来稿中挑选出大约25篇长文章，分为8期出版，每个编辑各负责近300篇文章的初审。编辑绝大多数时候扮演的是冷面杀手的角色，筛选稿子采用的是“点头不算摇头算”的“一审否决制”。因为稿件太多，每篇文章都只有一个编辑负责初审，这个编辑通不过，这篇文章就被拒绝了。一篇文章初审通过了，这个编辑才建议其他全体编辑审读，然后由全体编辑投票决定，所以，一个编辑一年要审读四五百篇，达三五万页的文章。编辑工作必须非常谨慎，向同事推荐太多不够水平的文章，无端浪费别人的时间，会让同僚不满。审阅法律论文不像审文学作品，不能以个人偏好，而应该以学术水平来取舍。高水平的论文如果不小心从自己手上溜走，跑到其他杂志发表，除了伤害杂志的声誉，也会让同僚侧目。每个编辑都有保持自己杂志学术水平以及提高杂志排名的责任。

《法学评论》刊登的都是篇幅较长的文章，法学这一行尤其讲究精确性，高水平的法学杂志不允许有丝毫差错，这就要求编辑精读细审，仔细消化理解，找出拒绝发表的合理理由。对于接受发表的文章，编辑们通常也要给这些教授作者写出可供推敲的长达十几页的书面修改意见。

《法学评论》每篇文章引用的案例索引和注释从两三百到四五百不

等。编辑要对每篇文章的数百篇引用案例索引、注释一再进行不厌其烦的校对、订正,要查对可能涉及1 000多篇原著的引文,还要对文章进行文字加工。这些工作对编辑水平的要求很高,工作量巨大。编辑们每周要花四五十小时的时间在刊物上,甚至比花在法学院学习的时间还要多。毕竟,刊物是要定时、定期出版的,而学习和成绩是学生自己的事。落下的课,那得自己想办法赶上,谁让他们"愿者上钩"呢?

编辑的工作繁重、压力巨大,难怪教授们都不当编辑。教授们是有"能"无"力",难以承担如此巨大的工作量和压力。但是,为什么所有的优秀学生都削尖脑袋想钻进去?进不去的,反而"魂不守舍",十分沮丧呢?原来,成为《法学评论》的编辑除了享有极高的荣誉,被认为是精英中的精英之外,还对前途有着长远的影响。通过这些编辑工作,这部分学生有机会经常在一起讨论法学问题,对法律问题的看法、分析能力和写作能力都得到了其他学生所没有的极大锻炼。

参加编辑工作为走向社会的进一步竞争奠定了良好的基础。例如,申请名校法学院的教职,申请最高法院、联邦法院法官助理的职位,名校《法学评论》编辑的身份都是必不可少,而不是可有可无的条件。获得法官助理的职位对前途影响很大,是一种极高的荣誉,其工作是帮助法官做研究,整理资料,撰写裁决书。此外,编辑们有机会认识名教授、名律师、法官和其他法学、法律界名人,有机会与他们进行直接的交流。名校《法学评论》编辑的身份使学生毕业后进入最著名的律师事务所也变得格外顺利。

因为美国最好的法学刊物都是由学生当编辑,所以,顶尖法学院《法学评论》编辑的身份和他们在学生期间发表的文章一样,是伴随一生的荣耀。美国著名律师事务所的律师花名册上总是标明哪位律师曾是哪个法学院刊物的编辑,在哪个刊物上发表过什么文章。美国五大法学院院长无不在他们的简历中列出学生时代当《法学评论》编辑的经历,在他们的简历中,无一例外地都"只有"一个《法学评论》编辑的身份。耶鲁法学院院长在网上公布的简历中，将他在学生时代担任哈佛《法学评论》的编辑，列在“专业职位”一栏中的第一项。

当上《法学评论》的编辑就是登上了法学院的宝塔尖，“文章”编辑成了宝塔尖的尖顶。

十 尾声

Weisheng

1．圆梦哈佛
2．大学不是目的地
3．准备再出发
4．父与女
5．哈佛爸爸没话说
6．有意外也有惊喜
7．选择和未来

1. 圆梦哈佛

高倩信心满怀地准备大学申请。我看她表现得太自信,有意刺激她,可知道有多少人报哈佛?要知道山外有山,天外有天。

走向21世纪的"美国"学生,伶牙俐齿的女儿早就不吃这一套了。

她激烈地驳斥:我上了最多的AP,参加的社会活动最多,工作经历丰富,什么比赛都参加,什么奖都拿过,四种语言,出过书,义工、社区活动、领导才能都不缺,还要我怎么样?哈佛不要我还要谁?

拍着厨房的酒吧台,她涨红被激怒的脸:"哈佛不要我还要谁?哈佛不要我,还要什么样的人?嗯?你说啊!"

好个狂人。这话在外面她当然绝口不说,要狂也只在家里狂。

我被问得无言。按她的话说,她是Well-rounded(全面的)。她把自己的条件归成8个类,包括教育背景、工作经验、发表著作、课外活动、获奖项目、社区活动、志愿者活动和语言能力。

学业上,高中4年总成绩GPA4.2,全校440名毕业班学生中排名第十。

课外活动的内容可以列出来的有七八项:交响乐团主席、西班牙语学会主席、数学科学比赛副主席、演讲表演队队长、校长顾问委员会委员,当过州长荣誉项目辅导员和少年法庭律师,还参与大学生活动。

获奖项目有地区、州和全美比赛的奖励,分为8大类20多项:包括演讲、法语、模拟法庭、数学、写作、小提琴、钢琴、选美。

她的不断更新的简历,用英文10号小字,勉强挤在整整两页的篇幅里,总结了高中4年的辛苦和成就,把简历放在一旁,填写申请就不费力了。写作大学申请论文对很多人来说是件叫苦连天的事,对她好像并不难。有个周末下午,我正在房子后面建一座储物房,她每隔半个小时,就从房子里跳出来一次,来到我身边,念一篇申请论文给我听,半天时间完成了三四篇论文的写作。看到我在建房子,启发了她的灵感,顺手写一篇风水和人生观的论文,其中还拿老爸我开了涮。这篇在我看来不怎么样的文章,得到很多人的青睐,有位大学校长来信还提到这篇论文非常有意思。

在大学申请表的升学顾问鉴定表上,有一个问题是,有哪几个词最能概括这个申请者,学校教育顾问给她填了7个词:

Gifted(有天分的),hard-working(勤勉的),curious(求知的),mature(成熟的),focused(专注的),responsible(负责的),sophisticated(久经世故的)。

在表中的学业成就、课外活动、个人素质和特质、创造性4个选项里,教育顾问都在"我职业生涯中遇到的顶尖的极少数的几个之一"那一栏打了钩,对她毫无保留地给予最高评价。

2. 大学不是目的地

结果是可以预见的。1999 年 4 月初的第一个周六，我在达拉斯与老朋友聚会，中午接到女儿电话，说她收到哈佛和普林斯顿大学的录取通知，她随即开车 3 个小时，将录取通知书“特快专递”到离家 300 公里外的达拉斯，让我和从小看着她长大的朋友们分享。朋友们都说要举行一个派对，有位在加州硅谷的朋友甚至保证届时专程飞来参加。

我说，派对的主题我都想好了，就叫“哈佛！哈佛！”大客厅正中，应该挂个“哈佛！哈佛！”的大横幅！

女儿眉头一皱，对我说：“crazy（疯啦），谁说我就上哈佛啦？”

哈佛是爸爸从小灌输给她的，我的朋友都知道，高倩从小就准备上哈佛。但是，到了长大快成人的这一刻，最忌讳的就是什么事都听爸爸的。她常在我面前表示，更倾向于普林斯顿，这也许是处于青春叛逆期的她，想向我表示她的独立性，表明她不是我的牵线木偶，不能爸爸说上哈佛就上哈佛。

陆续接到 6 所大学的录取通知书，她每个都得考虑一下。

文理学院全美排名第一的阿默斯特学院早就给她发“暗号”，发录取通知前几个月就早早给她提供机票，让她去参观学校。位于休斯敦，享有“南方小哈佛”之称的莱斯大学许诺给她一份全校最大的赫伯特艾伦荣誉奖学金。不是和哈佛并列，就是独揽第一的普林斯顿大学是德莱尼法官的强力推荐。杜克大学和普林斯顿大学最令人感动，校长亲自来信，抛橄榄枝。杜克和耶鲁当年并列第三。杜克大学校长来了两次亲笔签名信，邀请女儿去杜克访问，到他家里做客，还要为她提供在杜克举行的全美大学生篮球冠军决赛的门票。交响乐团指挥怀特先生催她快去，他愿意给她出机票！那场全美瞩目的冠军赛，门票市场价好几百美元。普大校长在来信中称，他在招生院长的办公桌上，看到了今年最好的十几个申请人的材料，她的材料是其中之一，还赞扬她的申请论文写得非常有意思。

得州大学"第二计划"许给她最高的德特蒙荣誉奖学金，项目主任、名教授对她说，哈佛学生没有什么机会和教授接触，但是，你今后不用预约，就可以随时到我办公室来，我把你当我女儿，我会给你写最好的推荐信，你一定前途无量。他还寄来卡片，亲笔手写"你的宿舍，我都给你预订好了！"

读莱斯大学 4 年不用出学费；杜克和普大校长的亲笔签名信让她有点飘飘然；上得州大学的"第二计划"会受到特别器重；普林斯顿每个教授都必须讲课，而且是小班的课，教授与学生接触密切。

无论上哪所学校，都会有很好的前途。

派对终于没有开成，因为女儿不愿意。她反而成天在我面前为哈佛以外的学校评功摆好。

不能爸爸说哈佛好，就去上哈佛。

心情真的很好，她打开久违的电视机，在沙发上，轻松地接听各个大学的学生，甚至"第二计划"名教授亲自挂来的 3 次电话，催促尽快决定去他们的学校。这种感觉真是棒极了。

不过，她一心就想上法学院，学法律，当律师的——这已不是爸爸的想法，而是她自己十几年来唯一的坚定理想。

哪个学校可以为下一次出发提供最好的条件？

↑ 这个驿站只能住到 2003 年（在哈佛的宿舍里）

两三个星期后，4 月底，到普林斯顿和哈佛走访以后，女儿从哈佛校园里挂来电话，隆重通知我，决定上哈佛！这是她根据自己的判断做出的决定——不过，也确实是我十几年前满怀希望精心策划的结果。

3. 准备再出发

考上了几所顶尖的大学，又决定了上哈佛，成功了——我心中成功的标准很低，小时候，只要她组合好一个拼图，搭好一组积木，我就说，你成功了！何况上哈佛。不过，人生的目标不是上大学，也不是上哈佛，这一点她很清楚，人生奋斗的目标是要走到职业场上去打拼。大学毕业5年以后在干什么才是最重要的。上大学、上哈佛既不是最高目标也不是最终目标，甚至不是近期的最终目标。就像她在那篇《哈佛梦》里写的那样："这所学校将是我今后人生中许多个驿站中的一个。"终极的目标是什么，她现在也不知道。然而，很清楚，下一个近期阶段性目标是上法学院，当律师。

下一个驿站是法学院。

大学4年的时间会过得很快，不能到临近毕业才开始设计，她一直都不是这样的。这么多年来，她总是在为了实现各种各样的目标而努力奋斗，她也不习惯于躺倒休息，彻底放松。但是，她还真准备大放松一下，竟然跑去买了一套全球联网的游戏光碟，在网上激战了几天。

这样的日子过得不习惯。毕业典礼过后，她就在大学的地质学院办公室里开始了每周40小时的全职工作，当会计助理。她还嫌不够，每星期还有4个晚上，外加周末一整天在饭馆里端盘子，说波士顿是个高消费的地方，得多攒点钱去消费啊。

还嫌不够,她又拉着我到书店——帮她去付账。几本法学院入学申请的指导书:《如何进入顶尖法学院》、《进入法学院——专家谈录取程序》等等,还有3本法学院入学考试LSAT习题集。

就是高中毕业的这个夏天,她开始研究4年以后上法学院前必须参加的入学考试。三四年的提前量,是不是早了点,不过,当年我不是让她提早六七年参加"高考"SAT吗?想搭"直通车",就得早做准备。

她是准备大学毕业前一年就考LSAT,这样大学一毕业,就可以立即进入法学院。应届大学毕业生直升法学院肯定要难一点,大学第四年要忙着写毕业论文(她的论文后来写了130页),没有时间准备考试,法学院又喜欢有工作经验的往届生,他们有较大的优势。她这样算计,这么做,我并不意外,而是很宽慰。如果没有提前几年计划,如果目标不是十分明确,大学毕业以后,多数都要经历工作、读研究生等两三年以上曲折的过渡准备期才能进入法学院。

研究了LSAT的题型,做了近10套模拟考题。她告诉我,模拟考试成绩可以稳定到173分,满分180。据统计,只有大约0.7%的人可以达到这个成绩。难怪大三那年夏天,她做完两个半月的暑期全职工作后,一溜烟跑到欧洲去转了一大圈,完全没把备考法学院、准备LSAT考试当回事儿。

考试内容有写作、阅读理解、逻辑推理、分析推理等,越到高分部分越难。能达到这个成绩,是依靠从小就开始的大量的高难度阅读、长期养成的逻辑思维的习惯,还是模拟法庭潜移默化的某些分析思维方式的影响,或是长期养成的快速阅读的功底?也许是以上种种的综合。这个测验可以说明,她会是一个好律师。她和我心中都有数了。

她已就绪,准备出发,准备4年以后的再次出发。

4. 父与女

1999 年 10 月初我的生日前,女儿寄来一张 300 美元的支票,说,过去几年,委屈您了,快去买一台新的电视机吧。曾经,为了不打扰她学习,我戒了看电视的爱好。我说,不必,我不需要。她说,你敢? 你退回来,就是对我的污辱。

11 月我们又到哈佛,参加学校组织的父母周活动,女儿送我一件"哈佛爸爸"T 恤衫,这是她开学后就买的,算是第一件礼物,这是一件很普通的、哈佛附近满街的商店都在卖的 T 恤衫。从哈佛迷到哈佛爸爸,经历了十几年,女儿了解我,知道她爸从来不会装,不会说"上哪个大学都一样,让孩子选择他们自己喜欢的"。哈佛和其他美国名校都有这样的传统,哈佛学生的父亲叫"哈佛爸爸",母亲叫"哈佛妈妈"。哈佛校长都是这样称呼大家的。校园内外,满街跑的都是哈佛爸爸、哈佛妈妈,就是没有哈佛姐妹、哈佛兄弟。兄弟姐妹不得沾光,父母没有功劳也有苦劳,允许沾点光。哈佛每年产生 1 650 对哈佛爸爸、哈佛妈妈,算一下 360 年的历史,史上已有几十万个哈佛爸爸,虽不稀罕,犹感光荣。

一日,我上班,打开电脑,收到"警方"电邮,主题是"拘捕令",当天刚刚签署的"拘捕令",内列 10 名嫌犯,有谋杀、抢劫、强暴,我竟然因为"违章停车逾期未交罚款"也名列其中。藐视法庭罪可不轻,我实在记不起自己有否犯过此案,看到"拘捕令",一时紧张,马上跑步找警察"自首”。校警莫名其妙,折回办公室细看,才发现邮件的发件人是远在波士顿上学的女儿。对这个恶作剧生气?怎么会!招来美国同事到电脑前,分享我哭笑不得的幸福:女儿把我当朋友,拿我消遣,舒缓压力,这才是亲情,高兴都来不及呢!

这又让我想起多年前,有一天半夜,我刚睡下,听到窗外有动静,窗户咔咔作响,接着窗户被人从外面打开。歹徒要入室!吓得我从床上一滚而下,卷一床被子,冲出卧室跑到客厅,抓起电话,趴在地上,急挂911报警。正在警惕观察、聆听动静、惊魂未定之时,但见女儿从前门飘进来,一脸无辜地看着我,接着哈哈大笑,笑弯了腰!女儿知道我心脏没问题,可以承受这样强刺激的娱乐。两辆警车呼啸而至,发现“歹徒”竟是户主女儿,正看着被捉弄的老爸,笑得好不开心。我说:“不好意思,是女儿的恶作剧而已。”警官笑笑,离去。

上大学的第一年,她在父亲节给我寄来一张贺卡,上面写着:

亲爱的爸爸,我希望您在这个父亲节身体健康,精神愉快。我真希望能够在家和您一起庆祝这个节日。不过,您很快就要来这儿了,我们会有很多好玩的活动。

这一年离家使我认识到,家庭生活多么珍贵。我多么想念您和妈妈。

在过去的那么多年里,您确实给我上了许多课,我很感激您给我上的每一堂课。我很感激,甚至在过去这一年里,您在我们每天不断的电话和电子邮件里,仍然充满建议、鼓励和爱。我对您也有了更深刻的理解,我们终于能够像成人一样地把一件件事情做成,这种感觉真的是好极了。祝您父亲节快乐!

谢谢您给我的一切!对此,我充满无限感激!

“牺牲”了童年的快乐,9岁“上大学”的委曲经历不仅得到彻底释怀,还换来她的无限感激。对我来说,其实一点也不意外。

5. 哈佛爸爸没话说

她到了哈佛，每天给我挂电话、发电子邮件，不过，不再以“爸爸，你知道吗”开始。从她那里，知道她在哈佛玩得不错：第一个学期就一网子撒开，参加舢板校队，当舵手；在哈佛学生办事处下属的校园小商店当副经理；参加《哈佛深红色》报，当发行部经理；到招生办打工，了解些内幕，挺有意思；到了暑假，既当商店副经理还当哈佛网球队夏令营的会计……哇哦——跑哈佛都干这些去了？

不过，最好不要多嘴干涉。

早在开学典礼上，哈佛校长就对我们说过，现在，你们要让他们自己生活，你们只要当好啦啦队，给他们喝彩鼓掌就行了。

什么活动都参加，就是没有参加哈佛学生团体模拟法庭比赛组织，那个组织的成员都是志在报考法学院的学生。她说，模拟法庭比赛和高中的比赛差不多，就如大学程度的微积分、化学、法语和西班牙语在高中时已经修过，现在可以免修一样。这门“课”在高中时早已“修过”了，哪还费得起那时间。到《哈佛深红色》报社去工作，既不当记者，也不当编辑，而是去“从商”，也是因为高中时期都写够了。何况，完全以自己赢利维持运作的大报社，最要害的部门是商业管理。

她已经成熟，知道怎样有效地规划未来，前后参加不少活动，做了不少工作，使自己脱颖而出。在哈佛 4 年期间，最忠心耿耿的还是在平日天天出报的《哈佛深红色》报连续工作 4 年，最后当上商务主管。在哈佛这个最大的学生组织工作，4 年的商务管理经验，是大学毕业后能够直接敲开法学院大门很重要的条件之一。

2003 年 6 月，我们又来到哈佛，哈佛爸爸妈妈们清晨 5 点就开始排队，等待参加毕业典礼，等待着把他们的子女送到下一个驿站。

高倩从哈佛荣誉毕业，同年 8 月进入顶尖的哥伦比亚法学院。

进入法学院的第一学期，她就当上《哥伦比亚亚洲法学刊》编辑、亚太裔学生会共同主席。

这一切，全靠她自己设计，自己规划，自己努力，自己争取。

这几年，我认真看书学习，包括看她写的文章，学会欣赏她的成果，了解这些成绩的内涵和来之不易。当一个好的啦啦队员，我在心底为她喝彩、鼓掌。

她的表现，我没话说。

↓ 哈佛爸爸妈妈们清晨 5 点就开始排队，等待参加毕业典礼

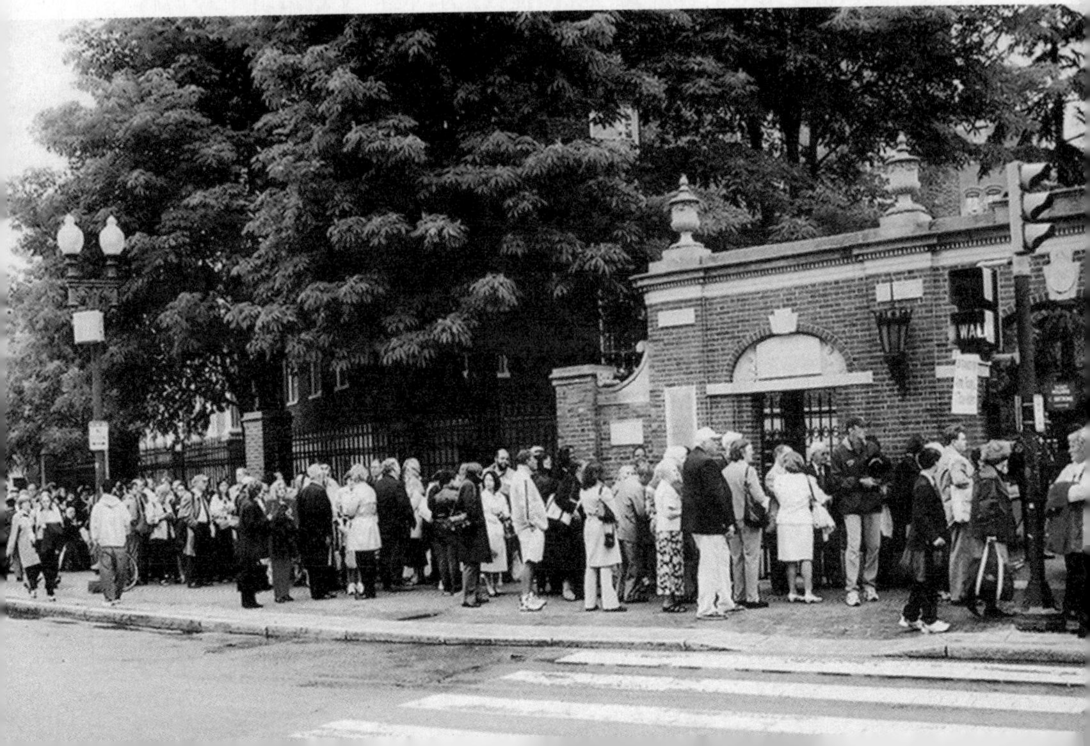

6. 有意外也有惊喜

法学院一年级的最后一个重头戏是历时整整一周的写作比赛，这篇法学论文将作为是否入选哥伦比亚大学《法学评论》编辑的重要依据之一。两个月后，正在一所著名律师事务所工作的高倩接到通知，被接受进入《法学评论》编辑部，她提前两周中断了报酬优厚的暑期工作，与其他编辑一起回校报到，开始工作。

7个月后，2005年2月最后一天的清晨，还在梦中的我被电话吵醒，高倩兴奋地来电话告诉我，她被“提拔”为(长)“文章编辑”，今后将与其他6位编辑组成长文章编委，将对都是教授学者提交的、每年超过1 500篇的论文进行审稿、筛选和编辑。这个编辑负有重大的责任，必须保证好的论文不从自己手下溜走，每篇文章必须是某个领域、某个议题中最好的，甚至是从未有过的好观点。很高的荣誉，很大的责任，巨大的工作量——因为除了要看作者的论文，有时还要读相同议题的其他论文，以进行比较——要知道，每一篇法学论文都有几十到百把页长。

几小时以后，我打开办公室的门，听到电话铃声刚停，进入办公室，打开电脑邮箱，看到1秒钟以前刚刚收到的一行字：

爸！！！！！ 啊，我的天！！！！ 我的文章要发表啦！！！

啊，我的天！！！！！！！！！！！！！

她那篇30多页的“短”论文已经酝酿很久，一个多月前完稿。一次给我发邮件时，把她的文章用附件发给我，顺便涮了我一把：

请告诉我您的意见，因为您那么——懂，法学，☺☺☺☺。

可惜，和她通过电话后，我才能看懂文章的题目。这篇文章现在终于被哥伦比亚《法学评论》，这个美国最著名的三个法学杂志之一接受发表。

我给她回邮：我知道很多法学院的学生终其一生，没有发表过一篇论文，对你来说，这实在来得太早。语言无法表达我的震撼。我，只想哭。

这回不是装的，而是真正的惊喜，是真的感到意外。交初稿时，她曾在邮件里说过，“It' s bad.”我赶紧回邮问，会不会因此被踢出《法学

↑ 在纽约曼哈顿的公寓里

评论》编辑部，她哭笑不得地说，怎能差到那个地步。看来，她心中的标尺是不一样的。法学院有 1 000 名学生，每年仅有十几篇学生论文入选，分 8 期刊登，可想这个荣誉是如何之高。我被她的成绩震撼，在本已十分紧张的学习期间，加上法学评论的编辑工作，再加上写论文，一直到文章被接受发表，个中艰辛，可想而知。

她轻松回邮：哈哈，你的邮件真好笑。快告诉妈妈，我挂给她，让她向我表示祝贺。

COLUMBIA LAW REVIEW

"SALVAGE OPERATIONS ARE ORDINARILY PREFERABLE TO THE WRECKING BALL": BARRING CHALLENGES TO SUBJECT MATTER JURISDICTION

QIAN A. GAO

REPRINTED FROM COLUMBIA LAW REVIEW
VOLUME 105, NO. 8 (DECEMBER 2005)
Copyright © 2005 by Directors of the Columbia Law Review Association, Inc.

→ 发表在哥伦比亚《法学评论》上的论文单行册

7. 选择和未来

上哈佛时，她很“轻松”，几乎每天电话、电子邮件来往；上了法学院，我都不敢给她挂电话，只能等待她抽空来电话、邮件。凡事有得也有失，对一个家庭来说，得到很多也失去很多，这都是自己的选择。她常在上学和回家的路上，进地铁前，出地铁后给我挂电话，这样可以充分利用时间。

暑期实习每周 2 400 美元的报酬，一毕业就有十几万美元的起薪，这都是很诱人的。不过，人生最重要的是应该过得快乐。律师职业是我在她很小时就为她设计规划的，虽然在我的引导启发下，学法律、当律师逐渐成了她自己的爱好，在从童年到少年又到成年的十几年里，有意识的磨炼、训练使她具备了成为优秀法学生、优秀律师所必要的知识、能力和素质。

我们都很幸运，童年的人生设计，“碰巧”成为女儿的最爱。

高强度的学习、工作，有时为了参加上午 6 点召开的编委会，凌晨 4 点就得起床审读稿件，一天阅读几百页的稿子，一天十几小时的学习和工作，这都是她自己的选择。

她的知识基础也许不足以使她成为优秀的工程师、成功的科学家、知名的音乐人、卓越的其他职业人。在年纪还小的时候，人生就被定位在律师职业上，失去了更多的选择，会不会有点遗憾?

→ 我不内疚

30年前法学院毕业的辛迪蒂·格林伯克，写了一本畅销书叫《律师职业转换手册》，这位美国最著名的、专为律师做职业咨询的专家，在书中细述了具有法律学位的人可以从事的300多种职业。法学院学生广阔的知识背景和法学院的严格训练，使律师可以从事的职业有如此之多，这让我很宽慰。我看，再多也不需要了。我想，如果有一天，不喜欢律师的工作了，她一定可以在那300多种职业中，找到一个合适她，并且能让她喜欢的工作。

这很好，我不会内疚。

附录一　高中作文

1. 文艺复兴时期的诗歌主题——死亡

伊丽莎白时代，也就是人们通常称之为文艺复兴的时期，艺术家们的激情大大增强，这个时期的艺术家，开始了他们艺术才能、风格的新生和重新探索。虽然这一时期的诗歌走进了新的境界，然而，主题还是保持不变的。其中最常见的主题是：时间在飞快地流逝，死亡不可避免。虽然这个平庸的观念很压抑，然而，种种不同风格的诗歌和表现的角度却为这个主题赋予不同的时代风采。

文艺复兴早期的诗人比特拉克常常用《吸引我的眼睛》这首诗的模式开始他的诗篇，他痛苦和惋惜的语调总是引起读者不自觉的同情。看来曾经是“发光的金色的卷发”，一时间变成了“尘埃的颗粒，没有知觉”，生命不再具有任何意义。比特拉克作为意大利的伟大诗人，在《爱了又失去》里，表达了一个绅士在这种痛苦下的情感。虽然他从未获得过美丽少女的爱情，她的出现业已足够。然而，她的逝去，使他再也写不出爱的赞歌，因为他“已经写完”，很显然，这样的情绪带给读者的是：意想不到的死亡可能随时发生，而其留给生存者的则是永不消逝的痛楚。毫无疑问，比特拉克用他的诗篇传递了他对这种经历的感受。这种手法为后来者开辟了使用这一主题的道路。

在比特拉克之后,有两位作家运用不同的写法表达相似的死亡主题:死亡无损于爱。

在莎士比亚的第五十五号十四行诗里,因他谱写的和谐的韵律,使诗歌的主题被蚀刻为经典而深深地植入世人的记忆。他在这首十四行诗里唱道,死亡和"邋遢的时代"都不能夺去她华美的品质,它比"大理石"和"镀金的纪念碑"更坚强。莎士比亚的诗歌及其主题"在子孙万代的眼里都享有空间" 。无疑的,他相信他的诗歌和主题本身比死亡和时代这两者都更有力。

那个时代后期的另一位作家约翰·米尔顿用同样的观念写了一首诗,却赋予完全不同的主题。他之令人着魔和引人注目,是由于他作品的角色原型是莎士比亚的缘故。《话说莎士比亚》(On Shakespeare)声言,一个"指向明星的金字塔"只是他名字的"虚弱的见证",因为他的诗句已经"为他自己建立了永恒的纪念碑"。他不断说明这一观点,他的充满敬畏的语调展示了他对莎士比亚深深的敬重。应该再次强调的是,文艺复兴时期的诗歌确立了文字比任何事物都更为有力的观念,包括死亡。

最后,那个时期还有两位诗人通过不同的诠译表达了同一个主题:情感不随死亡而消失,即爱情不随着失去心上人或得不到爱情而逝去。比特拉克的十四行诗里,就有一位少女没有接受诗人的爱。怀亚特和霍华德,用他们自己的手法,写出了他们的诗篇,呼应这位意大利爱情诗人,在怀亚特的十四行诗里,他认为他的爱必须"跟着她……无论生和死",但是,诗中人在死之前,不可能不知道"终生不渝的才是好的"。在他的思想里,什么都可以失去,短暂的生命无法和他的至渝之爱相比,因为生命只是一掠而过,但爱却永存。

虽然霍华德的十四行诗基本上也一样,但是,他用了略为不同的手法。例如,他的用词比较生硬刺耳,迫使读者面对现实中爱的"目的的失去",引入悲喜交集的"爱情以死亡为终结"的现实。

无论他们用了怎样不同的手法，两位诗人都表达了相同的主题和意义。他们不同的风格只是给同类的诗体添加了不同的风味而已。

很幸运，文艺复兴时期是思想和行动的时代。这些萌芽艺术家为我们留下了他们的新发现和新思想。

作为他们影响的延续，一个文学的专门领域——“死亡”被开发出来，并成为许许多多诗人和剧作家作品的主题。通过林林总总的“死亡”作品，他们使这个主题发挥出隽永的魅力，赋予新颖的感觉。

2. 莎士比亚剧本分析——复仇

古时候，“以眼还眼，以牙还牙”的概念在人们眼里似乎完全正确。宽恕并不被作为一种选择，人们认为，以复仇平息人们的仇恨似乎更好。然而，少数人也意识到，复仇将带来新的痛苦和更大的悲剧。这在莎士比亚的许多伟大戏剧作品中都表现出来。

喜剧里的笑声常常会驱散痛苦。但是在《威尼斯商人》里，莎士比亚编织了一个仇恨与复仇的环境，使喜剧的情绪淡化，并且表现出相反的效果。为了帮助朋友，威尼斯商人安东尼奥向一位富有的犹太人借钱，他称这位犹太人为“信邪教的人，凶残的狗”。充满恶意地，夏洛克同意，如果安东尼奥答应3个月之内归还，就借他3000块钱，要不然，“就要1磅安东尼奥的肉”。突然，灯光黯淡下来，观众接到了剧作家外在的暗示。他们明白夏洛克背后隐藏的真正目的和他要安东尼奥的肉的原因，那是他对基督徒，特别是安东尼奥的深深的仇恨。因此，当安东尼奥的收益不能从国外收回时，观众们已经预感到什么事将要发生了。就如人们预见的，夏洛克苛求安东尼奥用身上的1磅肉来赔偿。莎士比亚认为，坚持仇恨的背后不是没有道理的，他揭去面纱，等待人们的理解。很明显，夏洛克对安东尼奥的仇恨滋生于他们之间的宗教冲突。作为犹太教徒，夏洛克是不被尊重的。因此，当他的敌人向他借钱时，他表明了他的怀疑。很清楚，莎士比亚的意思，夏洛克并不是个极其邪恶的人，而是由于别人对他的不良行为致使他这样做。因此，仇恨的起因更深刻地揭示了主题。毫无疑问，如果不管这个戏剧的喜剧成分，威尼斯商人具有很多复仇的悲剧特质。

从另一方面来说，复仇主题的重现很普遍，比如在莎士比亚的伟大悲剧《罗密欧与朱丽叶》中，为了增加观众的悬念，它预示了两个年轻爱侣必然死亡的绝望。整部剧承载于仇恨的基础上。两个家庭不断的争吵和决斗为年轻的罗密欧与美丽的朱丽叶的爱情打上了不祥的标记。随着两个家庭的紧张升级和两人爱情的增长，观众的紧张情绪相应增加。最终，在第三场时，紧张的气氛已经不能自我支撑，就如绷紧的橡皮带终要断裂一样。罗密欧自己和泰伯特决斗，希望能为他的朋友马修蒂的被杀报仇，因为"马修蒂的灵魂，还在我们头顶不远的地方"。罗密欧必须杀死泰伯特，"无论是你，还是他，还是一起，必须和他一起死"。

惨烈的仇恨的链锁由于罗密欧的行动一直扩展开来。他开始的目的本来是要解脱这个链锁，然而，最终两个家庭的仇恨和罗密欧的复仇牺牲了两位无辜的年轻人的生命，造成了令人同情的结局。

相似的，《裘力斯·凯撒》也揭示了复仇的议题。勃鲁托斯和其他人谋杀了凯撒以后，他的幽灵回来，告诉勃鲁托斯，"他要在腓利比见到他"，最后的时刻到了，凯撒必须用别人的手，为他自己复仇。奥克泰维斯·凯撒、玛克·安东尼和莱必多斯来到战场决斗，庆祝他们的胜利，也为裘力斯·凯撒的死复仇。正如奥克泰维斯·凯撒所传的命令：

我拔出这一柄剑来跟叛徒们决战；除非等到凯撒身上三十三处伤痕的仇恨完全报复或者另外一个凯撒也死在叛徒们的刀剑之下，这一柄剑是永远不收回去的。

这部剧指出了复仇也可以解释历史的改变，例如权力的交替，也给迷信的英国观众一个证明：鬼魂会回来，用别人对他的方式复仇。莎士比亚再一次用一种未必靠得住的意境来揭示复仇的力量。

《麦克白》是莎士比亚写的四大悲剧之一。《麦克白》不像他的早期戏剧作品,它的伟大之处在于他在情绪和行为上的强烈和凶猛。在这些情节里,一个未被提及的复仇的目的是它的教义的地位。在莎士比亚的很多戏剧里,复仇展示给观众的是那些作恶的人最终要垮掉。在这个追求权位的故事里,麦克白为了获得和保住王位而杀人,使他的罪恶不断上升。甚至他自己也意识到,他的罪行某一天将要受到报复。他最糟糕的噩梦是杀了班柯以后,这个以前的朋友以鬼魂显灵来到他的面前。他哀叹他的天数,并且告诉麦克白夫人,“幽灵要讨还血债,他们说血债要用血来还”。虽然他意识到他是罪有应得的,他仍然害怕他的所作所为带来的报应,当所有的复仇者都来到他的身边时,麦克白的面前,除了随后被证实误解的巫婆的预言之外,什么都没有。最终,麦克白的罪行通过复仇的方式受到惩罚。

莎士比亚的最引人注目的作品《哈姆雷特》不仅共享复仇的主题,而且也是一个复仇的戏剧。他的情节结构和主题聚焦于复仇的一般思想基础。在一个昏暗的场景中,哈姆雷特在和他父亲的幽灵之间,他被要求去“为他(父亲)被邪恶的和不自然的谋杀复仇”。突然,哈姆雷特的使命就建立了。他知道,父亲的死必须由他叔叔来偿还,他树立的使命几乎成了他的目标。然而,他在实行疯狂的策略时,杀了别人的父亲,波隆尼尔。当他的儿子雷尔提回来时,复仇的使命来到了雷尔提身上。他意识到这一点,并且“敢冒诅咒”,因为他相信,“该来的就让他来,只要我复了仇,这多数是为了我的父亲”。此刻,这两个人,他们的意图是一样的,都是为了同样的理由,向对方做同样的事。这个戏剧的背后隐藏的核心思想是幻灭和悲观主义。通过这些故事可以看出,戏剧的整个内涵基于复仇的基础,复仇在那个充满铁石心肠的世界里被认为是绝对必要的。因此,这个复仇剧把所有复仇的成分都放到一起,构成了一个尴尬的认识,这个世界充满了绝望和无可救药。

古代的律法声称“以眼还眼,以牙还牙”,然而,约束还是被人们关注的,因为报仇还需在残暴中带有风雅的光彩。莎士比亚的很多角色并没有让他们的复仇与风雅艺术性地结为一体,他们各以自己的思想基础塑造出一个个融入复仇的角色。对其中的某些角色而言,他们只是一味反击,对其他人来说,这是他们的责任行为。无论什么原因,莎士比亚的大部分作品揭示的是复仇的善与恶。

3. 可悲的故事,可悲的结局
——历史课作文

“兴旺的20年代”之所以说“兴旺”有其一定的原因,它主要与中产阶级的崛起有关。这个时期的中产阶级与任何他们的前辈极为不同的是,他们的行为风范和人生观完全被新技术和环绕着他们的环境所改变。

在那个时期,这个国家很多传统的道德观念被忘却,人们为新鲜的玩意儿和新发现所迷惑。教会不得不与大工业对抗以赢得关注。不幸的是,人生信仰常常被抛弃。进而,在此之前崇尚的禁欲主义似乎也不存在了。一个评论员注意到,在美国有个叫性闹钟的东西,意即天天性爱。很多以往的禁忌都没有了,人们曾经有过的一吻定终身的习俗也不再被遵守,年轻人开始了他们随意、自由的亲昵标准,而这种改变却被进入眼花缭乱的时代的美国人所期望。

使整个国家道德堕落的一个重要的因素是当时横扫全国的工业进步。曾几何时,双轮马车充斥着美国的街道,然而,20年代是盛产汽车的时代。人们开始抛弃了马车,取而代之的新潮敞篷汽车成为象征富裕的美国家庭所拥有的常见财产。由于汽车提供了简单方便的交通,家庭开始分离。时髦的四轮汽车载着人们到更多、更远的好玩地方,而不只是待在家中的壁炉前。由于汽车渐为普遍,广告业也急速增长。从布鲁斯巴顿写的《无人知道的人》开始,耶稣成为最伟大的拉广告的人。这些广告使人们期望获得比他们已经得到的还要多得多。进一步,这个时代也标志着信用卡购物时代的开始,随后很快风行一时。这些信用卡的发明者对于信用卡给下一代造成的问题一无所知。毫无疑问,所有这些新事物给美国的历史带来了全新的时代。

最后值得一提的是,20世纪20年代,美国生活与以往最不同的方面是娱乐。爵士乐在这一时期极其流行,并且一直持续兴旺。爵士乐主要起源于纽约哈雷姆区的非裔美国人,很快的,扩散到所有的听众;后来,甚至白人爵士乐队也开始组成。更重要的是,无线电的发明也把娱乐引入了新时代。以前,只有无声的对白,现在,小小的,能够发出声响的黑盒子丰富了美国人的生活。

无线电能够为很多人的生活增加教育和文化内容。它使人们享受到丰富多彩的文化。这个时期最重要的,也许是托马斯·爱迪生发明的电影,它为美国激发了巨大的动力。

在20年代,第一部有声电影产生了,并且迅速取代了无声电影。很快的,电影广泛流行,吸引了越来越多的人。显然,娱乐业的高速发展为20年代的人们提供了大量的享乐。但是,娱乐业并不像在其他任何一个年代那样,极大地影响人们和那个年代。20年代一直是个引起历史学家和常人极大兴趣的年代。这个年代令人眼花缭乱的新奇事物给许许多多人的脸上带来微笑,因此它被人们挚爱地称为“狂飙的20年代”。然而,很少人真正地考察那个年代的方方面面。如果深入考察的话,他们将发现,那个狂飙的年代的说法,对于追求完美的人来说,也许只是个不诚实的别名。对于这个活泼的年代更好的说法应该是“幻灭的年代”。

战争使很多美国人产生了恐怖的阴影,他们经历了整个年代的歇斯底里的恐惧。起始于回避对很多国家的外交承诺,美国开始了排外的年代。在目睹了布尔什维克革命以后,美国人又开始了对共产主义的恐惧。那个“红色恐怖”时期开始了。这是一个荒诞不经、歇斯底里、没头没脑的恐惧的年代,它在20年代达到了顶峰。甚至有一次,整整一船装满所谓外国的激进分子被送到了俄罗斯。由于郡议会的坚持,议会也开始以通过罪恶的工会组织法案来参与“反赤色”运动。这条法令基本上就是一条反赤色的法令。进一步，另一个荒谬的不公平事件也爆发出来。纽约民选立法机构的5名成员的席位被否决，原因只是因为他们是社会主义者（社会党党员）。这个激烈的愚蠢行为一直横扫全国，直到20年代末期才慢慢地消逝。

进一步，作为他们排外措施的一部分，美国政府开始裁减移民。一次世界大战以后，大量移民从南欧和东欧涌入美国。美国"本地人"开始惊慌，并且担心他们至高无上的地位受到威胁，所以议会开始采用1921年的"紧急配额条款"对世界关闭大门。这个法案规定，只允许1910年住在美国的国民总数的3%的人可以进入美国。甚至对这个移民人数的裁减还嫌不够，1924年国会又通过了新移民法，把移民配额减少到1890年居住在美国的国民总数的2% 。紧接着，移民配额削减到了令人难以置信的数字，美国的目标达到了。最后，离开美国的人比进来的人更多。在当时，这曾经是美国人引为自豪的谈资。

更进一步，偏见也开始升级。随着三K党的复兴和活跃，各种各样的偏见横扫全国。受难的包括各种各样的人，因为他们总是在某一方面不尽相同。一个偏见的特例的引发是由于两位意大利移民：沙扣和温兹特，他们被判谋杀一个发薪员和他的保镖。虽然法庭有证据指控这两个人，但是也有足够的疑点让他们不致被判死刑。然而，法官和陪审团显然很有偏见地对待这两位非"本地"人，并且裁决他们罪行成立。在历经6年的审判之后，这两人被送到死牢，并且被处以电刑。从这个例子和其他存在偏见的例子可以看出，20年代的确暴露了它的丑恶。

甚至当时实行的某些新措施，比如说禁酒令，也显示了20年代人们的轻浮和愚昧无知。为了剥夺许多家庭拥有的酒精饮料，国会犯了一个可怕的错误。他们通告美国人，那些他们好几个世纪以来一直在做的事情，现在属于非法了。然而，美国人当然不是那些可以随便摆布的人，他们不遵守法律，地下酒吧应运而生，非法酒精品成了极为普遍的东西。很不幸的是，这种对法律的反抗引起了骇人听闻的犯罪，从贿赂警察到帮派械斗、卖淫、赌博和毒品，应有尽有。甚至有组织的犯罪也成为普遍现象,到处都在贩卖非法酒精饮料。像阿尔·卡蓬(Al Capone)那样的人,成为生意场上和私营企业主的极端的恐惧灾星。因此,尽管政府采取了保护性措施,但它还是给这个年代造成了恶劣的影响。

最后,当美国的经济向前冲刺的时候,人们的传统道德观消失了。孩子们已不再是早年那么顺从可爱的乖儿女了。相反的,他们变成了神魂颠倒的不道德的群氓,诸如沉溺于无尽的享受、赌博和做爱。这个年代也鼓励人们无穷无尽地索取。甚至广告客户也依赖于美国人的早已过分的需求期望。因此,欲望变得越来越难以满足。最可悲的是,美国人如此卷入商业和经济社会,使人们忘记了他们自身生存的意义。就如辛克莱·刘易斯在这个时代写的《巴比特》一书里所揭示的,一般的人民大众成了一群很相似的市侩而不是一个个有个性的个体。因此可见,作家对那个年代的看法,展示了20年代的腐败。

很不幸的是,很少人真正地意识到20世纪20年代美国出现的腐朽。这个年代的狂热和兴奋很快地上升到了可怕的顶点:1929年的股市暴跌,把整个国家带入了骇人的静止状态。已被连根拔除的价值观和道德观又不得不小心谨慎地在30年代开始重建和恢复。由此可见,20世纪20年代的不负责和狂热,将那个幻灭的年代引入到一个可悲的结局。

附录二　法庭上的终结辩论

——高中模拟法庭比赛

案件说明：

身患绝症的艾玛·格林威住院时由于呼吸器被切断，致使呼吸衰竭而死亡。艾玛身后遗有50万美元人寿保险。检察官指控与艾玛有情感隔阂、性格暴躁的母亲罗拉为谋杀犯。本案双方各有3位证人，他们都有可能为了维护自身利益而提供不实证言。

不利于罗拉的证人及可能做伪证的原因：

医生朱丹·莱茨福特：推卸医疗责任，嫁祸于罗拉。

艾玛的丈夫弗拉珀·赫顿：独占50万美元人寿保险。

艾玛的童年好友培蒂·克拉克：得到艾玛3个孩子的抚养权，也将因此获得50万美元人寿保险。

有利于罗拉的证人及可能做伪证的原因：

退休宇航员伯拉特·比利德拉夫：正狂热追求罗拉。

罗拉的女佣罗西·丹拉普：罗拉如被定罪，罗西将失业。

被告罗拉·格林威：本身是这宗谋杀案的被告。

双方律师盘问证人以后，最后由各方主要律师做终结辩论。以下是高倩在法庭上所做的终结辩论：

尊贵的法庭、法官大人、各位律师、诸位陪审员：

今天诸位在这里聆听了一个亲密、博爱的家庭的故事。诸位见到已故的艾玛·格林威的母亲，罗拉·格林威女士。诸位见证了罗拉和她的女儿以及孙女们不可分割的骨肉亲情。诸位一定很奇怪，今天，这位母亲为什么站在这个法庭上，面对着谋杀她女儿的指控。

罗拉·格林威女士是一个很有个性的人，她的正直和刚毅一直被她的邻居伯拉特·比利德拉夫和她的女佣罗西·丹拉普所认同。进一步地，这些人，以及甚至州检察官提供的证人也别无异议地认为，罗拉的女儿长久以来始终是罗拉最关心的人。当然，我并不准备在这里告诉诸位，罗拉·格林威是一个完美的人，她确实并非完美。正如今天我们在法庭上所了解到的那样，她确实有很多缺点。她性格暴躁易怒，与人不好相处，喜欢制约别人。然而，这都不足以构成能够证明她犯了谋杀罪的理由，这只不过是她的个人性格问题，并不证明她有谋杀的动机。艾玛是她的独生女，罗拉为了她什么事都可以做，就是不会去夺取她的性命。因此，很清楚，今天她之所以成为被告，是由于在这个世界上尚未找到可被指控的人。当然，她被盯上了，那是由于，并且，只是由于检察官正在说服你们，她"确实"杀了她的女儿。不过，请允许我提醒诸位，培蒂·克拉克声称那天晚上她在医院里，看到弗拉珀·赫顿离去。他们的说法相同，但是，这些说辞都难以被调查证实。所有这些信息都已成为诸位脑中可疑的种子，检方正在设法连根拔除这些种子。在没有进行彻底调查的情况下，这个司法系统今天将这个过世者挚爱的母亲带到这里，执意告诉你们，发生了什么事情，而根本不管她正在承受着巨大的痛苦。今天，她并不一定要接受做证，但是，她做了。毕竟，没有任何人知道，那个房间里发生了什么，只有她知道，她告诉了你们。

从另一方面来说，让我们看一看检方今天带到你们面前的这位证人，他们要求诸位相信艾玛的医生朱丹·莱茨福特，她只是家庭内科的执业医生。这位女士，一位仅仅具备很少的癌症经验的医生，在这里被作为艾玛疾病的“专家”来作证。事情还远不止于此，她亲自签署了死亡证书，并且认定死亡原因为：由于生命支持系统被切断而使呼吸衰竭。她不是病理学家，她只不过是一个普通的家庭医生。问题还远不止于此，她在呼吸器故障发生了半小时以后才来到病房，她怎么知道当时发生了什么事呢？下一个问题是，检察官把弗拉珀·赫顿带到本庭作证，这位先生由于艾玛的去世，将比谁都获得更多的利益，整整50万美元。现在，她的夫人走了，他不看护他的孩子们，甚至把孩子们留给被指控谋杀了他们的母亲的人去照管。当然，我们看到培蒂·克拉克起誓，她看到罗拉曲身靠近病床，手执气管。然而，我们应该记住，她自己甚至也承认，当时她正处于酒醉状态。进一步地，她还告诉诸位，她看到这个景象的时候大约是凌晨两点，这个时间比艾玛·格林威的死亡时间整整早了一个小时。

今天，诸位在审理这个案件的时候，应该想到爱和爱的力量。请不要忘记，朱丹·莱茨福特医生曾经给罗拉希望，曾经告诉过她，她的女儿可能会苏醒，那么，现在为什么她收回这句话呢。当诸位合议本案的时候，请考虑今天庭上所说的，请看那些暴露出来的疑点。毕竟，举证的责任在于检方。他们有责任提供无可置疑的证据证明罗拉谋杀了她的女儿。诸位已经知道，他们远未做到这一点。所以，请不要让他们轻易推脱责任。检察官也已经告诉你们，陪审团是唯一站在她和被攻击群体之间的人。不过，请三思，诸位也是“仅有”的，站在她和她所没有犯下的一级谋杀罪名之间的人。因此，请做出无罪的裁决。简单依据的事实是，罗拉·格林威绝没有杀害她深深挚爱的女儿。仅仅因为她是你们唯一被告知的嫌犯并不意味着她“就是”应该被指控的。

附录三　一双十一岁姑娘的眼睛

——读高倩同学的新书《少女中国行》

陈瑞琳

美国南部得克萨斯州的冬天，绿草茵茵，温湿的空气中总是吹拂着孕育生命的暖意。在休斯敦的长城书店，我见到了近来被人们啧啧称赞的华裔小作家高倩同学。

高倩，一个聪颖美丽的小姑娘，闪烁着一双敏感多情的大眼睛，她是得州 A&M 大学附中九年级的学生。作为一个品学兼优的东方女孩，她不仅为自己频频获奖的学业成绩而骄傲，更让她兴奋的是旧金山的中国书刊社（CHINA BOOKS & PERIODICALS, INC）为她出版了《西方到东方——少女中国行》这部记录着她对故乡中国一片深情的少作。

1981 年，高倩出生在中国福建省的福州市，5 岁时随父母来到美国。在接受西方教育的同时，她如饥似渴地捧读一切有关中国的书籍。她知道自己是炎黄的儿女，她热爱五千年的中国文化。为了重访童年梦中那依稀可辨的神秘亲切的土地，她苦读中文，盼望着实现一次从西方到东方的神奇旅行。

1992 年的冬天，高倩随同父母返国探亲，这是她来美国 6 年之后第一次回到中国。一个完全在西方世界中长大的 11 岁小姑娘，背着父母买给她的便携式写作小电脑，开始了她 40 天不寻常的少女中国行。

抚摸着彩色封面上自己的大照片，高倩羞涩地笑了，毕竟这是她的

第一部处女作。从美国到香港，再到广州、北京、上海，最后到福州，11岁的高倩经历了她一生中最广阔的视野，这个流淌着东西方两种文化血脉的小姑娘，第一次亲眼看到了人类社会的巨大差异，第一次亲身感受到了不同文化的冲击。在香港，她亲耳闻听小摊贩讲自己跟黑社会打交道的经历，开始体味东方民族人际关系的复杂微妙。在广州，她目睹什么叫"发展中国家"，出租车司机耸人听闻的安全警告让她目不走神地监护着车窗后的行李。在北京，她看到了真正的共和国的气派！她如醉如痴地爱上了长城、颐和园、天坛、紫禁城，甚至那色彩飞扬的京剧。她为自己的民族拥有几千年的灿烂文化而欢欣自豪，同时她用一双好奇多感的眼睛细心地观察着今天的中国变化。餐厅里卡拉 OK 的歌唱象征着富裕起来的人毫不掩饰的满足，探访清华大学毕业的表亲却使小高倩思索为什么他们的薪水远远比不上没受过高等教育的出租车司机？在上海，高倩兴奋于中国式的热闹繁华，也领略人海相挤的蔚为大观。她想不通为什么在中国并不是家家有电话？但她惊喜中国大都市公共交通的便利繁忙。她奇怪南京路的书店里卖书怎么会中外有别，商店里的服务员一听他们从美国来，态度就大为改观。中国啊中国，你给了11岁的小高倩太多的眩晕。

回到童年梦中的福州，亲情的欢浪每天都在撞击着高倩的心。她一面收获着骨肉相依的幸福，一面更加仔细地观察着生活的万花筒。爷爷骨灰前的伫立使她明白生命的如尘如烟，而中国人热爱宴请、酒醉情浓的习俗使她觉出无奈的浪费。她尤其不能明白那一圈圈的麻将何以有如此巨大的魅力，也不明白爷爷住医院时奶奶为什么要想尽法子地送礼？而周围亲友们接受他们带来的礼物时绝不像美国人那样惊喜地当面打开，那些富起来的人们为什么卷起了离婚的浪潮？在一家豪华酒店，恭敬的服务生终于也没能弄清楚她喝饮料为什么要加冰，而她更为大惑不解的是吃穿山甲这种被保护的动物为什么是特殊优待？小朋友们经常问到她：美国是什么样？是不是家家有"摇钱树"？她说不是，可没人相信！她心里真的是好羡慕住在中国不用交昂贵的房租，但中国人好像从不觉得,享之当然。故乡啊故乡,你在小高倩的眼里实在是有太多的困惑!

在这部179页的日记体游记作品中,读者可以感受到一个11岁少女纤细入微的情感,她甚至写到了自己在大人们相聚时常常被忽视在一旁的私心烦恼。但全书最精彩的灵魂无疑是一个生在中国、长在美国的小姑娘对本属自己文化的东方大地执着的探寻。不要说生活在美国的中国孩子,就是在中国,又有多少十几岁的少年还会记得天安门城楼下震天动地的红色海洋?还记得爷爷、奶奶那一辈在腥风血雨中的战斗?还记得长城脚下孟姜女寻夫的凄婉故事?!小高倩纪实的文笔是相当流畅的,她从一句英文不会讲,到如今能用英文熟练地写作,实在是华裔少年成长的骄傲。她的笔触无论写自己还是写亲情,小到上"茅坑"的惊慌,大到酒席上的排场,都娓娓道来、风趣生动、引人入胜。虽说每篇结尾有雷同之嫌,后半部篇章略显冗赘而艺术提炼不够,但当我们读到最后,作者深情坚定地说:"我还要再回来!"她是这土地的女儿!我们的心也跟着涌出一股抑制不住的激动和怀恋。

(原载1996年《人民日报》海外版,并收录在陈瑞琳的著作《走天涯》里)

附录四　十一年级一个月日程安排

（1997年秋季）

9月29日　星期一

西班牙语作文截稿;英语作文截稿;下午3:45教小提琴,初中部;晚上7:00历史小组学习;晚上7:45数学比赛队干部会议。

9月30日　星期二

西班牙语考试,第十五章 动词、不规则动词;法语研究;下午:法语俱乐部会议;数学、科学队会议;PASF、国际俱乐部会议;晚上:管弦乐队排练。

10月1日　星期三

历史:准备考试;化学:做实验,写实验报告;演讲队会议。

10月2日　星期四

7:45化学辅导;西班牙语:反身动词、反身代词;历史论文考试;化学考试(铅),带填料到校;西班牙语:108个动词变化;西班牙语学会会议。

10月3日　星期五

课前化学辅导;历史多项选择题考试;读历史课本:第十一章,1~10页;西班牙语单词,用30个新单词写作文;(交响乐团)布置会场;去贝勒大学(150公里外)参加TFA资格比赛。

10月4、5日 星期六、日

在贝勒大学(150公里外)参加TFA资格赛。

10月6日 星期一

英语课SAT考试;西班牙语:作业改错。

10月7日 星期二

化学考试;历史测验;西班牙语:改错;化学:做习题;下午:初中部教小提琴。

10月8日 星期三

历史:第一页;英语:改错;法语:写论文;下午:演讲队开会;晚上,狂欢派对。

10月9日 星期四

法语论文截稿;英语改错作业到期;西班牙语复习完成式;初等微积分考试。

10月10日 星期五

英语:阅读《笼鸟》(718页),准备考试;微积分考试;西班牙语词汇、语法练习;法语:问题交卷;化学:交作业。

10月14日 星期二

PSAT考试;MST开会;晚上5:30~7:00管弦乐团排练。

10月15日 星期三

历史:交论文作业;西班牙语:作报告;英语:限时当堂作文;历史:读第三章;化学:写实验报告;讲演队:教课。

10月16日 星期四

上午7:15交响乐团彩排;英语:演讲《笼鸟》;化学:做摩尔展示板;西班牙语:动词;下午,西班牙语学会、国际俱乐部开会。

10月17日 星期五

给南希买生日礼物;化学AP练习,做摩尔;西班牙语:词汇。

10月18日 星期六

早上8:00乐团到奥斯汀(150公里)为全美校长年会演出;下午

5:00~8:00 野餐烤肉。

10 月 20 日　星期一

西班牙语新词汇写论文截稿;乐团录音带考试到期;微积分测验;写化学实验报告。

10 月 21 日　星期二

第一小提琴分部排练;西班牙语:练习演讲;历史课论文考试;化学 AP:完成实验并准备考试;法语考试:第 43 页起;下午:PASF 会议;晚 7:00:交响乐团音乐会,有加分。

10 月 22 日　星期三

化学考试;历史多项选择考试;英语词汇考试:第 45~62 个词;下午演讲队教课。

10 月 23 日　星期四

西班牙语、微积分考试;法语考试;下午:西班牙语学会会议;晚上 6:00~9:00 交响乐团,穿服装彩排。

10 月 24 日　星期五

上午:历史《杰克逊时代》论文截稿;下午:去银行。

10 月 25 日　星期六

上午 9:00 高中数学比赛;下午 2:00 南希生日派对;晚上 7:30 筹款音乐会。

10 月 27 日　星期一

英语:争论议题论文,第一稿截稿;法语考试:120、121、425 页;化学:写实验报告;下午:初中教小提琴。

10 月 28 日　星期二

上午:第一小提琴分部练习;英语考试;8:30 得州数学考试;晚上:管弦乐团排练。

10 月 29 日　星期三

法语词汇考试;英语:考试;英语论文改错卷交稿,微积分测验;下午:演讲队会议。

10 月 30 日　星期四

西班牙语考试:第 5、41 页;英语:(写作)文体考试;化学:本周海报到期;化学第五章考试;历史:演讲;下午:PASF、国际、西班牙、法语学会联席会议。

10 月 31 日　星期五

西班牙语:部分词汇考试,第 1~330 词;历史:读 14~17 章;化学:在 1405 房,晚上:克莉斯特的派对;UNICEF(联合国儿童基金会)项目。

11 月 1 日　星期六

地区交响乐团考席位(离家 150 公里);下午:会议(另一外地,离家 145 公里)。

附录五　美国《国家职业发展指导方针》

1. 美国《国家职业发展指导方针》

美国国家职业信息协调委员会

小学	初中	高中	成人
自我认识			
对自我意识重要性的认识	对积极的自我意识的影响的认识	对积极的自我观念的影响的理解	保持积极的自我观念的技巧
与他人交往的技巧	与人交往的技巧	与人积极交往的技巧	保持有效行为的技巧
对成长与改变的重要性的认识	对成长与改变的重要性的认识	对成长和发展的影响的理解	对发展性的变化和过渡的理解
教育与职业关系的探索			
对于因教育成果而获益的认识	对职业机会将受益于教育成果的认识	对教育成果和职业规划的关系的理解	进入并参与教育及培训的技能
对工作与学习的关系的认识	对工作与学习的关系的理解	对以积极的态度对待工作和学习的必要性的理解	参与工作和终生学习的技能

续表

教育与职业关系的探索			
理解和使用职业信息的技能	寻找、理解和使用职业信息的技能	寻找、评估和解释职业信息的技能	寻找、评估和解释职业信息的技能
对个人责任和良好工作习惯的重要性的认识	寻找和获得职业所需要的技能的知识	具有准备寻找、获得、保持和更换工作的技能	具有准备寻找、获得、保持和更换工作的技能
对工作与社会需求和社会功能之间的关系的认识	对工作与社会需要和经济、社会功能的理解	对社会的需要和功能给工作本质和结构带来的影响的理解	对社会需要和功能给工作本质和结构带来的影响的理解
职业规划			
对如何做出职业决策的理解	职业决策技巧	职业决策技巧	职业决策技巧
对人生中不同角色之间相互关系的认识	对人生中不同角色之间相互关系的认识	对人生不同角色之间的相互关系的理解	对工作给个人及家庭带来的影响的理解
对不同职业和男女角色之间的变换的认识	对不同职业和男女角色之间的变换的认识	对男女角色之间不断变换的理解	对男女角色之间持续变换的理解
对职业规划过程的认识	对职业规划的过程的理解	职业规划的技巧	职业转换的技巧

以上收录的仅是美国国家职业信息协调委员会颁布的《国家职业发展指导方针》的规范。美国《国家职业发展指导方针》包括小学篇、中学／初中篇、高中篇和成人篇4个部分，每个部分都有相应的量化指标。下表仅收录了职业指导规范的小学生部分。

2. 美国《国家职业发展指导方针》
——小学生能力及指标

美国国家职业信息协调委员会

自我认识	**能力 1:对自我意识重要性的认识**
	分别以自己和别人的观点和视角,描述自己的优点 定义个人行为对家庭关系和学校的影响 描述个人举止行为会如何影响他人的情绪和行为 举一个自己的积极的例子 列举个人的兴趣、能力、长项和缺点 描述几种通过工作的方法达到个人需要的例子
	能力 2:与他人交往的技巧
	说明为什么每个人都是不同的个体 举例说明(示范)与他人进行交流的有效技巧 示范解决与同学、朋友以及大人之间的冲突的种种技巧 举例说明作为组织成员的技巧 列举同学朋友之间压力的来源 举例说明,当来自同学朋友的压力与自己的认识和看法相悖时,应该采取怎样合适的举止 举例说明,对不同的文化、生活方式、看法和能力,应具有怎样的认识
	能力 3:对成长与改变的重要性的认识
	定义各种各样的情绪和感受 定义表达情绪和感受的各种不同方式 描述引起精神压力的各种原因 定义并且选择几种合适的处理方式应对各种情绪状况 举几个自己和其他人处理冲突、压抑和调整各种情绪的好方法 示范良好健康的习惯的认知

续表

教育与职业	**能力 4:对于因教育成果而获益的认识**
	描述学术技能可以如何用于家庭和社会 定义个人在各专业方面的强项和薄弱点 定义几种职业群所需要的学业知识和技能 描述能力、努力和成就之间的关系 制订一个改进学业技能的行动计划 描述学校中哪些功课与成功就业所需要的基本技能相似 描述不同职业水平对于教育具有的不同要求
	能力 5:对工作与学习的关系的认识
	定义几种不同的工作,包括有偿和无偿的 描述职业准备的重要性 举例说明高效率的学习与寻找信息的习惯(的好处) 举例说明理解、实践、努力和学习的重要性 描述现在的学习与今后的工作有什么关系 描述一个人作为学生如何像一个成年的工作者
	能力 6:理解和使用职业信息的技能
	描述家庭成员、学校教职员和社区工作者的工作情况 根据数据、人和事定义不同的职业 定义工作活动对学生的兴趣 描述在职业问题上,人生观、态度、个人兴趣、能力之间的关系 描述在本地职业市场上的各种工作 定义各种不同职业的工作条件,如户内、户外,危险性,等等 描述自雇职业与受雇于他人的职业的不同 描述父母、亲戚、成年人朋友和邻居如何提供职业信息
	能力 7:对个人责任和良好工作习惯的重要性的认识
	描述个人素质对于获得和保有工作的重要性,例如依赖性、准时性和敏捷性,与他人易于相处等 举例说明参与工作、活动的各种积极方式 描述合作精神对与同事一起完成一项任务的重要性 举例说明与自己不同种族、年龄、性别的人在一起工作时所应具备的能力

续表

教育与职业	**能力 8:对工作与社会需求和社会功能之间的关系的认识**
	描述工作是如何满足人的需要的 描述本地雇主的产品和服务 描述各种可以解决社会和经济问题的工作方式
职业规划	**能力 9:对如何作出职业决策的理解**
	描述决定是如何做出的 描述从做错事中能够学到什么 定义和评估那些干扰达到预定目标的问题 定义解决问题的策略 定义各种情形下的可供选择的决策方案 描述个人观念和态度对决策的影响 描述个人决策对自己和他人的影响
	能力 10:对人生中不同角色之间相互关系的认识
	描述一个人可能具有的多种角色,例如:朋友、学生、工作人员、家庭成员 描述在家、社区和学校里与工作有关的活动 描述家庭成员之间是如何相互依赖、协作和分担责任的 描述工作中扮演的角色是如何补充家庭角色的
	能力 11:对不同职业和男女角色之间的变换的认识
	描述工作对于所有人都是如何重要的 描述在工作和家庭里,男人和女人是如何改变人生角色的 描述一个人对家庭和社会两者的贡献的重要性是如何体现的
	能力 12:对职业规划过程的认识
	描述职业规划的重要性 描述各种职业群所需要的不同技巧 制订、开发出一份面对小学生的职业计划

主要参考资料

《国家职业发展指导方针》，美国国家职业信息协调委员会，1989年

《国家职业发展指导方针:幼儿班—成年人手册》，全国培训支持中心，美国职业资源网，2001年

《法学院第一年》，(*One L*)，斯科特·特罗，1988年

《模拟法庭比赛案卷》，达拉斯律师协会，模拟法庭比赛委员会，1997年，1998年，

《100所顶尖律师事务所》，瓦尔特指南公司编，2005年版

《ABA官方法学院手册》，美国律师协会编，2004~2005年版

《律师生涯转换手册——法学博士的300多种职业》，亨迪·格林伯格著，1998，2002年

《适合你的最佳大学》，《时代周刊》、《普林斯顿评论》出版，1997~2002年

《私立高中》，彼得森教育出版公司，2000年版

《美国2000年人口普查报告》，美国人口统计局，2000年

《职业市场展望手册》，美国劳工部统计局，2004~2005版

《薪水调查》，2003~2005年，美国大学与雇主协会

《图穷对话录》，徐小平，光明日报出版社，2002年

《黄金是怎样炼成的》，徐小平，光明日报出版社，2002年

《西方到东方——少女中国行》(*West to East*)，高倩，美国旧金山中国书刊社，1996年

《人生设计线路图——美国升学与前途》，高燕定，广西师范大学出版社，2005 年

报刊及其网站：《华盛顿邮报》、《华尔街日报》、《时代周刊》、美国劳工部、美国商务部、美国人口统计局、哈佛大学、耶鲁大学、哥伦比亚大学法学院、普林斯顿大学、得州大学、得州 A&M 大学、华盛顿 · 李法学院排名网。

后记

从2000年开始，我每年都到中国，为中国的家长和教育工作者做有关美国教育和美国升学的讲座。回国之前，我编写一些演讲提纲和材料，并将它们与在美国收集到的资料汇总在一起，装订成厚厚的册子，复印几十份，装箱运到国内，带到演讲会场分发。我新颖的观点和演讲内容吸引了很多听众。其中，每场演讲我都提到的，在本书中述及的有关综合素质评估“打分”的方法，一直为许多人津津乐道。为了让我的思想观点广泛传播，为了将被扭曲的美国教育现状中先进性的一面介绍给国内的读者，也为了改变那种原始的传播方式，我产生了写书的想法，并且于2001年开始动笔。

写作这本书有很大的动力。有一次，我到深圳为准备出国留学的高中生家长演讲，下午5点多钟，我一下飞机，就直奔会场，演讲持续了5个小时，一直到晚上12点结束，会场上听众情绪高昂。有一次，一场演讲下来，收到50多张提问的字条。就是回到美国之后，我还不断收到很多读者的热烈反馈，可见人们对教育关注之强烈，对我期待之殷切，使我深受鼓舞。

按说，我对写书出书并不陌生，女儿11岁就能写书，并且在我一手操办下出版，写书应该不是一件难事。但是，没有想到的是，我写这本书却经历了一个漫长的过程。如果一开始就料到要历时4年，熬过无数个不眠之夜，才能完成写作并出版的话，我可能当时就不去动这个念头了。

常常有人不解，问我这本书的写作时间为何如此之长。写作此书最大的困难是把头脑里呼之欲出的思想变为逻辑清晰、语言生动的文本。对我来说，无论手写还是电脑输入都远远无法赶上有如激流涌动，有时甚至是“井喷”的思想浪涛。来美十几年，只写过寥寥数千个汉字，由于不熟悉汉语拼音，电脑输入汉字的速度远远慢于手写的速度。在开始写作的第一年，花了很长时间，经历了语音输入、电子写字板输入、手写后请别人电脑输入等种种曲折无奈和痛苦的尝试过程。最后，硬着头皮把所有带英文软件和操作系统的电脑全部汉字化，铁下心来，自己好好练拼音，学习汉字输入法。

不过，真正使这本书千呼万唤才出来的原因，还是因为在过去几年的写作过程中，阅读、研究的时间远远超出写作的时间。

开始写作之前，我把女儿房间里的资料做了一次大清理，把她高中期间所有的纸质资料，包括从学校或校外组织机构所得到的全部资料、高中作业、大学申请资料、大学申请表、录取通知等，甚至她小学、初中写作的文档和以前读过的书，都找了出来，分类整理，装进我的几个大文件柜和书橱，还堆得书房满地都是。有那么多的资料，对于写作固然很好，但是，这些资料也成了我写作本书的最大干扰。往往是因为阅读她以往的资料，翻看她以前读过的书以及与教育有关的种种书籍和参考资料，特别是欣赏她写的文章，使我入迷得无法自拔，以至于无数个晚上什么都没有写。面对女儿保留在电脑中的高中最后两年的文件，我常常沉浸在对过去十几年往事的回忆和严肃的思考中。

我将女儿读初、高中期间使用的电脑中留下的所有几百个文档都打印出来，共计近千页，几十万字。我浏览了每一页，有的篇章还反复阅读多次。其中绝大多数作文我是第一次阅读。

阅读的过程也是一个心灵震颤的过程。看到有时她一个晚上写出二十几页的几个文本，令我无限感慨和深感惭愧的是，即使身在美国十几年，即使与女儿十几年同住一个屋檐下，我对她的了解还不够，对美国教育的理解也不够深刻。我一定要把我的新发现，我对美国教育进一步的研究和理解告诉读者。

2004 年夏天，新东方教育集团的徐小平先生邀请并安排我和他一起，在北京、上海做了关于《人生设计在童年》以及美国留学的讲座。听众对留学问题的反映之热烈，对到美国留学就业及前途之茫然，对留学议题、升学与前途之间的关系关注之甚、期待之切，都使我有一种紧迫的使命感。因此，我放下手中正在撰写的第一本书《人生设计在童年》，半路开了小差，走火入魔地偏离轨道，去写《人生设计线路图——美国升学与前途》一书。承蒙广西师范大学出版社教育图书编辑室宋铁莎主任的慧眼，该社很快决定要出版这本当时尚未真正开始动笔的“书”。我自己也万万没有想到的是，这本仅仅花了4个多月写成初稿的《人生设计线路图》竟然成了“后起之秀”，不仅阴差阳错地成了我正式出版的“第一本”书，而且立即登上该社畅销书排行榜第一名，连续保持5个星期，达到了7月初版，至10月已印刷3次的成功。

书出版后，收到很多读者来信。既有高中生，也有大学生和大学毕业生，还有小至8岁、大至大学毕业班学生的家长。从他们热切的信件中，我看到了他们对我所提出的超前的人生设计和职业规划这些崭新话题的惊喜、认同和赞赏。读者纷纷来信，渴望尽快读到我的《人生设计在童年》一书。

我感激许多老朋友不厌其烦地给我来信来电，督促我加快本书的写作出版，这些，都激励着我把此书尽快完成并推出。

本书在撰写过程中，得到很多人的帮助，在此一并表示诚挚的谢意。

从中国西安来美国上高中的王力卓，帮助我整理本书的部分文稿，先后两次仔细地阅读了本书的大部分初稿，并且提出他的看法，让我了解像他这样背景的中国学生的兴趣和关注点。他去年考上美国得州 A&M 大学攻读电子工程专业。来自深圳的女生郭恒在我写作初期帮助我做了大量的文字输入工作。也在大学电机系学习的她，今年暑假实习刚结束，就获得花旗投资银行的正式聘书，是个职业路线优化，走了很好的“人生捷径”的实例。

我很感谢女儿允许我阅读她的电脑文件和其他资料，并且最终允许我将她不同时期的一些作文、日记和随笔在本书中引用。我希望我的译笔能够准确地表达她的原意。

我的大学同窗、福建人民出版社的何海勤在过去的几年里和我讨论了许多有关教育的问题。她的儿子毕业于复旦大学，工作几年后，又到美国读研究生。她对教育理念有深入的思考，她的经历使她能够为我提出许多具体、有益的意见，对我的帮助很大。我也十分感谢她为我做了很多修改润色文字的工作。

感谢作家出版社的姜琳女士对本书初稿提出极为宝贵的意见。

感谢旅居休斯敦的汪峻博士为我拍摄了用于封面的作者照片。

广西师范大学出版社的许多工作人员都为本书的出版尽了很大的努力。两位编辑付出了很多辛劳，为了让本书及时出版，石玉湘小姐日夜认真工作，疲于奔命地往返于照排中心与出版社本部；当我看到她凌晨三四点钟从中国发来的邮件时，有说不出的感动。美编刘凛小姐为本书的装帧设计付出大量心血，封面设计九易其稿，精益求精。她大学毕业不到4年，就获得全国图书设计大奖，是她的天赋与兢兢业业的工作精神的必然回报，也印证了我在本书中提出的一个重要观点：只要把工作做到“最好”，就会被社会追捧、渴求。

此外，广西师范大学出版社对本书的重视和对笔者的厚待，宋铁莎主任为本书出版推广进行有效的整体策划和指挥，策划编辑李茂军和《人生设计线路图》责编黄国生的团结协作，让我了解到该社成为出版界明星的原因。

美国《国家职业发展指导方针》编辑组免费赠送并邮寄来数册《国家职业发展指导方针》；故事书站出版公司免费寄送一套小学生职业教育图书；女儿的母校大学山小学图书馆让我长期借阅十多册小学生职业发展指导的图书，都为本书写作提供了很大的方便。

这本书里所叙述的很多真实故事的背景，来源于许许多多陪伴我女儿成长的我的朋友们。我要感谢：

李和平、徐波夫妇把我女儿如同大人一般对待；

得州 **A&M** 大学中国学生学者联谊会以往数届主席、执委会和留学生对我女儿的厚待，让她在中学时期参加许多留学生的活动；

时任中国书刊社总裁的克里斯·诺依斯和编辑王建光对女儿书稿的赏识，诺依斯先生来回6 000公里远赴休斯敦，参加女儿的新书发布会；

中国驻休斯敦总领事馆丘总领事和教育组多人参加女儿的新书发布会；

文学评论家陈瑞琳撰写女儿的书评；

当年A&M大学耀眼的业余舞蹈家，我女儿的舞蹈老师晓梅、范滨江、安娜等人给女儿很多难得的与研究生同台表演的机会；

美国国家工学院院士哈里斯博士夫妇对我女儿的鼓励和支持；

我女儿的钢琴老师，中央音乐学院毕业的叶季蓉女士，指导女儿学琴12年并和女儿数次同台演出；

歌唱家宋杨博士提携女儿，为他的独唱音乐会伴奏；

高中演讲课老师兼演讲比赛队的教练科斯太太，破例让没有选修演讲课的女儿参加演讲队；

高中交响乐团指挥怀特先生的严格和栽培；

美国《世界日报》记者林佩韦写过多篇有关我女儿及其高中交响乐团活动的长篇报道，并在该报发表。

还要感谢中央电视台历时3年，拍摄以女儿为主角，以她的成长经历为背景的3集纪录片《长大》，并且以中英文两种版本数次向国内外播放。感谢我女儿就读的学校：大学山小学、橡木中学、岩石大草原初中、A&M联合高中，以及这些学校里的老师们。

没有以上众人的帮助，本书的故事将大为逊色。

徐小平先生和我第一次见面时，听说我在写一本书，就主动提出为本书作序，并且一再催促尽快出版该书，其热切程度甚至使我在本书完成前不敢与他接触、联系。我很感谢他对本书的长期关注并为本书作序。上海新东方学校校长汪海涛先生和出国部主任王文山多次邀请我专程回国做讲座，让我与很多学生和家长认识并结缘，使我有机会广泛深入地了解他们。我很感谢他们给我提供了这样的机会。

为了生动地解说人生设计在童年的理念，书中很多案例和事例全部来源于真实的故事。为了尊重他人的隐私，书中部分人物没有使用真名实姓。

我在2002年初就注册了网站，域名www.china-us.com，拟作为我所创办的美中交流公司(US-China Exchange, Inc.)的网址。可惜由于近年来忙于撰写两本书，一直没有精力照顾这个网站。我希望在下一本书的写作之余，能够有精力在这个网站上与读者做进一步的交流。

我曾经给很多来信的读者回信，解答他们提出的有关教育和留学的问题。我期盼着更多的读者朋友给我来信，让我知道，我能够为您解答什么问题，我能为你们做些什么。

最后，衷心感谢关注本书及其姊妹篇《人生设计线路图》的人，感谢关注对由此而引发的“人生设计”议题的所有的人！

高燕定

2005年10月13日

2006年元月重印前补记

新浪为我注册了博客，欢迎读者朋友们在我的博客上给我留言，和我讨论。我会经常到“博客厅”与大家交流。我的博客地址是：http://blog.sina.com.cn/m/gaoyanding 。